道桥工程施工与养护技术研究

张雄 著

图书在版编目（CIP）数据

道桥工程施工与养护技术研究 / 张雄著. — 北京：中国商务出版社，2021.2（2023.4重印）
　ISBN 978-7-5103-3733-8

Ⅰ. ①道… Ⅱ. ①张… Ⅲ. ①道路施工－研究②桥梁施工－研究③公路养护－研究④桥－护养－研究 Ⅳ. ①U415②U445③U418

中国版本图书馆 CIP 数据核字（2021）第 021398 号

道桥工程施工与养护技术研究
DAOQIAO GONGCHENG SHIGONG YU YANGHU JISHU YANJIU
张雄　著

出　　　版：	中国商务出版社	
地　　　址：	北京市东城区安定门外大街东后巷 28 号　　邮编：100710	
责任部门：	发展部（010-64218072　295402859@qq.com）	
责任编辑：	魏　红	
总 发 行：	中国商务出版社发行部 （010-64208388　64515150 ）	
网　　　址：	http://www.cctpress.com	
邮　　　箱：	cctp@cctpress.com	
排　　　版：	正思工作室	
印　　　刷：	河北赛文印刷有限公司	
开　　　本：	787 毫米×1092 毫米	1/16
印　　　张：	16.75	字数：347 千字
版　　　次：	2021 年 11 月第 1 版	印次：2023 年 4 月第 2 次印刷
书　　　号：	978-7-5103-3733-8	
定　　　价：	50.00 元	

凡所购本版图书有印装质量问题，请与本社总编室联系。（电话：010-64212247）

版权所有　盗版必究 （盗版侵权举报可发邮件到本社邮箱：cctp@cctpress.com）

前　言

随着我国经济的快速发展，道路、桥梁建设已成为当今路桥工程行业中最具有活力的一个分支。纵观全国，公路、桥梁建设发展迅猛，成绩斐然，公路网和桥梁隧道不断延伸、完善，有力地推动着国民经济持续快速健康增长。

当前，路桥工程的规模日益扩大，呈现出蓬勃发展的势头。对于施工企业来说，提高员工的专业技术水平，可以有效地保证工程质量，进而提高企业的社会效益与经济效益；对于施工人员来说，提高自身的专业素质，掌握一些高技术含量的操作技能，可以大大提升劳动生产效率、降低劳动强度、加快工程进度、减少安全事故。因此，提高广大施工人员的专业技术水平，已成为当今路桥工程行业的重中之重。

路桥工程施工特点是规模大、变动因素多、施工单位人员流动性大、行业竞争激烈，这些特点要求相关主管部门必须加强对项目的管理，使道桥施工企业按照项目管理要求设置施工组织机构，组建施工队伍，对工程项目进行管理。

公路因其在使用过程中，其路基、路面、交通工程设施和服务设施等，会因行车荷载及环境因素的作用而逐渐损坏，这将会造成公路服务水平的逐步下降。因此，在公路交付使用后，仍需继续投入大量的资金对各条公路进行维护，使其保持较高的服务水平。当前，社会公路事业正处于发展的关键时期和重大转型期，既面临加快基础设施建设的重大机遇，又凸显筹融资困难、养护资金短缺、公路等级不高与结构性矛盾突出等问题。同时，社会公路事业面临着体制、机制等重大变革带来的各种影响。在新的形势、新的任务、新的情况下，解决养护发展难题，做好公路的全面养护工作，对于增强公路的服务功能、延长公路使用周期、降低养护成本、缓解养护投入压力、确保公路安全畅通等方面会起到积极的作用，从而保证车辆在行驶过程中能够更加安全、经济、舒适。

当公路状况良好、尚未出现轻微损坏或明显病害时，相关部门应在合理的时间内采取相应的预防养护措施，将病害消灭在萌芽状态，延缓公路使用功能的恶化速度，延长其使用寿命和节约养护成本，从而达到控制公路病原的目的。从这一角度出发，管理部门加强道路的预防性养护，具有非常重要的现实意义。因此，在具体的养护工作中，要贯彻早预防、早发现、早施治的方针，经常跟踪检查沥青路与混凝土路的损坏状况，检查其是否有龟裂、不规则裂缝、松散、车辙、错台、接缝料损坏、边坡不太稳定、坡面冲刷等现象。如出现轻微损坏，养护部门应及时采取相应的固坡植被、灌缝、碎石封层、油砂封层、接缝重灌缝、压浆等补救措施，以确保养护的实际效果。

在桥梁的日常养护工作中，要保持桥面干净、泄水孔贯通、无堵塞、排水良好。特别要避免出现"桥头跳车"现象，做到日常检查与维修并举，及时修复损坏的桥梁栏杆与伸缩缝、清除锥坡杂草、漂流物，清理涵洞进、出水口垃圾和堆积物，以免产生连锁性破坏反应，确保桥涵贯通。对其他构造物设施，要做到合理埋置、整齐、维修及时。

在本书的策划和编写过程中，本人参阅了大量国内外有关文献和资料，并从中得到启示；同时，得到了领导、同事、学生的支持和帮助。在此，本人对他们致以衷心的感谢！由于本人学识水平和时间有限，书中难免存在不足之处，敬请读者批评指正，以便进一步完善和提高。

作　者

2021 年 1 月 6 日

目 录
CONTENTS

第一章 工程施工概述 …………………………………………………… 1
    第一节 工程施工管理概述 ……………………………………………… 1
    第二节 工程施工组织设计 ……………………………………………… 4
    第三节 工程施工管理的理论与方法 …………………………………… 13

第二章 道路工程施工 …………………………………………………… 23
    第一节 路基工程施工 …………………………………………………… 23
    第二节 路面工程施工 …………………………………………………… 45
    第三节 道路排水施工 …………………………………………………… 70

第三章 路基防护与加固工程施工技术 ………………………………… 78
    第一节 路基常见病害及原因分析 ……………………………………… 78
    第二节 日常保养技术 …………………………………………………… 83
    第三节 路肩的维修与加固 ……………………………………………… 86
    第四节 边坡的养护与加固 ……………………………………………… 87
    第五节 支挡设施的养护与维修 ………………………………………… 90
    第六节 路基翻浆的防治 ………………………………………………… 92

I

第四章　路面养护技术 · 94
第一节　路面常见病害及原因分析 · 94
第二节　日常保养技术 · 106
第三节　小修技术 · 114
第四节　大中修技术 · 126
第五节　预防性养护技术 · 128

第五章　桥梁基础工程施工 · 138
第一节　明挖扩大基础施工 · 139
第二节　沉入桩基础施工 · 146
第三节　钻孔桩基础施工 · 151
第四节　沉井与沉箱基础施工 · 156
第五节　地下连续墙基础施工 · 162

第六章　桥梁结构工程施工 · 165
第一节　桥梁结构施工常用施工机具与设备 · 165
第二节　混凝土结构桥梁施工方法 · 169
第三节　钢桥施工 · 196

第七章　桥梁养护技术 · 206
第一节　桥梁常见病害及原因分析 · 206
第二节　日常保养技术 · 214
第三节　小修技术 · 216
第四节　桥梁维修与加固技术 · 228

第八章　道桥工程施工环保与安全 · 246
第一节　道桥工程施工与环境保护 · 246
第二节　道桥工程施工安全 · 249

参考文献 · 259

第一章 工程施工概述

工程施工是将建设意图和蓝图变成现实的建筑物或构筑物的生产活动,是工程建设全寿命周期中的重要阶段。它围绕着特定的建设条件和预期的建设目标,遵循客观的自然规律和经济规律,应用科学的管理思想、理论、方法和手段,进行生产要素的优化配置和动态管理,以控制投资,确保质量、工期和安全,提高工程建设的经济效益和社会效益。

工程项目的施工组织与管理工作,首先,需要熟悉工程建设的特点、规律和工作程序,熟悉客观施工条件;其次,要掌握施工生产要素及其优化配置与动态控制的原理和方法,科学而缜密地编制工程项目的施工组织设计文件;最后,要能正确而灵活地应用组织理论选择组织管理模式,应用组织机制有效而协调地实施管理目标的控制。本章着重介绍工程施工管理相关概念及其特点、工程建设程序、施工组织设计、施工管理的理论和方法等内容。

第一节 工程施工管理概述

一、工程与工程管理

工程(Engineering)是人类为了生存和发展,实现特定的目的,运用科学和技术,有组织地利用资源所进行的造物或改变事物性状的集成性活动。工程是连接科学发现、技术发明与产业发展之间的桥梁。科学技术转化为现实生产力、科技成果的转化、技术创新的实现,都要经过工程活动变成现实并检验其可靠性和有效性。

一般来说,工程具有技术集成性和产业相关性。工程管理的内涵极为宽泛,中国工程院工程管理学部将其界定为四个方面,分别为:

(1)工程建设实施中的管理(包括规划、论证、设计、施工、运行过程中的管理);

（2）复杂的新型产品、设备、装备的开发、制造、生产过程中的管理；

（3）重大的技术革新，技术改造、转型、转轨及国际接轨中的管理；

（4）涉及产业、工程、科技的重大布局，战略发展研究的管理。

按以上四个范围，我国目前的固定资产投资均属于工程管理的范畴。

工程管理是指为实现预期目标，有效地利用资源，对工程全寿命周期的一系列活动进行的决策、计划、组织、指挥、协调与控制等的总称。一般来说，工程管理具有系统性、综合性、复杂性的特点。工程管理实质上是一门交叉学科，涉及自然科学、工程技术、管理科学、系统科学、生态科学等多门学科。

建设工程管理的任务可以概括为：业主、设计、承包商、供应商等工程参与方针对预定的工程质量、投资、工期、安全四大目标，运用经济、技术、管理和法律的方法与手段，有效地利用有限的资源，对工程决策、规划、设计、施工、交付和运行等阶段实施全方位、全过程的管理活动。

改革开放以来，我国已完成一大批举世瞩目、世界一流水平的大工程，如长江三峡工程、青藏铁路工程、载人航天工程、上海虹桥交通枢纽等，形成了具有我国特色的工程管理理论和实践经验。

二、工程施工管理的概念

工程建设是实现国民经济持续发展和社会进步，不断提高综合国力和人民群众物质文化生活水平的固定资产扩大再生产活动。每一个建设项目都必须经过投资决策、计划立项、勘察设计、施工安装和竣工验收等阶段的工作，才能最终形成满足特定使用功能和价值要求的建设工程产品以投入生产或使用，如高楼大厦、工厂车间、交通道路、桥梁隧道、港口码头、空港机场等。

工程施工是将建设意图和蓝图变成现实的建筑物或构筑物的生产活动，是工程建设全过程的一个重要阶段，也是一个"投入—产出"的过程，即投入一定的资源，经过一系列的转换，最后以建筑物或构筑物的形式产出并提供给社会的过程。为确保实现预期的产出，需在转换过程的各个阶段实施监控，并把执行结果与事先制定的标准进行比较，以决定是否采取纠正措施，此即反馈机制。建设产品的"投入—施工生产—产出"过程。

工程施工管理是指业主、设计、承包商、供应商等工程施工参与方，围绕着特定的建设条件和预期的建设目标，遵循客观的自然规律和经济规律，应用科学的管理思想、管理理论、组织方法和手段,进行从工程施工准备到竣工验收、回访保修等全过程的组织管理活动,旨在实现生产要素的优化配置和动态管理,控制投资,确保质量、工期和安全,提高工程建设的经济效益、社会效益和环境效益。

施工组织与管理是对工程施工项目全过程的计划、组织、指挥、协调、监督和控制的活动,它贯穿于工程施工全过程的各个环节,覆盖了组织、规划、控制、指挥和协调等各项管理职能。工程施工管理既包括业主方的施工管理,也包括施工方、设计方及供应方的施工管理,主要内容有:施工组织方式分析、承发包模式的选择、组织结构的设置等组织的职能,施工方案选择、进度计划制定、施工现场布置等规划职能,进度、质量、成本和安全等控制职能,还包括施工现场指挥和协调职能。工程项目(产品)单件性生产的特点决定工程施工组织与管理不同于一般工业制造业在工厂车间进行连续批量生产的组织方式。

三、工程施工管理的特点

按照企业可以承担的产品的生产范围或者产品的多样化程度,传统的制造业可分为成批生产、大量生产和单件性生产。而建筑产品的单件性、位置固定、形式多样、结构复杂和体积庞大等基本特征决定了工程施工具有生产周期长、资源使用的品种多、用量大和空间流动性高等单件性和小批量生产的特点。一般而言,工程施工管理具有以下四个方面的特点。

(一) 生产流动性大

建筑工程的固定性决定了产品生产的流动性。一般的工业产品都是在固定的工厂、车间内进行生产,而建筑产品要随其建造地点的变动而流动,人、机、料等生产要素还要随着工程施工程序和施工部位的改变而不断地在空间流动,只有经过事先周密的设计组织,确保人、机、料等互相协调配合,才能使施工过程有条不紊,连续且均衡地进行。

(二) 外部制约性强

不同建筑产品结构、构造、艺术形式、室内设施、材料、施工方案等方面均各不相同,工程施工不仅要符合设计图纸和有关工艺规范的要求,还受到建设地区的自然、技术、经济和社会条件的约束。

（三）完工周期长

建筑产品体形庞大，需要耗费大量的人力、物力和财力，加上建筑产品地点的固定性，施工活动的空间具有局限性，各专业、工种间还受到工艺流程和生产程序的制约，从而导致建筑产品生产完工周期长。

（四）协调关系复杂

工程施工过程中，不仅涉及业主、设计、监理、总包商、分包商、供应商等工程施工参与方在工程力学、建筑结构、建筑构造、地基基础、水暖电、机械设备、建筑材料和施工技术等多专业、多工种方面的分工合作，还需要城市规划、征用土地、勘察设计、消防、"七通一平"、公用事业、环境保护、质量监督、科研试验、交通运输、银行财政、机具设备、物质材料、电水气等的供应、劳务等社会各部门和各领域的审批、协作和配合，施工组织关系错综复杂，综合协调工作量大。

第二节 工程施工组织设计

施工组织设计是拟建工程的施工规划纲要和为指导工程投标、签订合同、施工准备到竣工验收全过程施工管理而编制的技术经济文件，负责编制施工组织设计的主体有建设单位、施工总包单位和分包单位，其内容随着工程建设程序各工作环节逐步展开，深度由战略性到实施性逐步细化，在各个不同的施工阶段发挥了越来越重要的作用。

一、施工组织设计的产生和发展

在新中国成立初期，我国推行计划经济体制下的国家基本建设管理模式，建设项目从立项到实施完成投入生产或使用，实行全面计划管理制度，施工组织设计制度就是这种计划管理制度的重要组成内容。从本质上讲，在计划经济体制年代所形成的工程建设施工组织设计制度，是一种运用行政手段和计划管理方法来进行工程项目施工生产要素配置和管理的一种手段。

按照这种管理模式，首先在建设项目初步设计阶段，除了要求按深度完成工程本身的初步设计内容外，还要求设计主持单位提出配套的"项目施工条件"设计。

例如，满足建设项目施工需要，提出制订新的砂石开采基地建设计划；建立施工机械修配厂的计划，或建筑材料运输装卸码头的修建计划等。其次，在工程技术设计或扩初设计阶段，要求设计部门对整个建设项目的建设工期和施工总体部署提出规划，即完成"建设项目施工组织总设计"文件，为组织施工技术物资供应和调集施工队伍提供指导和依据。接着，当施工任务用行政指令分配到有关施工单位之后，被调集承担施工任务的单位，还需要根据建设项目施工组织总设计的要求和目标，结合本单位的特点和具体条件，编制由本单位负责施工的全部工程项目或单项工程施工组织总设计，然后再根据工程的进一步分解和展开程序，编制直接用于指导现场施工的单位工程施工组织设计、主要分部或分项工程的施工组织设计等。

随着我国建设领域体制改革和对外开放的深入，市场经济体系已初步建立并走向完善，工程建设管理普遍实行项目法人责任制、招标投标制和多种合同形式的承发包模式，法律法规不断加强。施工组织设计的内涵已经发生了深刻的变化，从过去行政手段的计划管理方式逐步向以满足工程建设市场需求的方向转变，最主要的是通过市场引入竞争机制来实现施工生产要素的配置和现场的生产布局，引入了大量现代化的管理理论和方法，并成为投标文件中技术标的主要组成部分。不论是从编制内容的深度和广度，还是实施的作用和效果等方面来看，都取得了明显的进步，成为我国当前市场经济条件下工程建设的一项重要的、不可替代的法定技术制度。

施工组织设计文件包含了施工组织构架、施工总体部署或具体方案、施工生产进度计划、施工平面和各项技术组织措施等内容，是一个既有施工技术含量又有施工组织安排和控制措施的综合性技术和管理文件。在大型工程施工开始前，施工组织设计落实施工总体规划和现场部署，分析设计文件的可施工性；在工程招投标过程中，施工组织设计是编制投标报价和技术标书评定的重要依据，中标后还作为签订合同的组成部分；在施工准备工作阶段，施工组织设计又是指导物资采购、安排现场平面布置的蓝图；在工程施工阶段和竣工验收阶段，施工组织设计提供人力和物力、时间和空间、技术和组织方面的统筹安排，成为必不可少的生产组织和目标控制的专业手段。

二、施工组织设计的分类

施工组织设计按照编制的主体、涉及的工程范围和编制的时间及深度要求，可以分为不同的类型，发挥不同的作用。

（一）按编制的主体分类

按编制的主体可分为建设单位（特别是大型项目的建设指挥部）编制的施工组织总设计（或称施工大纲），还有施工单位（包括施工总承包商和分包）编制的施工组织设计、单位工程施工组织设计、分部分项工程施工组织设计等。

1. 建设单位编制的施工组织总设计

建设单位（包括业主、开发商、建设指挥部等机构）为实施工程施工管理，组织施工投资、质量和进度目标的控制，安排现场平面布置，需要根据工程的建设工期和动用时间目标的要求，编制施工组织总设计文件，确定各主要工程的施工方案、资源及进度安排，明确施工的展开程序和总体部署，进而确定工程的投资使用计划，确定建设施工前期的全场性施工准备工作内容。

对于大型工业、交通和公共设施项目，工程施工管理体制和承发包模式具有多种形式，一般采用建设指挥部或筹建处的方式组织工程的实施，为了统筹规划施工方案，合理部署施工现场条件，充分利用社会资源，往往由建设指挥部或筹建处主持编制建设方施工组织总设计。如果建设单位委托工程监理单位进行工程施工管理（即建设监理或工程监理），监理规划文件也就成为组织和部署施工的技术经济文件一部分，体现了建设方的施工组织总设计的要求，并通过施工合同条件的约束，使之成为承包商编制具体施工组织设计或施工项目管理规划的依据。

2. 施工单位编制的施工组织设计

施工单位根据工程施工合同所界定的施工任务，组织施工项目管理。其任务为，第一，全面正确地履行工程施工承包合同，实现对发包方所要求的工程质量、交工日期及其他相关服务的承诺；第二，通过施工管理的实施，实现施工企业的预期经济效益，即成本控制和效益目标，并确保施工过程的安全。因此，施工单位必须编制工程施工组织设计文件，并报监理单位或建设单位审批。

工程施工总分包是建筑业生产社会化的基本方式。施工总包单位对工程施工合同负责，分包单位对施工分包合同负责，包括专业工程分包、劳务作业分包和材料设备采购供应分包等。在施工总包方的施工组织设计指导下，分包方也要编制相应的分包施工组织设计文件，提交总包方审核和确认后，才能作为指导施工作业活动的依据。

第一章 工程施工概述

建设单位、施工总承包单位和施工分包单位的施工组织设计文件，构成了工程施工系统的施工组织设计文件体系。它们之间既保持总体与局部、综合与专业、指导与保证的内在联系，也反映不同编制主体在共同目标下，实施自主管理，灵活运用技术能力和管理经验。按编制主体分类的施工组织设计文件体系如下。

（二）按编制的对象分类

施工组织设计按编制的对象分类，主要是指根据建设项目的分解结构，分别编制不同层次、不同范围、不同深度的施工组织设计文件。

1．工程施工组织总设计

工程施工组织总设计是以整个建设项目为对象进行编制的。一般是指大、中工业交通工程和公共基础设施工程，必须进行分期分批建设，确定施工总体部署的要求，以及各部分的衔接和相互关系，工程施工组织总设计对整个工程施工活动做出统筹规划、分步实施、有序展开的战略性规划。

2．单项工程施工组织设计

单项工程是建设项目中的一个独立的交工系统。它具有独立的设计文件，可以单独组织施工，建成后可以单独发挥生产能力或效益的工程。例如，大型冶金工业建设工程具有炼铁、炼钢、轧钢和各种钢材产品生产系统，以及原料码头、原料堆场、原料输送系统、发电厂、水循环与处理系统等，其中每一项都是一个单项工程，为进行全面施工部署和施工管理目标的控制，必须编制各单项工程施工组织设计文件。

3．单位工程施工组织设计

单位工程一般是指具有独立设计文件，可以单独组织施工安装活动的单体工程，即单个建筑物或构筑物。在工业建设项目中，单位工程是单项工程的组成部分，如某个车间是一个单项工程，则车间的厂房建筑是一个单位工程，车间的生产设备安装也是一个单位工程。而一般的民用建筑，则以一幢建筑物的土建工程（包括地基与基础、主体结构、地面与楼面、门窗安装、屋面工程和装修工程）和建筑设备安装工程（包括给水排水、煤气、卫生、工程、暖气通风与空调工程、电气安装工程和电梯）共同构成一个单位工程。

单位工程施工组织设计,是建设项目或单项工程施工组织总设计的进一步具体化,直接用于指导单位工程的施工准备和现场的施工作业技术活动。

4. 主要分部分项工程的施工组织设计

在单位工程施工过程中,对于施工技术复杂、工艺特殊的主要分部分项工程,一般都需要单独编制施工组织设计。例如,深基坑工程、大型土方石方工程、大体积混凝土基础工程、现场预应力钢筋混凝土构件、钢结构网架拼装与吊装工程、玻璃幕墙工程等。

(三) 按编制的时间和深度分类

施工组织设计文件编制的时间和深度要求,是根据工程建设程序来决定的。建设项目或单项工程的施工组织总设计是在建设工程前期工作阶段编制,一般与初步设计或技术设计同步,用于指导建设项目或单项工程的施工总体部署,为工程项目施工招标的组织、发包方式和合同结构的选择等工作提供依据;单位工程和主要分部分项工程的施工组织设计,一般是在施工图设计及审查完成后、工程开工前的施工准备期间进行编制的。

从工程施工承包单位的角度,以中标签订承包合同为界,按照编制时间和深度要求,可分为投标前的施工组织设计(或技术标书)和中标后的施工组织设计(深化设计)。

1. 投标前的施工组织设计

投标前的施工组织设计(或技术标书)是投标单位在总工程师的主持下,根据招标文件的要求和所提供的工程背景资料,结合本企业的技术与管理特点,考虑投标竞争因素,对工程施工组织与管理提出的具体构想,其中重点是技术方案、资源配置、施工、程序,以及质量保证和工期进度目标的控制措施等,它构成投标文件技术标书的一部分。而且,以其技术方案优势和特色,体现施工成本的优势,并有力地支撑商务标书竞争力。

因此,投标前的施工组织设计既用于工程施工投标竞争,也为中标后深化施工组织设计提供依据。

2. 中标后的施工组织设计

中标后的施工组织设计，一般由施工项目经理主持，组织施工项目经理部技术、质量、预算部门的有关人员，在施工合同评审的基础上，根据施工企业所确定的施工指导方针和项目责任目标要求，编制详细的施工组织设计文件，并按企业内部规定的程序和权限进行审查批准后，报监理工程师审核确认，作为现场施工的组织与计划管理文件，予以贯彻落实。

由于施工合同界定的施工任务和范围不同，中标后的施工组织设计的范围应以施工合同为依据，相关人员必须在充分理解工程特点、施工内容、合同条件、现场条件和法规条文的基础上进行编制。

三、施工组织设计的内容

施工组织设计编制的内容，应根据具体工程的施工范围、复杂程度和管理要求进行确定。原则上应使所编成的施工组织设计文件，起到指导施工部署和各项作业技术活动的作用，对施工过程可能遇到的问题和难点，拥有缜密的分析和对策措施，体现出其针对性、可行性、实用性和经济合理性。

（一）施工组织总设计的内容

施工组织总设计通常包括如下的内容。

1. 工程概况及施工条件分析

工程概况包括：

①工程的性质、规模；②建设单位、设计单位、监理单位；③功能和用途、生产工艺概要（工业项目）；④项目的系统构成；⑤建设概算总投资、主要建筑安装工程量、建设工期目标；⑥规划建筑设计特点；⑦主要工程结构类型；⑧设备系统的配置与性能等。

施工条件分析主要包括：

（1）施工合同条件

如开、竣工时间目标、工程质量标准及验收办法、工程款支付与结算方式、工期及质量责任的承担与奖罚办法等。

（2）现场条件

如水文地质及气象条件，周围地上、地下建筑物、构筑物、道路管线等情况及保护要求与措施，场外道路交通、物料运输条件，施工期间可临时利用的建筑物、构筑物及设施，需要拆除和搬迁的障碍物和树木，施工临时供电、供水、排水、排污条件等。

（3）法规条件

如施工噪声控制、渣土运输与堆放的限制、交通管制、消防保安要求、环境保护与建设公害防治的法律规定等。

2．施工总体部署

施工总体部署是一种战略性的施工程序及施工展开方式的总体构想策划，它包括：工程项目分期分批实施的系统划分，各期施工项目的组成；施工区段的划分和流向顺序的安排；施工管理组织系统的建立、合同结构和施工队伍相互关系与协调方式的确定；施工阶段的划分和各阶段的任务目标；开工前的施工准备工作项目及其完成的时间目标；施工展开阶段各专业施工的交叉、穿插和衔接关系及其工作界面的划分要求；配合主要施工项目所需要的技术攻关、技术论证、试验分析的相关工作的安排；施工技术物资，包括特种施工机械设备、装置及主要材料、构配件、工程用品等的采购、加工和运输工具的落实等。

总之，通过施工总体部署的描述，阐明施工条件的创造和施工展开的战略运筹思路，使之成为全部施工活动的基本纲领。

3．施工总进度计划

施工总进度计划是指施工组织设计范围内全部施工项目的施工顺序及其进程的时间计划，它包括工程交工或动用的计划日期，各主要单位工程的先后施工顺序及其相互交叉搭接关系、建设总工期和主要单位工程施工工期，这是指导各项分进度计划和物资供应计划的依据。

4．主要施工机械设备及设施配置计划

在施工组织总设计中，要根据工程的特点、实物工程量和施工进度的要求，做好主要施工机械设备及各类设施配置的计划安排，包括各阶段施工机械设备的类型、所需数量的确定，施工现场供电、供水、供热等需要量的测算及配置方案，工地材

料物资堆场及仓库面积的确定与安排,现场办公、生活等所需临时房屋的数量及配置、搭设方案,还包括施工现场临时道路及围墙的修建等,集中统一解决全场性施工的设施配置问题。

5．施工总平面图

工程施工对象用地范围内的现场平面布置图,称为施工总平面图。在施工总平面图上,用规定比例和专用图例,标志出一切地上、地下的已有和拟建的建筑物、构筑物及其他设施的位置和尺寸;标志出施工临时道路、临时供水、供电、供热、供气管线;仓库堆场、现场行政办公及生产和生活服务设施、永久性测量放线标桩等的位置。

(二) 单位工程施工组织设计的内容

单位工程施工组织设计是指导具体施工作业活动,实施质量、工期、成本和安全目标控制的直接依据。在工程实践中,人们把它的基本内容概括为施工方案、施工进度计划、施工平面图和施工组织架构。

1．工程概况及施工条件分析

工程概况是对单位工程的建筑、结构、装修、设备系统的设计规格、特点和性质、用途等信息进行简明描述。

施工条件分析,除了具体描述单位工程的施工合同条件、现场条件和相关法规条件外,还要进一步分析履行合同风险、实施目标控制的重点和难点、有利和不利因素等。

2．施工方案

施工方案是单位工程施工组织设计的核心,对于施工工艺选择、机械设备的布局、施工流向和顺序等,以及劳动力的组织安排和施工目标控制起决定性作用。

施工方案包括施工技术方案和组织方案两个方面。

(1) 施工技术方案

它着重解决施工工艺、方法、手段。例如,高层建筑施工常用的大模板、滑升模板、爬升模板等施工工艺,大型深基础施工常用的轻型井点、喷射井点等降低地下水的方法,深层水泥搅拌桩、连续墙、拉伸钢板桩等进行基坑围护的方法,土石方施工机械、泵送混凝土设备、垂直运输机械、工具式钢管脚手架等施工手段的配置问题等，均要通过施工技术方案的系统研究做出选择决定。

（2）施工组织方案

它是为有效提高技术方案的具体实施效率和应用效果而进行的施工区段划分、作业流程和流向的设计、劳动力的组织安排及其工作方式的确定等。

一个完整的施工方案应该在技术和组织方面很好地结合起来，达到技术先进合理、经济适用、安全可靠。施工方案的表达除了用文字做出说明外，通常还根据需要使用一些工作原理简图、施工顺序框图、作业要领示意图等来直观明确地表达。

①施工进度计划

单位工程施工进度计划包括时间计划和劳动力、主要建筑材料、构配件、施工机械设备、模板、脚手架等资源计划，主要内容有计划工期目标的确定、施工作业活动顺序和流向的安排、工艺逻辑和组织逻辑的优化选择、各项施工作业持续时间、资源配置等。归纳而言，关键的是两个问题：一是计划工期必须符合施工组织总设计规定的目标或施工合同规定的工期；二是进度计划必须建立在物质保证的基础上，满足施工人、财、物的供应要求。

②施工平面图

根据所需布置的内容看，单位工程施工平面图大致可以分为两部分内容。一是在整个施工期间为生产服务、相对位置固定、不宜多次搬移的设施，如施工临时道路、供水供电管线、仓库加工棚、临时办公房屋等；二是随着各阶段施工内容的不同采取相应动态变化的布置方案，如基础阶段、结构阶段、装修阶段各有侧重点。

因此，单位工程施工平面图往往也分为单位工程施工总平面图和单位工程阶段性施工平面图。前者着重解决一次固定后不再搬移的设施布置，并对各阶段性施工平面图的空间规划提供指导；后者则主要突出阶段性施工材料物资及机械设备、工器具的布置。当然，随着主体结构施工的进展，逐步形成多层次的立体平面空间，为后期建筑装修和设备安装创造立体空间条件。

③施工预算

施工预算是根据经济合理的施工方案及施工单位自己的施工定额编制的现场施工计划成本文件，为施工资源的配置和消耗提供依据。

一旦施工预算按工程部位和成本要素划分明确，则单位工程在施工中的材料采购、机械设备租赁、劳务分包等，均可分别按照施工预算的标准，利用市场竞争机制进行询价和采购，择优而用，并按照施工预算进行限额领料、签发作业任务单，核算消耗和效率。

在实际施工过程中，大多将施工预算单独编制，独立于单位工程施工组织设计文件。

④施工措施

施工措施是指为贯彻落实施工方案、进度计划、施工平面图和预算成本目标，从技术、安全、质量、经济、组织、管理、合约（分包及采购等施工所必需的合同）等方面提出的有针对性的、可操作的要求，用文字和必要的图表进行描述，以便于现场管理者和作业人员理解和掌握要领，使得质量、成本、工期、安全目标处于预控和过程受控状态，故也称之为目标（QCDS）保证措施。除此以外，还有针对专项工程的冬季或雨季施工措施。

第三节 工程施工管理的理论与方法

随着社会和经济的高速发展、科学技术的进步，涌现出大量现代管理科学的理论与方法，并且有不少已经应用在工程施工管理工作中，取得了明显的社会和经济效益。其中，建筑供应链管理、精益建设、并行工程等现代管理理论的基本原理和方法，对于提升工程施工管理理论水平，指导工程施工管理实践会有诸多启示和帮助。

一、建筑供应链管理

供应链管理（Supply Chain Management，SCM）模式源自制造业，最初重点是放在库存管理上，现在的供应链管理则把供应链上的每个企业作为一个不可分割的整体，使各企业分担的采购、生产、分销和销售的职能成为一个协调发展的有机体，目标在于增加各供应链成员合作、提高透明度、加强联系，是一种超越组织和横跨功能的管理模式。

（一）建筑供应链及其管理的含义

建筑供应链的概念是从"供应链"概念基础上发展而来的。美国生产与库存控制协会（American Production and Inventory Control Society，APICS）将供应链定义为：①供应链是自原材料供应直至最终产品消费，联系跨越供应商与用户的整个流程；②供应链涵盖企业内部和外部的各项功能，这些功能形成了向消费者提供产品或服务的价值链。

近年来，供应链的概念更加注重围绕核心企业的网链关系，不但注重核心企业、网链关系，而且强调战略伙伴关系的重要性，将供应链看成是围绕核心企业，通过对信息流、物流、资金流的控制，从采购原材料开始，制成中间产品及最终产品，最后由销售网络把产品送到消费者手中，将供应商、制造商、分销商、零售商直到最终用户连成一个整体的功能网链结构。

20世纪90年代以来，供应链管理在实践中的成功应用受到了建设领域很多学者和组织的关注。由于SCM倡导供应链上下游集成化、协同化的双赢战略管理思想，人们认为将SCM的基本原理应用到建设领域很可能成为最佳的建设管理模式。在建设领域应用SCM的建设管理模式称为建筑供应链管理（Construction Supply Chain Management，CSCM）。

建筑供应链是从业主有效需求出发，以总承包商为核心企业，通过对信息流、物流、资金流的控制，从中标开始至施工、竣工验收以及售后服务的过程中将材料供应商、工程机械设备供应商、分包商、业主等连成一个整体的功能性网链结构。

基于SCM的基本原理，结合建筑业的自身特点，可以给出建筑供应链管理（CSCM）的定义：CSCM是指以承包商为核心，采取设计单位、承包商、业主和供应商之间协作双赢的商务战略，采用先进的信息技术，对建设项目生产涉及的所有活动和参与方进行集成化统一管理与控制，以达到将业主所需的建筑产品在正确的地点、正确的时间，按照正确的数量、正确的质量、正确的状态交付用户使用，并使整条供应链以最少的总成本产生最大的效益。

（二）建筑供应链管理原理

供应链管理的方法、手段、技术等的研究和应用离不开供应链管理原理的指导。以下归纳了六条主要的建筑供应链管理原理。

1. 资源集成原理

资源集成原理认为：在经济全球化迅速发展的今天，企业必须放弃传统的基于纵向思维的管理模式，朝着新型的基于横向思维的管理模式转变。企业必须横向集成外部相关企业的资源，形成"强强联合，优势互补"的战略联盟，结成利益共同体去参与市场竞争,在提高服务质量的同时,降低成本、快速响应顾客需求,并给予顾客更多选择。

2. 系统原理

系统原理认为:供应链是一个系统,是由相互作用、相互依赖的若干组成部分结合而成的具有特定功能的有机整体。供应链的系统特征主要体现在其整体功能上,这一整体功能是组成供应链的任何一个成员企业都不具有的特定功能,是供应链合作伙伴间的功能集成,而不是简单叠加。

3. 多赢互惠原理

多赢互惠原理认为:供应链是相关企业为了适应新的竞争环境而组成的一个利益共同体,其密切合作是建立在共同利益的基础之上的,供应链各成员企业之间是通过一种协商机制,来达到一种多赢互惠的目标。

4. 合作共享原理

合作共享原理具有两层含义,一是合作,二是共享。合作原理认为:由于任何企业所拥有的资源都是有限的,它不可能在所有的业务领域都获得竞争优势,因而企业要想在竞争中获胜,就必须将有限的资源集中在核心业务上;共享原理认为:实施供应链合作关系意味着管理思想与方法的共享、资源的共享、市场机会的共享、信息的共享、先进技术的共享以及风险的共担。

5. 需求驱动原理

需求驱动原理认为:供应链的形成、存在、重构,都是基于一定的市场需求,在供应链的运作过程中,用户的需求是供应链中信息流、产品、服务流、资金流运作的驱动源。在供应链管理模式下,其运作是以订单驱动方式进行的,商品采购订单是在用户需求订单的驱动下产生的,然后商品采购订单驱动产品制造订单,产品制造订单又驱动原材料(零部件)采购订单,原材料(零部件)采购订单再驱动供应商。

6. 快速响应原理

快速响应原理认为:在全球经济一体化的大背景下,随着市场竞争的不断加剧,经济活动的节奏也越来越快,用户在时间方面的要求也越来越高。用户不但要求企业按时交货,而且要求的交货期越来越短。因此,企业必须能对不断变化的市场做出快速反应,必须要有很强的产品开发能力和快速组织产品生产的能力。

二、精益建设

丹尼尔·鲁斯、詹姆斯·沃麦克和丹尼尔·琼斯出版了《改造世界的机器》一书,第一次提出了精益生产的概念,并预言:"精益生产方式必将在工业的各个领域取代大量生产方式与残存的单件生产方式,成为20世纪标准的全球生产体系。"

(一)精益生产的原理

精益生产源于日本丰田汽车公司的生产管理方式——丰田生产方式(Toyota Production System,TPS)。丰田生产方式是由丰田英二、大野耐一等人从20世纪50年代开始,根据丰田汽车公司资金缺乏、市场不稳定的实际情况,经过近30年的努力而创立和完善的生产管理方式。

精益生产定义如下:精益生产是组织和管理产品开发、作业、供应商和客户关系的业务系统,与过去的大量生产系统相比,精益生产消耗较少的人力、空间、资金和时间,制造最少缺陷的产品,准确地满足客户需要。

《改变世界的机器》一书将精益生产特征归纳为五个方面:工厂组织、产品设计、供货环节、顾客和企业管理。归纳起来,精益生产的主要特征为:对外以用户为"上帝",对内以"人"为中心,在组织机构上以"精简"为手段,在工作方法上采用"团队力量"(Team Work)和"并行工程"(CE),在供货方式上采用"JIT方式",在最终目标方面追求"零缺陷"。如果把精益生产体系看作一幢大厦,它的基础就是在计算机网络支持下的、以小组方式工作的并行工作方式。在此基础上的三根支柱就是:

(1)全面质量管理。它是保证产品质量,达到零缺陷目标的主要措施。

(2)准时生产和零库存。它是缩短生产周期和降低生产成本的主要方法。

(3)成组技术,这是实现多品种、按顾客订单组织生产、扩大批量、降低成本的技术基础。

一个企业组织内实施精益生产的主要思路,可以概括为"一个基础"和"三个方面"。"一个基础"就是实施精益生产的技术条件,具体分为以下四个方面。

(1) 采用团队工作方式。单打独斗的时代过去了，团队被称为扁平化组织的低层细胞，一个有活力的公司将由产品小组、新品开发小组、经营管理小组等各式各样的团队组成。

(2) 5S管理。5S管理是建立并保持一个有序且清洁的工作环境的方法。它基于这样的逻辑，即在工作场所实施整理、整顿、清扫、清洁和素养，这是生产高质量产品和服务、减少不增值活动的基本要求。

(3) 持续改进（PDCA循环）。通过计划、执行、检查、实施这个过程的不断循环，不断提升管理水平，这是改善活动的基本过程。

(4) 完善的物流管理。物流对企业来讲，就像一个人的循环系统一样，可见其重要性。

（二）精益生产基本原则

1．正确地定义价值（Value）

在精益思想中，正确定义产品的价值包括以下内容：①以客户的观点来确定企业从设计、生产到交付的全部过程，实现客户需求的最大满足；②将生产全过程的多余消耗减至最少，不将额外的花销转嫁给用户；③将商家和客户的利益统一起来，而不采取过去那种对立的观点。

2．识别价值流（Value Stream）

价值流是指在产品生产过程中，从原材料转变为成品，并给它赋予价值的全部活动。这些活动包括：从概念到设计，再到投产的技术过程；从订单处理到计划，再到送货的信息过程；从原材料到产品的物质转换过程，以及产品全生命周期的支持和服务过程。精益思想将所有业务过程中消耗了资源而不增值的活动叫作浪费。识别价值流就是发现浪费和消灭浪费。识别价值流的方法是价值流图分析（Value Stream map Analysis）。

3．流动（Flow）

精益思想要求创造价值的各个活动流动起来，强调的是不间断地"流动"。精益将所有的停滞作为企业的浪费，号召"所有的人都必须和部门化的、批量生产的思想做斗争"，用持续改进、JIT、单件流等方法在任何批量生产条件下创造价值的连续流动。

4. 拉式生产（Pull）

"拉动"就是按客户的需求投入和产出，使用户精确地在需要的时间得到需要的东西。实行拉动生产以后，用户或制造的下游就像在超市的货架上一样取到他们所需要的东西，而不是把用户不太想要的产品强行推给用户。拉动原则由于生产和需求直接对应，消除了过早、过量的投入，而减少了大量的库存和现场在制品，大量地压缩了提前期。流动和拉动将使产品开发时间减少50%、订货周期减少75%、生产周期降低90%，这与传统的改进相比简直是个奇迹。

5. 尽善尽美（Perfection）

不断地用价值流分析方法找出更隐藏的浪费，做进一步的改进，这样的良性循环成为趋于尽善尽美的过程。"尽善尽美"是永远达不到的，但持续地对尽善尽美的追求，将造就一个永远充满活力、不断进步的企业。

总而言之，按照"过程、人和技术的集成"的观点，全面地认识精益思想，将帮助企业把握建立精益企业的要点，具有较好的可操作性。

（三）精益建设及其应用

丹麦学者劳力·科斯凯拉提出要将包括精益生产在内的制造业生产原则应用到建筑业，并在精益建设国际集团（International Group of Lean Construction，IGLC）大会上首次提出"精益建设"（Lean Construction）的概念。

目前，国际上对于精益建设尚无一个确切的定义。美国建筑工业协会（CII）在研究报告"精益生产原则在施工中的应用"中认为："精益建设是一个在项目执行中满足或超越所有顾客的需求，消除浪费，以价值流为中心，追求完美的连续过程。"

精益建设过程能够促使有限的资源得到最合理的应用，增加建筑业企业的利润，改善其业绩。例如，日本已经将精益生产和减少生产缺陷方面的原理应用于建筑业企业中，使得建设项目的工期缩短了10%，事故率降低了95%。澳大利亚Jennings房屋建筑公司早在20世纪五六十年代就开始了类似于精益建设的生产过程探索，其生产过程中贯彻的就是现代所谓的"精益思想"。Jennings公司的日常经营体现了连续的生产流程、灵活的产品生产、严格的质量控制等精益思想所包含的内容，通过应用这种精益生产方式，公司业绩得到了大幅提升。有关统计数据表明，采用精益建设进行施工管理比采用传统项目管理模式可使施工人员数量减少50%，建筑材料库存数量减少90%，施工总工期缩短10%，利润增加20%，施工质量提高3倍。

三、并行工程

并行工程（Concurrent Engineering，CE），亦称同步工程（Simultaneous Engineering），是国际工程领域中重要的研究方向。它是对产品设计及其相关过程（包括制造过程和支持过程）进行并行、一体化设计的一种系统化工作模式。这种工作模式试图使开发者从一开始就考虑到产品全生命周期中的所有因素，包括质量、成本、进度和用户需求。

（一）串行生产模式

在传统的设计中，"市场调研—概念设计—详细设计—过程设计—加工制造—试验验证—设计修改"这一基本串行流程被广泛应用，串行开发模式和组织模式通常是递阶结构，各阶段的工作是按顺序进行的，一个阶段的工作完成后，下一阶段的工作才开始，各个阶段依次排列，各阶段都有自己的输入和输出。

这种串行工程方法基于英国政治经济学家亚当·斯密的劳动分工理论。该理论认为分工越细，工作效率越高。因此，串行方法是把整个产品开发全过程细分为很多步骤，每个部门和个人都只做其中的一部分工作，而且是相对独立进行的，工作做完以后把结果交给下一部门。西方国家把这种方式称为"抛过墙法"（throw over the wall），开发人员按要求完成本职工作后将成果抛向下游，出现问题后则抛回上游。这样的工作是以职能和任务分工为中心的，不一定存在完整的、统一的产品概念。

由于各部门间缺乏经常性的交流，且参与产品开发的人员往往对自己在整个过程中的角色缺乏清晰的认识，上、下游活动间可能存在不可调和的冲突。当最终产品的可制造性、可装配性或可维护性较差，不能很好地满足用户需求时，就需重新回到产品设计阶段。这使得产品开发过程变成了设计、加工、实验、修改设计的大循环，而且可能多次重复这一过程，造成在传统的产品开发过程中存在很多大的反馈，从而导致设计改动量大、产品开发周期长、产品成本高的结果。

(二)并行工程的概念

并行工程是站在产品设计、制造全过程的高度,针对传统的产品串行生产模式而提出的一种工程方法论,是集成地、并行地设计产品及其相关的各种过程的系统方法。它要求产品开发人员在设计一开始就考虑整个生命周期中从概念形成到报废处理的所有因素,通过宏循环和微循环的信息流闭环体系进行信息反馈,使产品在开发的早期就能及时发现产品开发全过程的问题,从而缩短了产品开发周期,提高了产品质量,降低了成本。

美国国防高级研究项目局(Defense Advanced Research Projects Agency,DARPA)提出了发展并行工程的DICE计划。为了配合DARPA发出的倡议,美国西弗吉尼亚大学设立了并行工程研究中心(CERC),许多软件公司、计算机公司开始对支持并行工程的工具软件及集成框架进行了开发。随后,并行工程在国际上引起了各国的高度重视,纷纷成立相应的并行工程研究中心,并开展实施一系列以并行工程为核心的政府支持计划,如美国DICE计划、欧洲ESPRIT计划以及日本的IMS计划等。

并行工程的含义可以归纳为以下五方面。

1. 并行有序地工作

并行并非指齐头并进,而是要求有序搭接地工作,并行强调在产品开发的早期就能考虑其生命周期各阶段的问题,具有并行处理产品全生命周期各阶段问题的能力。

2. 产品全寿命周期的功能、信息和过程集成

并行工程的工作是在计算机集成制造的基础上进行的,在产品生命周期的全过程中实现功能集成、信息集成、过程集成。

3. 以并行设计为主体

并行设计贯穿了产品开发的全过程,通过产品数字化定义,实现无纸生产。

4. 群组协同工作

并行工程的实施需要建立一支来自不同企业或企业内不同部门的技术与管理人员所组成的团队,进行群组协同工作(Team work),形成动态联盟。

5. 上下游共同决策机制

采用计算机辅助手段，实现数据共享，配合生产加工过程，并行工程是对传统产品开发模式的一种变革，这种变革体现在三个方面：在组织方面，通过组建多学科小组来促进设计过程的协作与并行；在管理方面，通过改革管理方式和机构重组，建立扁平化的生产管理模式，实现跨时域、跨功能、多目标的决策与协调；在技术方面，不仅继承和发展了传统的CAD/CAM技术，而且还采用了多种并行工程的使能工具（如DFX工具）及集成技术。

据有关统计数据显示，实施并行工程，因为生产工艺从设计阶段开始就得到了优化，从而不会出现忽略加工问题的产品设计要求，使早期生产中工程变更的次数减少一半以上；因为在产品设计过程的前期就考虑了投资、经营、销售，以及加工、装配、维修等问题，使废品率、返修率减少75%，使制造成本降低30%～40%；专业知识相异的人的协同工作提高了交叉学科的创造力，使产品的开发周期缩短40%～60%。

（三）并行工程理论的应用

虽然建筑产品与其他制造业产品有着本质的区别，但是这并不阻碍并行工程理论在建筑工程领域的成功应用。Love 和 Cunasekaran 给出了并行建筑的三个基本要素。

（1）对设计和建造过程中的下游相关环节进行识别；

（2）减少或消除过程中的不增值活动；

（3）建立并授权多专业工作小组。

与其他制造行业相比，建筑工程实施并行工程的有利因素在于：建筑产品的发起人是业主，而建筑产品的最终用户一般也是业主。业主在建筑工程建设过程中具有特殊地位，并起到统筹协调作用。

在建筑行业，芬兰技术研究中心的科斯凯拉和霍维拉最先对并行工程进行了研究，介绍并行工程及解释并行工程和其他类似 Fast Track Construction 的不同；美国建筑工业协会（CII）也开始发起对并行工程的研究，并把并行工程列为五种有可能在不增加费用的情况下缩短工期的控制进度法之一。

De la Garzaet al 提出了建筑企业应用并行工程的指南，他认为并行工程的实施就是依靠平衡以下三个因素得以实现的：第一，在组织结构方面，通过建筑行业"宏观公司"的矩阵式组织解决；第二，在交流形式方面，通过电子信息交换技术解决；第三，在产品研发方面，通过项目成员尽早参与一体化安排来解决。

贾法里（Jaafari）认为并行建设有八个基本原则：

①将不同阶段整合到一个阶段；

②对项目的相关信息进行整合；

③建立一个"合成"小组代表项目参与各方；

④由"合成"小组重组工作过程；

⑤预见性的管理、计划和排序；

⑥将整个生命周期的项目信息整合；

⑦项目一体化；

⑧建立直接实时的组内及组间交流平台。

在工程施工领域，首先研究并行工程实现途径的是ToCEE，其目标是发展一种能支撑并行工程运行的信息交换系统。这个系统被期望能提升工程质量、缩短施工周期，减少大约20%的成本，从而给建筑业带来利益。ToCEE的焦点集中于几个影响信息交换的协调和管理的关键点，包括：产品及文件的分配模型，特别是模型内部及模型之间的可操作性、争议管理、信息流管理、版本管理、电子文档的正规化、监督、预测和成本管理。

第二章　道路工程施工

第一节　路基工程施工

路基是公路的主体和路面的基础，它应为路面提供一个平整层，并在承受路面传递下来的荷载和水、气温等自然因素的反复作用下，具有足够的强度和整体稳定性，满足设计与使用要求。为此，对路基设计和施工应予以足够重视，以确保路基工程具有良好的使用品质。

一、路基工程总论

（一）路基的变形、破坏及防治

1. 路基的基本要求

在公路建设中，路基工程的主要特点是：工艺较简单、工程数量大、耗费劳力多、涉及面较广、耗资也较多。根据资料分析表明，一般公路的路基修建投资约占公路总投资的25%～45%，个别山区公路可达65%。路基施工改变了沿线原有的自然状态，挖填及借弃土石方涉及当地生态平衡、水土保持和农田水利。路基稳定与否，对路面工程质量影响甚大，关系到公路是否可以正常投入使用。实践证明，没有坚固稳定的路基，就没有稳固的路面。因此，做好路基工程设计、施工与养护，不容忽视。

2. 影响路基稳定性的因素

影响公路路基稳定性的因素分为自然因素和人为因素两大类。

路基长期处在大自然环境中，其稳定性在很大程度上是由当地自然条件所决定的。因此，在进行路基设计、施工、养护时，应深入调查公路沿线的自然条件，从总体到局部，从大区域到具体路段去分析研究，掌握各有关自然因素的变化规律及水温情况、人为因素对路基稳定性的影响，因地制宜地采取有效工程措施，确保路基工程质量。

3. 路基的主要病害

路基裸露在大气中，经受着土体自重、行车荷载和各种自然因素的作用，路基的各个部位将产生变形。路基的变形分为可恢复的变形和不可恢复的变形两种情况。路基的不可恢复变形将引起路基高程和边坡坡度、形状的改变，严重时，造成土体位移，危及路基的整体性和稳定性，甚至导致路基的各种破坏。

4. 路基病害防治

为保证路基的强度与稳定性，防止各种病害的产生，其处置措施有很多，可因地制宜地选用不同方式，但其方法归纳起来不外乎有以下几个方面，且常相互配合综合采用：

第一，正确设计路基横断面。

第二，认真处理好基底，特别是软弱不良地基和陡坡地段。

第三，优选工程性质良好的土填筑路基。

第四，采用正确的施工方法，分层填筑，充分压实。

第五，做好排水设计（包括地面排水、地下排水、路面结构排水以及地基的特殊排水），保持路基经常处于干燥、稳定的状态。

第六，必要时，设置垫层用以改善土基的湿度和温度状况，即起隔水（地下水、毛细水）、排水（其上面层次下渗的水分）、隔温（防冻胀、翻浆）、隔土（防路基土挤入碎石基层）以及传递荷载和扩散荷载的作用。

第七，采取边坡加固与防护措施，以及修筑挡土结构物等。

（二）路基土的分类及工程性质

1. 路基土的分类

世界各国公路用土的分类方法虽然不尽相同，但是分类的依据则大致相近，一般都根据土颗粒的粒径组成、土颗粒的矿物成分或其余物质的含量，以及土的塑性指标进行区分。我国公路用土是依据土的颗粒组成特征、土的塑性指标和土中有机质存在情况进行分类。首先，按有机质含量多少，划分成有机土和无机土两大类；其次，将无机土按粒组含量由粗到细划分为巨粒土、粗粒土和细粒土三类。

2. 路基土石工程分级

对路基设计、施工和确定工程概算、预算定额来说，最有实用意义的是将土石按其开挖的难易程度分级。我国公路、铁路工程的土石分级，将土分为松土、普通土和硬土三级；将岩石分为软石、次坚石和坚石三级。

关于石方的鉴别，有些工程也有以指定功率的推土机、松土器是否勾动为石方的分类法，这要视具体工程标书中的规定而言。

交通部公路工程定额总站编制的《公路工程预算定额》给出了各类土石方的预算定额。依据施工路段的土石方等级，承包单位可以据此选择施工方案，计算主要材料需用量和土石方开挖机械设备的型号、数量，编制出完整的施工组织设计。

3. 各类土的工程性质

各类公路用土具有不同的工程性质，在选择路基填筑材料，以及修筑稳定土路面结构层时，应根据不同的土类分别采取不同的工程技术措施。

（1）巨粒土

巨粒土有很高的强度和稳定性，是填筑路基很好的材料。用以填筑路堤时，应正确选用边坡值，以保证路基稳定。

（2）粗粒土

级配良好的砾石混合料，由于粒径较大，内摩擦系数也大；密实程度好，强度和稳定性均能满足要求；级配不良的砾砂混合料，填筑时应保证密实程度，防止由于空隙大而造成路基渗水、不均匀沉陷或表面松散等病害。

（3）细粒土

粉质土含有较多的粉土颗粒，干时虽稍有黏性，但分散后易扬尘，浸水时很快被湿透，易成流体状态（稀泥）。粉质土的毛细水上升高度大（可达1.5m）。在季节性冰冻区，水分积聚现象严重，引起路基结冰期冻胀、春融期翻浆，故它又称为翻浆土。因此，粉质土是最差的筑路材料。如果必须用粉质土填筑路基，宜掺配其他材料，改善其性质，并加强排水以及采取设置隔离层等措施。

黏质土中细颗粒含量多、内摩擦角小、黏聚力大、透水性小、吸水能力强，具有较大的可塑性、黏结性和膨胀性，毛细水上升现象显著。黏质土干燥时较坚硬，不易破碎，也不易被水浸湿；但浸水后，能比较长时间地保持水分，因而承载力很小。在季节性冰冻地区或不良水温状况下，黏质土路基也容易产生冻胀和翻浆。黏质土如能在适当含水量时充分压实和采取良好的排水和隔水措施，修筑的路基也能保持稳定。

有机质土（如泥炭、腐殖土等）不宜作路基填料，如遇有机质土均应在设计和施工上采取一定的措施。

（4）特殊土

黄土属大孔和多孔结构，具有湿陷性；膨胀土受水浸湿发生膨胀，失水则收缩；红黏土失水后体积收缩量较大；盐渍土潮湿时承载力很低。因此，特殊土也不宜作路基填料。

综上所述，填方路基宜选用级配较好的粗粒土作为填料。细粒土质砂是修筑路基的最好材料，黏质土次之，粉质土是不良材料，最易引起路基路面病害，高液限黏土，特别是蒙脱土，也是不良的路基土。此外，对于特殊性质的土类，如泥炭、淤泥、冻土、强膨胀土及易溶盐超过允许限量的土，均不得直接用于填筑路基。

（三）路基施工方法及施工准备

1. 路基施工方法

路基一般为土石方工程。施工方法有人工施工、简易机械施工、机械化施工及爆破施工等。施工时应根据工程性质、岩石类别、工程量、施工期限、施工条件等选择一种或几种施工方法。

2. 施工前的准备工作

路基施工的主要内容，大致可归纳为施工前的准备工作和基本工作两大部分。虽然路基施工基本工作，主要是开挖、运输、填筑、压实等比较简单的工序，以及与路基直接有关的各项附属工程，但其工程量大，施工期长，且所需人力、物力资源较大，因而必须集中精力，认真对待。但要保证正常施工，施工前的准备工作极为重要，它是组织施工的第一步，无准备的施工或准备不充分的施工，均会使路基施工的基本工作难以顺利进行。

第二章 道路工程施工

二、填方路堤的施工

填方路堤施工是公路工程施工中一个非常重要的环节，需要精心组织、精心施工，确保工程质量。同时，由于高速公路特殊的交通功能，对路基施工质量有着更高的要求。因此，路堤施工必须从基底处理、填料选择、压实、排水、防护等各方面加以重视，依靠科技进步，采用新技术、新材料、新的检测手段，保证路基具有足够的水温稳定性及耐久性。

（一）填方路堤的填筑施工

1. 填方路堤施工特点

第一，由于路堤存在沉降和稳定问题，特别是高路堤可能发生的稳定性问题，要求其施工质量高，因此，无论对基底的处理、填料的选择、排水措施、压实标准的控制等方面都要求比较高，以保证路基的稳定性与耐久性。

第二，高速公路路堤一般都比较高，所需土方量很大，因此，施工必须采用机械化作业，从基础的处理、填料的开挖、运送、摊铺，到压实均采用一系列的机械进行施工。

第三，高速公路采用封闭形式，桥涵、通道较多，结构增多势必带来结构物两端路堤的填筑与压实困难问题，因此，必须采用各种技术措施保证结构物两端路堤的填筑压实质量，减少桥头跳车。

第四，为尽量减少路堤沉降，提高路堤稳定性，必须广泛采用新材料、新的施工设备和新的检测手段，如采用粉煤灰材料填筑路堤，采用重型压实标准等。

第五，公路施工中必须做好环境保护和绿化工作，而这一点在路堤施工中是相当重要的，施工中存在的水土、植被、地貌都不应由于施工而遭到破坏，填料不能含有害物质，防止环境受污染。

2. 路堤基底处理

路堤基底是指土石填料与原地面的接触部分。为使路基的强度和整体稳定性得到保证，应根据基底的土质、水文、坡度和植被情况及路基高度等进行适当地处理。

3．填料选择

一般的土和石都可以用作路堤的填料。用卵石、碎石、砾石、粗砂等透水性良好的填料，只要分层填筑、分层压实，可不控制含水量；用黏性土等透水性不良的填料，应在接近最佳含水量的情况下分层填筑与压实。

4．填方路堤的填筑施工

填方路堤的填筑方式因填料类型不同而不同。

（1）土方路堤填筑

土方路堤常根据路段地形情况的不同分别采用水平分层填筑法、纵向分层填筑法、横向填筑法和混合填筑法四种形式。

第一，水平分层填筑法。水平分层填筑法，即按照路基设计横断面全宽分成水平层次逐层向上填筑。如原地面不平，应由最低处分层填筑，每填一层，需经压实符合规定后，再填上一层。路堤填土宽度每侧应宽于填层设计宽度，压实宽度不得小于设计宽度，逐层填压密实，最后整修削坡。路堤两侧超填宽度一般应控制在0.3~0.5m。水平分层填筑法是填筑路堤的基本方法，它最能保证填土质量，一般均应优先采用。

用透水性不良的土填筑路堤时，应控制其含水量在最佳压实含水量±2%之内。采用机械压实时，分层的最大松铺厚度中，高速公路和一级公路不应超过30cm；其他公路，按土质类别、压实机具功能、碾压遍数等，经过试验确定。但最大松铺厚度，不宜超过50cm。填筑至路床顶面最后一层的最小压实厚度，不应小于8cm。

若填方分几个作业段施工，两段衔接处则必须采取分层相互搭接、相互覆盖的做法，以利于路基整体稳定。若两个地段不在同一时间填筑，则先填地段，应按1：1坡度分层留台阶。若两个地段同时填筑，则应分层相互交叠衔接，其搭接长度不得小于2m。

加宽旧路堤时，所用填土宜与旧路相同或选用透水性较好的土，并将老路加宽一侧（单面加宽法），或两侧（双面加宽法）沿边坡挖成向内倾斜的台阶，台阶宽度一般不小于1m，台阶高度不小于0.5m。然后分层填筑，分层碾压，以利于新、老路堤紧密结合。在新、老路基已达到相同高度时，加高部分再按断面全宽度分层填筑。

新填筑的路堤或旧路加高，在填筑过程中应随时注意防止雨水聚集浸湿，因而必须留有一定横坡，并做好路堤边沟，以利于纵、横向排水通畅和及时。

在施工中，沿线的土质经常发生变化，为防止不同性质的土任意混填，以免造成路基病害，必须在施工前进行现场调查，做出正确的规划，拟订合理的调配方案。

（2）填石路堤填筑

填石路堤的石料强度不应小于15MPa（用于护坡者不应小于20MPa），石料最大粒径不宜超过层厚的2/3。

高速公路、一级公路和铺设高级路面的其他等级公路的填石路堤均应分层填筑，分层压实。分层松铺厚度：高速公路、一级公路不宜大于0.5m，其他公路不宜大于1.0m。二级及二级以下且铺设低级路面的公路在陡峻山坡段施工特别困难或大量爆破移挖作填时，可采用倾填方式将石料填筑于路堤下部，但倾填路堤在路床底面下不小于1.0m的范围内仍应分层填筑压实。

填石路堤倾填前，路堤边坡坡脚应用粒径大于30cm的硬质石料码砌。当设计无规定，当填石路堤高度小于或等于6m时，其码砌厚度不应小于1m；当高度大于6m时，码砌厚度不应小于2m。

当石块级配较差、粒径较大、填层较厚、石块间的空隙较大时，可于每层表面的空隙里扫入石渣、石屑、中粗砂，再以压力水将砂冲入下部，反复数次，使空隙填满。

人工铺填粒径25cm以上的石料时，应先铺填大块石料，大面向下，小面向上，摆平放稳，再用小石块找平，石屑塞缝，最后压实。人工铺填块径25cm以下的石料时，可直接分层摊铺，分层压实。

用强风化石料或软质岩石填筑路堤时，应按土质路堤施工规定先检验其CBR值是否符合要求，不符合要求者不得使用，符合使用要求时，应按土质填筑的技术要求施工。

高速公路及一级公路填石路堤时，其路床顶面以下50cm范围内应填筑符合路床要求的土并分层压实，填料最大粒径不得大于10cm。其他公路填石路堤时，其路床顶面以下30cm范围内宜填筑符合路床要求的土并压实，填料最大粒径不应大于15cm。

压实度检验：在规定深度范围内，以通过12t以上振动压路机进行压实试验，当压实层顶面稳定，不再下沉（无轨迹）时，可判为密实状态。

（3）土石路堤填筑

天然土石混合材料中所含石料强度大于20MPa时，石料的最大粒径不得超过压实层厚的2/3，超过的应予清除；当所含石料为软质岩（强度小于15MPa）时，石料最大粒径不得超过压实层厚，超过的应打碎。

土石路堤必须分层填筑、分层压实，每层铺填厚度应根据压实机械类型和规格确定，但不宜超过40cm。

压实后渗水性差异较大的土石混合料应分层或分段填筑，不宜纵向分幅填筑。如确需纵向分幅填筑，应将压实后渗水良好的土石混合料填筑于路堤两侧。

当石料含量超过70%时，应先铺填大块石料，再铺小块石料、石渣或石屑嵌缝找平，然后碾压。当石料含量小于70%时，土石可混合铺填，但应避免硬质石块（特别是尺寸大的硬质石块）集中。

土石混合料填筑高等级公路时，其路床顶面以下30~50cm的范围内仍应填筑符合路床要求的土并分层压实，填料最大粒径不大于10cm；其他公路在路床顶面以下填筑30cm的砂类土，最大粒径不大于15cm。

（4）高填方路堤填筑

水稻田或长年积水地带，用细粒土填筑的路堤高度在6m以上，其他地带填土或填石路堤高度在20m以上（填砂、砾路堤在12m以上）时，都属于高填方路堤填筑。

高填方路堤，应严格按设计边坡填筑，不得缺填。每层填筑厚度，根据所采用的填料，分别按土方路堤、石方路堤或土石路堤的有关规定执行。如填料来源不同，其性质相差较大时，应分层填筑，不应分段或纵向分幅填筑。

高填方路堤受水浸淹部分，应采用水稳性高及渗水性好的填料，其边坡比不宜小于1∶2。

高填方路堤填筑过程，尤其应注意防止局部积水，以免影响填筑质量。特别在原地面倾斜较急的坡面上半填半挖时，除应挖成阶梯与填方衔接分层填压外，还要挖好截水沟，引导泄水于路堤之外。

（二）桥涵及其他构造物处的填筑施工

公路投入运营使用后，往往在桥头或其他构造物处存在跳车现象，而在一些软土地基或高路堤，跳车现象更为严重。这不仅影响行车速度、行车的舒适性和安全性，而且容易使桥台、台背、桥头伸缩缝以及连接的路面结构遭到破坏，从而成为公路运营中必须经常维修养护的主要路段。为此，在公路施工时，必须充分注意并尽可能地做好桥涵及其他结构物处路堤的填筑施工。

1. 一般要求

（1）填料

除设计文件另有规定外，一般应采用砂类土或渗水性土。当采用非渗水性土时，应在土中增加外掺剂，如石灰、水泥等。但严禁使用淤泥、沼泽土、冻土以及含有草皮、树根、生活垃圾、杂物和含水量过大的土用作填料。

（2）填筑

桥涵及其他构筑物处的填土，应适时分层回填压实。回填土时对桥涵圬工的强度等要求应按照《公路桥涵施工技术规范》有关规定办理，同时还应注意必须在隐蔽工程检验合格后方可开始回填。要严格控制回填土的含水量。分层松铺厚度宜小于20cm。当采用小型夯具时，一级以上的公路松铺厚度不宜大于15cm，并应充分压（夯）实到规定要求。

桥台背后填土宜与锥坡同时进行；涵洞缺口填土应在两侧对称均匀分层回填压实。如使用机械回填，则涵台胸腔部分及检查井周围应先用小型压实机械压实填好后，再用机械进行大面积回填。涵顶面填土压实厚度大于50cm时，才可通过重型机械和汽车；挡墙墙址部分的基坑，应及时回填压实，并做成向外倾斜的横坡。

适用于构造物处填土压实的小型机械，有蛙式打夯机、内燃打夯机、手扶式振动压路机、振动平板夯等。

（3）桥涵填土的范围

台背填土路线方向长度，顶部为距翼墙尾端不小于台高加2m的总长度；底部距基础内边缘不小于2m；拱桥台背填土长度不应小于台高的3~4倍；涵洞填土长度每侧不应小于2倍孔径长度。

（4）排水

桥涵等结构物处填土，在施工中要竭力防止雨水流入；对已有积水应挖沟或用水泵将其排除。对于地下渗水，可设盲沟引出。当不得不用非渗水土填筑时，应在其上设置横向盲沟或用黏土等不透水材料封顶。挡土墙墙背应做好反滤层，使水能顺利地从泄水孔流出去。

2. 填土基底的加固处理

（1）桥背填土基底的常用处理措施

桥台填土路堤施工后沉降控制标准一般在10cm以内。因此，为尽量减少路、桥衔接处的差异沉降，设计时往往采用加设钢筋混凝土搭板的形式。此外，正确处理好桥背软弱土地基，是减少施工后沉降、控制桥头跳车现象的重要技术措施，常用的方法有换土法、超载预压法、减少附加应力法、排水固结法、粉体搅拌桩、高压喷射注浆、振动碎石桩和矿渣桩等复合地基法，这些方法均已广泛应用于已建公路的路堤施工中。

（2）做好桥头路基的排水施工

施工中应充分注意填土的排水，防止路面及中央分隔带水流对填土的浸泡或冲刷。同时在路堤填筑前，在基底顶面应设置必要的排水设施，如横向泄水管或盲沟等。其铺设方法，有设计时可根据设计要求进行；无设计时，可参考以下方法进行：

横向泄水管的铺设，通常先在基底顶面填筑 3%～4% 的夯实黏土横坡路基，再在其上挖一条宽×深为（40～60）cm×（30～50）cm 的双向地沟，然后在台背后全宽范围内满铺一层土工织物等排水隔离层；在地沟内四周再铺设直径不小于10cm、有孔径为5mm的小孔硬塑料泄水管，布成梅花形，间距控制在内，其出口应伸出路基或桥头锥坡外。在硬塑料管四周再填筑粒径较大、透水性好的材料，并分层填筑至路堤顶面。

盲沟设置，即不采用泄水管，而以渗透系数大的透水材料（如大粒径碎石）填筑地沟，并用土工织物包裹，出口处做必要的处理。

3. 填筑压实质量控制要点

桥涵及其他结构物处回填是路基工程中的关键部位，为保证桥头路堤稳定，在施工中应克服认为结构物处回填工程量小、操作空间小而往往致使回填材料不符合要求，压实度达不到设计标准的现象。为防止桥头跳车等病害，必须严格控制桥涵及其他构造物处的填筑压实质量。其质量控制要点如下：

第一，结构物回填应选择适宜的材料并通过检验，所用机具应适应回填操作空间，若不适宜用大型压路机碾压时，应尽量采用小型手扶振动夯或手扶振动压路机压实。

第二，结构物回填处顺路线方向长度应按设计或规范规定，并挖成台阶，经监理工程师检查后才能分层回填。分层厚度一般规定每层15cm，并应在桥台背墙或明显地方标明高度逐层填筑、逐层碾压检测。检查频率为每50平方米检验1点，不足50平方米时至少检验1点，且每点都应合格。

第三，回填处如有泄水孔或其他构筑物时，一定要按设计要求设置碎石、粗砂或砾料层，以便达到泄水孔处过滤作用。

第四，回填钢筋混凝土圆管时，必须注意两边对称同时进行，直至管顶。回填时要注意管道两侧腋下的回填压实。

回填钢筋混凝土盖板涵时，只有在盖上钢筋混凝土板后才能回填。当客观情况需要两侧不均匀填筑时，必须等到涵台（墙）的混凝土或圬工砌体的砂浆达到规定强度后才能进行。

第五，结构物回填应分层平铺，紧接桥台、翼墙处，应密切注意与结构物相接的压实度，但也应注意任何压实不能对结构物部位造成损害。

第六，对于圆柱式桥台或肋柱式桥台的台背回填，应内、外侧同时分层填筑，并随时砌筑护坡以减少单向推力。

（三）路基压实施工

1．路基压实的准备工作

（1）铺筑试验路段确定路基压实的最佳方案

影响路基压实的主要因素有土的力学性质和压实功能、土的含水量、铺层厚度、土的级配以及底层的强度和压实度等。路基碾压时，并不是这些因素独立起作用，而是这些因素共同起作用。因此，高速公路、一级公路以及在特殊地区或采用新技术、新工艺、新材料进行路基施工时，施工单位应采用不同的施工方案做试验路段，从中选出路基压实的最佳方案。

铺筑试验段需制订试验方案，其目的是在给定压路机的情况下，找出达到压实标准的最经济的铺层厚度和碾压遍数。确切地说，就是寻求铺层厚度与碾压遍数之比的极大值。试验路段位置应选择在地质条件、断面形式均具有代表性的地段，路段长度不宜小于100m。具体实施可以按以下步骤进行：

第一，根据土的干密度与含水量关系曲线控制土的含水量

第二，确定铺层厚度和碾压遍数。一般可根据压路机械的功能及土质情况确定铺层厚度，高速公路一般应按松铺厚度30cm．进行试验，以确保压实层的均匀性。

其他公路，按土质类别、压实机具功能、碾压遍数等，经过试验确定，但最大松铺厚度不宜超过50cm。

砂性土需碾压遍数少，黏性土需碾压遍数多。光轮压路机碾压遍数较高，轮胎压路机次之，振动压路机和夯击机遍数最少。

通过试验段的铺筑及有关数据的检测，写出试验报告，最后确定土的适宜铺筑厚度、所需碾压遍数及填土的实际含水量，以便于施工中掌握控制。

（2）根据土壤性质，选择确定压实机械

土壤的性质不同，有效的压实机械也不同。各种压路机都有其特点，可以根据土质情况合理选用。

对于高速公路路基填土压实宜采用振动压路机或35～50t 轮胎压路机进行。

（3）含水量的检测与控制

路基的强度与稳定性主要是通过压实得以提高，压实度受含水量的制约，换言之，在有效地控制含水量后，才能可靠地压实到压实标准。一般控制压实时土的含水量在最佳含水量±2%以内。当土的实际含水量超过上述范围时，应将土摊开、晾晒或适当洒水以达到要求后方可进行压实。当需要对土采用人工洒水时，需要加的水宜在取土的前一天浇洒在取土坑内的表面，使其均匀渗透入土中，也可将土运至路堤上后，用水车均匀、适量地浇洒在土中，并用拌和设备拌和均匀。

此外，还应增加洒水至碾压时的水分蒸发消耗量。

2. 压实施工

经过上述的准备工作，在确定了所采用的压实机械、需要的碾压遍数、最佳含水量后，即可对路基进行压实施工。路堤、路堑和路堤基底均应进行压实。

碾压前应对填土层的松铺厚度、平整度和含水量进行检查，如果不合要求，不要急于碾压，而必须采取处理措施，如减少填土层厚、平地机整平、晾晒或洒水。

各种压路机的碾压行驶速度开始时宜用慢速，最大速度不宜超过4km/h；碾压时直线段由两边向中间，小半径曲线段由内侧向外侧，纵向进退式进行；横向接头对振动压路机一般重叠0.4～0.5m，对三轮压路机一般重叠后轮宽的1/2，前后相邻两区段（碾压区段之前的平整预压区段与其后的检验区段）宜纵向重叠1.0～1.5m。应达到无漏压、无死角的效果，确保碾压均匀。采用振动压路机碾压时，第一遍应不振动静压，然后先慢后快，由弱振至强振。

有大型运载车辆的标段,应合理安排行车路线,充分利用大型车辆对路基的压实作用。大型车辆轴载大,对路基具有压实作用,但长时间在同一路线上行驶,会导致过度碾压,形成车辙,反而对路基有害。因此,施工时应尽量让车辆在路基全幅宽度内分开行驶。

3. 压实质量的检查和评价

为确保路基达到规定的压实度要求,必须认真做好压实质量的检查与监理工作。

在压实过程中,施工单位的自检人员应经常检查压实度是否符合要求。压实度测试方法可采用环刀法、蜡封法、灌水法(水袋法)、灌砂法或核子密度湿度仪测定。细粒土现场压实度检查可以采用环刀法或灌砂法;粗粒土及路面结构层压实度检查可以采用灌砂法、水袋法或钻孔取样蜡封法。核子密度湿度仪应与环刀法、灌砂法等进行对比标定后才可应用。每一压实层均应检验压实度。

路基压实度检验频率为每2000平方米每压实层测4处;路面结构层压实度检验频率为每200m每车道测2处[沥青混凝土面层和沥青碎(砾)石面层为每200m每车道测1处]。必要时可根据需要增加检验点,以防止压实不足处漏检。检验合格后方可填筑其上一层。若检验不合格,则应查明原因,进行补压,直至符合要求为止。

路基、路面压实度的评定以1~3km长的路段为检验评定单元,按其检测频率进行现场压实度抽样检查,求算每一测点的压实度。

土质路基顶面及沥青路面压实完成后还应进行弯沉测试,以检查路基、路面的刚度是否符合设计要求。弯沉值用贝克曼梁或自动弯沉仪测量。检验频率为每一双车道评定路段(不超过1km)检查80~100个点,多车道公路必须按车道数与双车道之比,相应增加测点。

(四)路基整修、检查验收与维修

1. 路基整修

路基工程基本完成后,由施工单位会同监理单位按设计文件和施工规范要求检查路基中线、高程、宽度、边坡坡度和排水设施等,根据检查结果制订整修计划并进行整修。

(1)土质路基的整修

土质路基表面的整修可用机械配合人工切土和补土,并配合压路机碾压。填土经压实后不得有松散、软弹、翻浆及表面不平现象，到设计高程后，宜用平地机刮平，路堤两侧超过设计高度部分应切除。

（2）边坡加固与整修

边坡需防护加固地段，应预留加固位置和厚度，使完工后的边坡与设计一致。深路堑边坡应按设计自上而下进行削坡整修，不得在边坡上贴补。当路堑边坡被雨水冲刷成沟槽时，应自下而上，分层挖台阶填筑并夯实。若填补厚度很小，又非加固边坡地段时，可用种植土填补并种草。当填方边坡出现冲沟或坍塌缺口时，应自下而上分层挖台阶加宽填补并压实，再按设计坡面修坡。

（3）排水系统的整修

边沟整修时应挂线进行。对各种排水设施的纵坡应进行仔细检查，断面尺寸应符合设计要求，沟底应平整、排水畅通。

2．检查验收及质量标准

（1）中间检查

在施工过程中，当每一分项、分部工程完成后，应按设计文件及施工规范等进行中间检查。如路基原地面处理完毕，应检查基底处理情况；边坡加固前，应对加固方法、加固形式、填挖方边坡加固的适用性、边坡坡度是否适当等进行检查；若发现已完工路基受水浸淹损坏、取土及弃土超过设计、意外的填土下陷、填挖方边坡坍塌需增加土方及边坡加固工程数量等现象时应进行中间检查。此外，在路基渗沟回填土前、路基换土工作完成后、各类防护加固工程基坑开挖后，必须进行中间检查验收，检查不合格不得进行下一工序的施工。

（2）竣工验收

对路基进行竣工验收时，应对以下项目进行检查、验收：路基的平面位置、路基宽度、高程、横坡和平整度；边坡坡度及加固设施；边沟等排水设施的尺寸及沟底纵坡；防护工程的修建位置和各部尺寸；填土压实度及表面弯沉；取土坑、弃土堆、护坡道、截水沟、渗水井等的位置和形式；隐蔽工程施工记录等。这些项目的评定按《公路工程质量检验评定标准》进行。

（3）质量标准

第一，土方路基。土方路基施工应符合下列质量要求：路基必须分层填筑压实，表面平整坚实，无软弹和翻浆现象，路拱合适，排水良好，土的压实度、强度和路床的整体强度符合设计要求。挖方地段上边坡应平整稳定。路床土压实度及强度必须符合规定。

第二，路肩。路肩施工必须做到表面平整密实、无积水、边缘顺直、曲线圆滑。

第三，地表排水设施。边沟、截水沟或排水沟应线条顺直，曲线圆滑，沟底平整，排水畅通。浆砌片石加固砌体，砂浆应密实饱满，配合比符合设计要求。边沟勾缝平顺，缝宽均匀，无脱落现象。沟渠断面应均匀平整，无凹凸不平现象，勾底无积水。

3．路基维修

路基工程完工后，在路面施工前及公路工程初验后直至竣工验收终验前，路基如有损坏，施工单位应进行维修，并保证路基排水设施完好，及时清除排水设施中的淤积物、杂草等。对较长时间停工和暂时不做路面的路基，则应保持排水畅通；复工前应对路基各分项工程予以修整。

路面施工前应整修路基，使表面无坑槽，保持规定的路拱。若路堤经雨水冲刷或发生沉降时，应立即修补、加固或采取其他处理措施，并查明原因，做好记录。如遇路堑边坡坍方，应及时清除，未经加固的高路堤和路堑边坡以及潮湿地区的土质路基边坡上的积雪应及时清除，以免危害路基。当路基构造物有变形现象时，应详细查明原因，及时修复，使之保持稳定。

路基工程完工后，每当大雨、连日暴雨或积雪融化期间，应控制施工机械和车辆在土质路基上通行；若不能避免时，应及时排干积水，整平压实。

三、挖方路堑的施工

路堑开挖是将路基范围内设计高程之上的天然土体挖除，并运到填方地段或其他指定地点的施工活动。开挖路堑将破坏土体原来的平衡状态，开挖时保证挖方边坡的稳定性是一个十分重要的问题。深长路堑往往工程量巨大，开挖作业面狭窄，常常是一段路基施工进度的控制性工程。因此，应因地制宜，以加快施工进度、保证工程质量和施工安全为原则，综合考虑工程量大小、路堑深度与长度、开挖作业面大小、地形与地质情况、土石方调配方案、机械设备等因素，制订切实可行的开挖方案。

(一) 土质路堑的开挖

土方路堑开挖的方式根据路堑深度和纵向长度分为横挖法、纵挖法及混合式开挖法三种。

1. 横挖法

从路堑的一端或两端在横断面全宽范围内向前开挖路堑的方式，称为横挖法，主要适用于短而浅的路堑。路堑深度不大时，一次挖到设计高程的开挖方式称为单层横挖法。若路堑较深，为增加作业面，以便容纳较多的劳动力和施工机械，做到多层、多方向出土，以加快施工进度，而在不同高度上分几个台阶同时开挖的方式称为多层横挖法。多层横挖法的各施工层面应具有独立的出土通道和临时排水设施。每层挖掘深度根据工作方便和施工安全而定，人力横挖法施工时，一般为1.5～2.0m；机械横挖法施工时，每层台阶深度可加大到3～4m。当运距较近时用推土机进行开挖；运距较远时宜采用挖掘机配合自卸汽车进行开挖，或用推土机推土堆积，再用装载机配合自卸汽车运土。机械开挖时，边坡应配以平地机或人工分层修刮平整。

2. 纵挖法

纵挖法是开挖时沿路堑纵向将开挖深度内的土体分成厚度不大的土层依次开挖，分为分层纵挖法、通道纵挖法和分段纵挖法三种。

3. 混合式开挖法

即将横挖法与通道纵挖法混合使用，先沿路堑纵向开挖通道，然后从通道沿横向坡面挖掘，以增加开挖坡面。每一坡面应能容纳一个施工作业组或一台机械作业。在挖方量较大地段，还可沿横向再挖通道以安装运土传送设备或布置运土车辆。这种方法适用于路堑纵向长度和深度都很大的地段。

路堑开挖应自上而下进行，不得超挖滥挖。在不影响边坡稳定的条件下可采用小型爆破以提高开挖效率。应保证开挖过程中及竣工后能顺利排水。在开挖过程中，当土质发生变化时，应及时修改施工方案和边坡坡度。对于已开挖的适宜种植草皮和有其他用途的土，应储备利用。路堑路床的表层土若为有机土、难以晾干或其他不宜作路床的土时，应用符合要求的土置换，然后按路堤填筑要求进行压实。

（二）石质路堑的开挖

由于岩石坚硬，石质路堑的开挖往往比较困难，这对路基的施工进度影响很大，尤其是工程量大而集中的山区石方路堑更是如此。因此，采用何种开挖方式以加快工程进度，是石质路堑开挖需要解决的重要问题。通常，应根据岩石的类别、风化程度、节理发育程度、施工条件及工程量大小等选择爆破法、松土法或破碎法进行开挖。对于软石和强风化岩石，能用机械直接开挖的均应采用机械开挖，也可人工开挖。凡不能使用机械或人工直接开挖的石方，则应采用爆破法开挖。

1. 爆破法开挖

爆破法是利用炸药爆炸的能量将土石炸碎以利于挖运或借助爆炸能量将土石移到预定位置。用这种方法开挖石质路堑具有工效高、速度快、劳动力消耗少、施工成本低等优点。对于岩质坚硬，不可能用人工或机械开挖的石质路堑，通常要采用爆破法开挖。爆破后用机械清方，是非常有效的路堑开挖方法。

根据炸药用量的多少，爆破法分为中小型爆破和大爆破，其中使用频率最高的是中小型爆破，大爆破的应用则受多种因素的限制。例如，开挖山岭地带的石方路堑时，若岩层不太破碎，路堑较深且路线通过突出的山嘴时，采用大爆破开挖可有效提高施工效率。但如果路堑位于页岩、片岩、砂岩、砾岩等非整体性岩体时，则不应采用大爆破开挖。尤其是路堑位于岩石倾斜朝向路线且有夹砂层、黏土层的软弱地段及易坍塌的堆积层时，禁止采用大爆破开挖，以免对路基稳定性造成危害。

2. 松土法开挖

松土法开挖是充分利用岩体自身存在的各种裂缝和结构面，用推土机牵引的松土器将岩体翻碎，再用推土机或装载机与自卸汽车配合，将翻松的岩块搬运到指定地点。松土法开挖避免了爆破法所具有的危险性，而且有利于开挖边坡的稳定与附近建筑物的安全，凡能用松土法开挖的石方路堑，应尽量不采用爆破法施工。随着大功率施工机械的使用，松土法越来越多地应用于石质路堑的开挖，而且开挖的效率也愈来愈高，能够用松土法施工的范围也愈来愈广。

3. 破碎法开挖

破碎法开挖是利用破碎机凿碎岩块，然后进行挖运等作业。凿子安装在推土机或挖掘机上，利用活塞的冲击作用使凿子产生冲击力以凿碎岩石，其破碎岩石的能力取决于活塞的大小。破碎法宜用于岩体裂缝较多、岩块体积较小、抗压强度低于100MPa的岩石。破碎法的工效不高，不宜作为开挖岩石的主要方法，仅用于不能使用爆破法或松土法施工的局部场合，作为爆破法和松土法的辅助作业方式。

四、路基排水、防护与加固

（一）路基排水的目的及设计原则

1. 路基排水的目的与要求

路基的填筑与压实要求在达到或接近最佳含水量时进行，以获得最大的密实度。此时，水的有益作用是显而易见的。然而，浸入路基的水分过多，便会危害路基。就路基病害的规模、范围、成因、类型及其程度而言，水往往是决定性的因素之一。因此，路基排水设计是路基设计中必不可少的项目和内容之一。

根据水源的不同，影响路基的水流可分为地面水和地下水。所以，路基排水可分为地面排水和地下辨水两大类。

地面水包括大气降水（雨和雪）和海、河、湖、水渠及水库水。地面水对路基产生冲刷和渗透，冲刷可能导致路基整体稳定性受损害，形成水毁现象。渗入路基土体的水分，使土体过湿而降低路基强度。

地下水包括上层滞水、潜水及层间水等，它们对路基的危害程度，因条件不同而异。轻者能使路基湿软，降低路基强度；重者会引起冻胀、翻浆或边坡滑坍，甚至整个路基沿倾斜基底滑动。水还可能对掺有膨胀土的路基工程造成毁灭性的破坏。

路基排水的目的，就是将路基范围内的土基湿度降低到一定的限度以内，保持路基常年处于干燥状态，确保路基及路面具有足够的强度和稳定性。

路基设计时，必须考虑将影响路基稳定性的地面水，排除和拦截于路基用地范围以外，并防止地面水漫流、滞积或下渗。对于影响路基稳定性的地下水，则应予以隔断、疏通和降低，并引导至路基范围以外的适当地点。

路基施工中，首先应校核全线路基排水系统的设计是否完备和妥善，必要时应予以补充或修改，应重视排水工程的质量和使用效果。此外，应根据实际情况与需要，设置施工现场的临时性排水设施，以保证路基土石方及附属结构物在正常条件下进行施工作业，消除路基基底和土体内与水有关的隐患，保证路基工程质量，提高施工效率。临时性排水设施宜尽量同永久性排水设施相结合，以减少临时工程的费用。

路基养护中，对排水设施应定期检查与维修，以保证排水设施正常使用，水流畅通，并根据实际情况不断改善路基排水条件。

高速公路路基排水的目的、要求及设计原则与一般等级公路基本上是一致的。但由于高速公路的重要性，沿线构造物不应受到水的危害而降低或失去它的使用功能，而且其修复的复杂性和难度性大，费用也高，因此，高速公路的路基排水综合设计就更为重要。

2. 路基排水设计的一般原则

第一，排水设施要因地制宜、全面规划、合理布局、综合治理、讲究实效、经济适用，并充分利用有利地形和自然水系。一般情况下地面和地下设置的排水沟渠，宜短不宜长，以使水流不过于集中，做到及时疏散，就近分流。

第二，各种路基排水沟渠的设置，应注意与农田水利相配合，必要时可适当地增设涵管或加大涵管孔径，以免农业用水影响路基稳定。路基边沟一般不用作农田灌溉渠道，两者必须合并使用时，边沟的断面尺寸应加大，并予以加固，以免水流危害路基。

第三，设计前必须进行调查研究，查明水源与地质条件，重点路段要进行排水系统的全面规划，考虑路基排水和桥涵布置相结合，做到路基路面综合设计与分期修建。对于排水困难和地质不良的路段，还应与路基防护与加固相配合，并进行特殊设计。

第四，路基排水要注意防止附近山坡的水土流失，尽量不破坏天然水系，不轻易合并自然沟溪和改变水流性质，尽量选择有利地形条件布设人工沟渠，减少排水沟渠的防护与加固工程。对于重点路段的主要排水设施，以及土质松软和纵坡较陡地段的排水沟渠，应注意必要的防护与加固。

第五，路基排水要结合当地水文条件和公路等级等具体情况，注意就地取材，以防为主，防治结合。排水沟渠既要稳固适用，又必须讲究经济效益。

（二）路基地面排水设施的构造与布置

常用的路基地面排水设施有边沟、截水沟、排水沟、跌水与急流槽、倒虹吸管与渡水槽以及蒸发池等几种。

1．边沟

挖方路基以及填土高度低于路基设计要求临界高度的路堤，在路肩外缘或坡脚外侧均应设置纵向人工沟渠，称之为边沟（或称侧沟），主要功能是排泄路基顶面及边坡汇集起来的地面水。常用的边沟断面形式有梯形、矩形、三角形和碟形等。

高速公路、一级公路宜采用三角形或碟形边沟，条件受限而需采用矩形边沟时，应在顶面加带槽孔的混凝土盖板；二级及二级以下公路的土质边沟用梯形，石质边沟用矩形；易于积雪或积砂的路段宜用碟形；较矮路堤边沟可用三角形；公路两侧为农田时，可采用石砌矩形边沟，以达到少占农田的目的。

边沟的纵坡一般应与路线纵坡一致，并不宜小于0.3%，以防淤积。边沟的单向排水长度一般不宜超过300～500m，否则应增设排水沟或涵洞，将水引出路基范围以外。

2．截水沟（天沟）

设在路基上方，以拦截地面水流向路基的人工沟渠，称为截水沟。截水沟多数设在挖方边坡坡顶的外侧或山坡路堤上方的适当地点。主要是保护边坡不受地面水冲刷，减少边沟的水量，是多雨地区、山岭和丘陵地区路基排水的重要设施之一。其长度以200～500m为宜；超过500m时，可在中间适宜位置处增设泄水口，由急流槽或急流管分流引排。

3．排水沟（引水沟）

排水沟主要用于将来自边沟、截水沟或其他水源的水流排泄至就近桥涵或河谷中，以形成整个排水系统。排水沟的横断面一般采用梯形，尺寸大小应通过水利水文计算选定。

4．跌水与急流槽

上述各种排水设施的纵坡均有限制，以免水流速度太快，造成冲刷破坏。跌水与急流槽均为人工排水沟渠的特殊形式，用于山区陡坡地段，沟槽的纵坡可达7%以上（跌水）或更陡（急流槽），是山区公路路基排水常见的结构物。

跌水是一种将沟底设成台阶状的人工沟渠。当排水沟进入涵洞前，高边坡上需要在短距离内将水引到坡脚处。陡坡路段（坡度大于7%）的边沟，以及其他需要水流消能减速时，均可设置跌水。跌水的构造可分为进水口、消力池和出水口三个组成部分。

急流槽的纵坡比跌水更陡，要求坚固耐用，通常在短距离内遇有排泄急速水流时考虑采用。急流槽的构造可分为进口、槽身和出口三个组成部分。

由于纵坡大，水流湍急，冲刷作用严重，所以跌水和急流槽必须采用浆砌石块或水泥混凝土砌筑，且应埋设牢固。

5. 倒虹吸管与渡水槽

当水流需要横跨路基，同时设计高程又受到限制时，可采用管道和沟槽，从路基底部或上部架空跨越，前者为倒虹吸管，后者为渡水槽，分别相当于特殊的涵洞和渡水桥，属于路基地面排水的特殊结构物。

6. 蒸发池

气候干旱、平坦地面排水困难地段，可在离路基适当的地方利用沿线的集中取土坑或专门开挖的凹坑修筑蒸发池，以汇集路界地表水，靠自然蒸发或下渗将水排出。

（三）路基地下排水设施的构造与布置

公路路基的地下排水，主要是为了截断与排除流向路基的地下水，其中包括层间水或泉水等，使之不致侵蚀路基，有时也用于降低地下水位，隔断毛细水上升或排除路基下面的积水。地下排水设施的投资较大，维修较困难，因此应尽量不设或少设。当地下水位较高且路基高程受到限制时，会造成路基水温条件差，在其影响路基的强度与稳定性时可考虑采用。

（四）路基防护与加固

1. 防护与加固的意义

由岩土修筑成的路基，长期大面积地受自然因素的侵蚀，在不利水温的作用下，物理、力学性质将发生变化，导致路基产生较大变形甚至破坏，所以在设计路基时，应从路基位置、横断面尺寸、岩土组成等方面综合考虑。

为确保路基的强度和稳定性，路基的防护和加固也是不可缺少的工程技术措施。随着公路等级的提高，为维护正常的汽车运输，减少公路灾害，确保行车安全，保持公路与自然环境协调，保证公路使用品质，提高投资效益等，路基防护与加固更具有重要的意义。

2．防护与加固的分类

路基防护与加固设施主要有边坡坡面防护、沿河路堤河岸冲刷防护与加固、湿软地基的加固处理以及路基的支挡工程等。

（1）坡面防护

坡面防护的作用主要是隔离大气与路基接触，保护路基边坡的整体稳定性，在一定程度上还可以美化路基和协调自然环境。

常用的坡面防护设施有植物防护、圬工防护、骨架植物防护三种。

（2）冲刷防护

为了防止流水直接危害沿河、滨海路堤以及有关海河堤坝护岸的堤岸边坡和坡脚，必须采用一定的防止冲刷的措施。

（3）地基加固

路基敷设于天然地基上，自身荷载及行车荷载较大，要求地基具有足够的承载能力，以保持地基的稳定。湿软地基主要是指天然含水量过大，胀缩性高，具有湿陷性，承载能力低，在荷载作用下容易产生滑动或固结沉降的土质地基，如软土泥沼、湿陷性黄土、人为垃圾、松散杂填土、膨胀土等。在软土地基上填筑路堤有可能出现失稳，或者沉降量和沉降速度不能满足要求等现象。此时应对软土地基进行适当地处理，以增加其稳定性，减少沉降量或加速沉降。软土地基的处理方法有很多，各种方法具有不同的特点，可得到不同的效果。

（4）支挡工程

用以防止路基变形或支挡路基本体或山体的位移，以保证其稳定性，常用的类型有路基边坡支撑（挡土墙、土垛、石垛及其他具有承重作用的结构物）和堤岸支挡（沿河驳岸、浸水挡土墙）。驳岸与浸水挡土墙的主要区别在于，前者主要起防水作用，后者既防水，又兼起支挡路基的土侧压力的作用。

路基防护与加固工程中，一般把防止风化和冲刷，主要起隔离、封闭作用的设施称为防护工程。防护工程不能承受外力作用,所以要求路基本身必须是稳定的。把防止路基或山体因重力作用而坍滑,防止地基承载力不足而沉陷,主要起支撑、加固作用的结构物称为加固工程。它们当中有些措施往往兼有防护与加固的双重作用。

第二节　路面工程施工

一、路面工程基本知识

(一) 路面的概念、结构与分类

1. 路面的概念

路面是指用各种材料铺筑在路基上的供车辆行驶的构造物,其主要任务是保证车辆快速、安全、舒适地行驶,路面应能够承受交通荷载和自然因素的作用,还要与周围环境衬托协调。

2. 路面的结构

道路行车荷载和自然因素的作用一般随深度的增加而减弱,为适应这一特点,路面结构也是多层次的,路面结构一般由面层、基层、垫层组成,有的道路在面层和基层之间还设立了一个联结层。

3. 路面的分类

从路面力学特性角度划分,传统的分法把路面分为柔性路面和刚性路面,随着科技的进步,又有了新的发展,路面分类得到进一步细化。

(二) 路面施工的特点和基本要求

路面是直接承受行车荷载的结构,经受严酷的自然环境和行车荷载的反复作用,这也对路面工程提出了更高的要求。

1. 路面施工的特点

（1）机械化程度高

随着经济的发展，机械制造业发展迅速，各种类型、各种功能的路面施工机械相继出现，以前以人工施工为主的路面施工已经转变为以机械化施工为主、人工为辅的局面。如何更好地发挥机械性能，减轻人工的劳动强度，也是路面工程施工组织的重要内容。

（2）工程数量均匀，容易进行流水作业

一般情况下，一个工程项目路面工程的结构类型和设计厚度是相同的或相近的，除交叉口和收费区范围外，每千米工程数量是均匀的，这使得采取流水作业法安排路面工程施工变得更加容易。

（3）路面施工材料相对比较均匀，更容易控制路面质量

采用细粒土的路面基层和底基层材料，虽然也采取了因地制宜的原则，用沿线的土进行基层和底基层施工，但相对于路基工程——土石混合来讲，土质差别比较小，可以利用塑性指数的差别制定统一的质量控制标准来控制基层质量，例如，建立相同强度下，塑性指数与灰剂量的关系；建立相同灰剂量情况下，塑性指数与最大干密度的关系等。对于采取砂石材料进行施工的路面基层和面层，由于材料的产地相同，材质更加均匀，更容易用同样的质量标准来控制生产。

（4）与桥梁工程、台背回填、防护工程施工有相互干扰

在施工进度安排上，当桥梁工程、台背回填、防护工程的滞后影响基层施工时，可采取跳跃施工的方法；对于面层施工时，应已完成上述工作，不影响面层施工的连续性。

（5）废弃材料

应注意不对绿化工程、防护工程和水资源造成污染，必要时应采取环境保护措施。

（6）半刚性基层

沥青路面的基层与面层宜在同一年内施工，以减少半刚性基层的反射性裂缝和沥青面层的早期损坏。

2. 对路面工程的基本要求

一般来说，不同等级的公路对路面的使用品质具有不同的要求，主要表现在一

定设计年限内允许通行的交通量和要求道路提供的服务等级。首先，在设计年限内通过预测交通量的情况下，路面应保持一定的承载能力和抗疲劳能力；其次，在风吹、日晒、雨淋、严寒、酷暑、冻融等复杂自然条件下，路面在设计年限内应保持一定的稳定性和耐久性；最后，在设计年限内经过一定的养护管理，路面应具有与公路等级相适应的服务水平，为车辆行驶提供安全可靠、快捷舒适的服务。

（三）路面施工用材料

在路面工程施工中，材料起着至关重要的作用，有些新建公路路面工程出现早期破坏，材料质量是最重要的影响因素。路面结构层所用材料应满足强度、稳定性和耐久性等要求。

路面施工需用材料广泛，物理力学性能各异，有些材料适用于路面基层，有些材料适用于路面面层，也有些材料既可用于基层也可用于面层，但技术要求和力学性能指标略有不同。

（四）路面施工的基本方法

路面工程是层状结构，路面工程施工的共同点是几乎所有的路面结构（手摆拳石和条石路面等结构除外）都需要拌和混合料、摊铺和压实三道工序，路面工程施工主要有三种方法：人工路拌法、机械路拌法、厂拌机铺法。

其主要特点是：机械化程度高，混合料配比准确，厚度控制、高程控制比较直观，但需要大量的自卸运输车辆。

（五）路面工程试验路段

在进行大面积施工之前，修筑一定长度的试验路段是很必要的，在高速公路与一级公路的工程实践中，施工单位通过修筑试验路段，进行施工优化组合，把施工中存在的问题找出来，并采取措施予以克服，提出标准的施工方法和施工组合用来指导大面积施工，从而使整个工程施工质量高、进度快。

修筑试验路段的任务是，检验拌和、运输、摊铺、碾压、养生等拟投入设备的可靠性；检验混合料的组成设计是否符合质量要求及各道工序的质量控制措施；提出用于大面积施工的材料配比和松铺系数；确定每一作业段的合适长度和一次铺筑的合理厚度；对于沥青混合料还应提出施工温度的保障措施，水泥稳定类混合料还应提出在延迟时间内完成碾压的保证措施等；最后提出标准施工方法。标准施工方法主要内容应包括：集料与结合料数量的控制与计量方法；摊铺方法；合适的拌和方法；拌和深度、拌和速度、拌和遍数；混合料最佳含水量控制方法；沥青混合料油石比的控制方法；整平和整形的合适机具与方法；平整度及厚度的控制方法；压实机械的组合、压实顺序、速度和遍数；压实度的检查方法和对比试验，机械的选型与配套，自卸车辆与摊铺机械的配合等。

二、沥青路面施工

（一）热拌沥青混凝土路面施工

1. 施工准备

①铺筑沥青层前，应检查基层或下卧层的质量，不符合要求的不得铺筑沥青面层。旧沥青路面或下卧层已被污染时，必须清洗或铣刨处理后，方可铺筑沥青混合料。②石油沥青加工及沥青混合料施工温度应根据沥青标号及黏度、气候条件、铺装层的厚度确定。

2. 混合料拌制

①沥青混合料拌和时间根据具体情况经试拌确定，以沥青均匀裹覆集料为度。间歇式拌和机每盘的生产周期不宜少于45 s（其中干拌时间不少于5～10 s）。改性沥青和SMA混合料的拌和时间应适当延长。②拌和的沥青混合料应均匀一致，无花白料、无结团成块或严重的粗细料分离现象，不符合要求时不得使用，并应及时调整。③出厂的沥青混合料应逐车用地磅称重，并按现行试验方法测量运料车中沥青混合料的温度，签发一式三份的运料单，一份存拌和厂，一份交摊铺现场，一份交司机。

3. 混合料运输

①运料车进入摊铺现场时，轮胎上不得沾有泥土等可能污染路面的污物，否则宜设水池洗净轮胎后进入工程现场。沥青混合料在摊铺地点凭运料单接收，若混合料不符合施工温度要求，或已经结成团块、已遭雨淋的不得铺筑。②摊铺过程中运料车应在摊铺机前100～300mm处停住，空挡等候，由摊铺机推动前进并开始缓缓卸料，避免撞击摊铺机。在有条件时，运料车可将混合料卸入转运车经二次拌和后向

摊铺机连续均匀地供料。运料车每次卸料必须倒净,尤其是对改性沥青或SMA混合料,如有剩余,应及时清除,防止硬结。③SMA与OGFC混合料在运输、等候过程中,如发现有沥青结合料沿车厢板滴漏时,应采取措施予以避免。

4. 混合料摊铺

①热拌沥青混合料应采用沥青摊铺机摊铺,在喷洒有黏层油的路面上铺筑改性沥青混合料或SMA时,宜使用履带式摊铺机。摊铺机的受料斗应涂刷薄层隔离剂或防黏结剂。②热拌沥青混合料应采用机械摊铺。对高速公路、一级公路和城市快速路、主干路宜采用两台以上摊铺机成梯队作业,进行联合摊铺。相邻两幅之间应有重叠,重叠宽度宜为5～10cm。相邻两台摊铺机宜相距5～10m,且不得造成前面摊铺的混合料冷却。当混合料供应能满足不间断摊铺时,也可采用全宽度摊铺机一幅摊铺。③摊铺机开工前应提前0.5～1h预热熨平板,使其不低于100℃。铺筑过程中应选择熨平板的振捣成夯锤压实装置,具有适宜的振动频率和振幅,以提高路面的初始压实度。熨平板加宽连接应仔细调节至摊铺的混合料没有明显的离析痕迹。④摊铺机必须缓慢、均匀、连续不间断地摊铺,不得随意变换速度或中途停顿,以提高平整度,减少混合料的离析。摊铺速度宜控制在2～6m/min的范围内,对改性沥青混合料及SMA混合料宜放慢至1～3m/min。当发现混合料出现明显的离析、波浪、裂缝、拖痕时,应分析原因,予以消除。⑤热拌沥青混合料的最低摊铺温度根据铺筑层厚度、气温、风速及下卧层表面温度选用。每天施工开始阶段宜采用较高温度的混合料。⑥沥青混合料的松铺系数应根据实际混合料类型、施工机械和施工工艺等,通过试铺试压方法或根据以往的实践经验确定。

5. 混合料压实与成型

①沥青混凝土的压实层最大厚度不宜大于100mm,沥青稳定碎石混合料的压实层厚度不宜大于120mm,但当采用大功率压路机且经试验证明能达到压实度时允许增大到150mm。②压路机应以慢而均匀的速度碾压。压路机的碾压路线及碾压方向不应突然改变而导致混合料推移。碾压区的长度应大体稳定,两端的折返位置应随摊铺机前进而推进,横向不得在相同的断面上。③沥青混合料的压实应按初压、复压和终压(包括成型)三个阶段进行。初压应紧跟在摊铺机后碾压,并保持较短的初压区长度,以尽快使表面压实,减少热量散失,对于摊铺后初始压实度较大,并

经实践证明采用振动压路机或轮胎压路机直接碾压无严重推移而有良好效果的，可免去初压，直接进入复压工序。初压后应检查平整度、路拱，有严重缺陷时进行修整甚至返工。④复压应紧跟在初压后开始，且不得随意停顿。压路机碾压段的总长度应尽量缩短，通常不超过60~80m。宜采用重型的轮胎压路机、振动压路机和钢筒式压路机，碾压时宜安排每一台压路机做全幅碾压，防止不同部位的压实度不均匀。碾压遍数应经试压确定，并不宜少于4~6遍。复压后路面达到要求的压实度为止。⑤终压应紧接在复压后进行，如经复压后已无明显轮迹时可免去终压。终压可选用双轮钢筒式压路机或关闭振动的振动压路机，碾压不宜少于2遍，至无明显轮迹为止。

6. 接缝处理

①沥青路面的施工必须接缝紧密、连接平顺，不得产生明显的接缝离析。上、下层的纵缝应错开150mm（热接缝）或300~400mm（冷接缝）以上。相邻两幅及上、下层的横向接缝均应错位1m以上。接缝施工应用3m直尺检查，确保平整度符合要求。②摊铺时采用梯队作业的纵缝应采用热接缝，将已铺部分留下100~200cm宽暂不碾压，作为后续部分的基准面，然后作跨缝碾压以消除缝迹。③当半幅施工或因特殊原因而产生纵向冷接缝时，宜加设挡板或加设切刀切齐，也可在混合料尚未完全冷却前用镐刨除边缘留下毛茬，但不宜在冷却后采用切割机作纵向切缝。加铺另半幅前应涂洒少量沥青，重叠在已铺层上50~100mm，再铲走铺在前半幅上面的混合料，碾压时由边向中碾压留下100~150mm，再跨缝挤紧压实。或者先在已压实路面上行走碾压新铺层150mm左右，然后压实新铺部分。④斜接缝的搭接长度与层厚有关，宜为0.4~0.8m。搭接处应洒少量沥青，混合料中的粗集料颗粒应予剔除，并补上细料，搭接平整，充分压实。阶梯形接缝的台阶经铣刨而成，并洒黏层沥青，搭接长度不宜小于3m。⑤平接缝宜趁尚未冷透时用凿岩机或人工垂直刨除端部层厚不足的部分，使工作缝成直角连接。当采用切割机制作平接缝时，宜在铺设当天混合料冷却但尚未结硬时进行。刨除或切割不得损伤下层路面。切割时留下的泥水必须冲洗干净，待干燥后涂刷黏层油。铺筑新混合料接头应使接茬软化，压路机先进行横向碾压，再纵向碾压成为一体，充分压实，连接平顺。

(二) 沥青表面处置

1. 一般规定

①沥青表面处置适用于三级及三级以下公路的沥青面层。各种封层适用于加铺薄层罩面、磨耗层、水泥混凝土路面上的应力缓冲层、各种防水和密水层、预防性养护罩面层。②沥青表面处置宜选择在干燥和较热的季节施工，并在最高温度低于15℃的时期到来之前半个月及雨期开始前结束。

2. 施工要点

①沥青表面处置可采用道路石油沥青、乳化沥青、煤沥青铺筑，沥青标号应按相关规范规定选用。沥青表面处置的集料最大粒径应与处置层的厚度相等，沥青表面处置施工后，应在路侧另备S12（5～10mm）碎石或S14（3～5mm）石屑、粗砂或小砾石（2～3m³/1 000m²）作为初期养护用料。②清扫基层，洒布第一层沥青。在清扫干净的碎（砾）石路面上铺筑沥青表面处置时，应喷洒透层油。沥青的洒布温度根据气温及沥青标号选择，石油沥青宜为130～170℃，煤沥青宜为80～120℃，乳化沥青在常温下洒布，加温洒布的乳液温度不得超过60℃。前后两车喷洒的接茬处用铁板或建筑纸铺1～1.5m，使搭接良好。分几幅浇洒时，纵向搭接宽度宜为100～150mm，洒布第二、三层沥青的搭接缝应错开。③洒布主层沥青后应立即用集料洒布机或人工洒布第一层主集料。洒布集料后应及时扫匀，达到全面覆盖、厚度一致、集料不重叠、不露出沥青的要求。局部有缺料时适当找补，积料过多的将多余集料扫出。两幅搭接处，第一幅洒布沥青应暂留100～150mm宽度不撒布石料，待第二幅一起撒布。④撒布主集料后，不必等全段撒布完，应立即用6～8t钢筒双轮压路机从路边向路中心碾压3～4遍，每次轮迹重叠约300mm。碾压速度开始不宜超过2km/h，以后可适当增加。⑤第二、三层的施工方法和要求应与第一层相同，但可以采用8 t以上的压路机碾压。⑥采用双层式或单层式沥青表面处置浇洒沥青及撒布集料的次数相应减少。

（三）沥青贯入式路面施工

1. 一般规定

①沥青贯入式路面适用于三级及三级以下公路，也可作为沥青路面的联结层或基层。②沥青贯入式路面的厚度宜为4~8cm，但乳化沥青的厚度不宜超过5cm。当贯入层上部加铺拌和的沥青混合料面层成为上拌下贯式路面时，拌和层的厚度宜不小于1.5cm。③沥青贯入式路面的最上层应撒布封层料或加铺拌和层。沥青贯入层作为联结层使用时，可不撒表面封层料。④沥青贯入式路面宜选择在干燥和较热的季节施工，并宜在日最高温度降低至15℃前半个月结束，使贯入式结构层通过开放交通碾压成型。

2. 施工准备

①沥青贯入式路面施工前，基层必须清扫干净。当需要安装路缘石时，应在路缘石安装完成后施工。路缘石应予遮盖。②乳化沥青贯入式路面必须浇洒透层或黏层沥青。沥青贯入式路面厚度小于或等于5cm时，也应浇洒透层或黏层沥青。

3. 施工要点

（1）采用碎石摊铺机、平地机或人工摊铺主层集料，铺筑后严禁车辆通行。

（2）碾压主层集料。撒布后应采用6~8t的轻型钢筒式压路机自路两侧向路中心碾压，碾压速度宜为2km/h，每次轮迹重叠约30cm，碾压一遍后检验路拱和纵向坡度，当不符合要求时，应调整找平后再压。然后用重型的钢轮压路机碾压，每次轮迹重叠1/2左右，宜碾压4~6遍，直至主层集料嵌挤稳定，无明显轮迹为止。

（3）浇洒第一层沥青。浇洒方法应按相关规范进行。采用乳化沥青贯入时，为防止乳液下漏过多，可在主层集料碾压稳定后，先撒布一部分上一层嵌缝料，再浇洒主层沥青。

（4）采用集料撒布机或人工撒布第一层嵌缝料。撒布后尽量扫匀，不足处应找补。当使用乳化沥青时，石料撒布必须在乳液破乳前完成。

（5）立即用8~12t钢筒式压路机碾压嵌缝料，轮迹重叠轮宽的1/2左右，宜碾压4~6遍，直至稳定为止。碾压时随压随扫，使嵌缝料均匀嵌入。因气温较高使碾压过程中发生较大推移现象时，应立即停止碾压，待气温稍低时再继续碾压。

（6）按上述方法浇洒第二层沥青、撒布第二层嵌缝料，然后碾压，再浇洒第三层沥青。

（7）按撒布嵌缝料方法撒布封层料。

（8）采用6～8t压路机作最后碾压，宜碾压2～4遍，然后开放交通。

（四）冷拌沥青混合料路面施工

冷拌沥青混合料适用于三级及三级以下的公路的沥青面层、二级公路的罩面层施工，以及各级公路沥青路面的基层、联结层或整平层。冷拌改性沥青混合料可用于沥青路面的坑槽冷补。

1．拌和混合料

（1）冷拌沥青混合料宜采用拌和厂机械拌和及沥青摊铺机摊铺的方式。缺乏厂拌条件时也可采用现场路拌及人工摊铺方式。

（2）混合料适宜的拌和时间应根据实际情况调节并通过试拌确定，矿料中加进乳液后的机械拌和时间不宜超过30s，人工拌和时间不宜超过60s。

2．混合料推铺及压实

（1）已拌好的混合料应立即运至现场进行摊铺，并在乳液破乳前结束，在拌和与摊铺过程中已破乳的混合料，应予废弃。

（2）乳化沥青冷拌混合料摊铺后宜采用6t左右的轻型压路机初压1～2遍，使混合料初步稳定，再用轮胎压路机或钢筒式压路机碾压1～2遍。当乳化沥青开始破乳、混合料由褐色转变成黑色时，改用12～15t轮胎压路机碾压，将水分挤出，复压2～3遍后停止，待晾晒一段时间，水分基本蒸发后继续复压至密实为止。当压实过程中有推移现象时应停止碾压，待稳定后再碾压。当天不能完全压实时，可在较高气温状态下补充碾压。当缺乏轮胎压路机时，也可采用钢筒式压路机或较轻的振动压路机碾压。

3．养护

（1）乳化沥青混合料路面施工结束后宜封闭交通2～6h，并注意做好早期养护。开放交通初期，应设专人指挥，车速不得超过20km/h，不得刹车或掉头。

（2）冷拌沥青混合料施工遇雨应立即停止铺筑，以防雨水将乳液冲走。

(五)透层、黏层和封层

1. 透层

(1)沥青路面各类基层都必须喷洒透层油,沥青层必须在透层油完全渗透基层后方可铺筑。基层上设置下封层时,透层油不宜省略。气温低于10℃或大风天气,以及即将降雨时不得喷洒透层油。

(2)根据基层类型选择渗透性好的液体沥青、乳化沥青、煤沥青做透层油,喷洒后通过钻孔或挖掘确认透层油渗透基层的深度宜不小于5(无机结合料稳定集料基层)~10(无结合料基层)mm,并能与基层联结成为一体。

(3)透层油的用量通过试洒确定。

(4)喷洒透层油前应清扫路面,遮挡防护路缘石及人工构造物以免污染,透层油必须洒布均匀,有花白遗漏应人工补洒,喷洒过量的立即撒布石屑或砂吸油,必要时作适当碾压。透层油洒布后不得在表面形成能被运料车和推铺机黏起的油皮,透层油达不到渗透深度要求时,应更换透层油稠度或品种。

(5)透层油宜采用沥青洒布车一次喷洒均匀,使用的喷嘴宜根据透层油的种类和黏度选择并保证均匀喷洒,沥青洒布车喷洒不均匀时宜改用手工沥青洒布机喷洒。

(6)透层油洒布后的养生时间随透层油的品种和气候条件由试验确定,确保液体沥青中的稀释剂全部挥发,乳化沥青渗透且水分蒸发,然后尽早铺筑沥青面层,防止工程车辆损坏透层。

2. 黏层

(1)黏层油宜喷洒在双层式或三层式热拌热铺沥青混合料路面的沥青层之间;水泥混凝土路面、沥青稳定碎石基层或旧沥青路面层上加铺沥青层及路缘石、雨水口、检查井等构造物与新铺沥青混合料接触的侧面。

(2)黏层油品种和用量,应根据下卧层的类型通过试洒确定。当黏层油上铺筑薄层大空隙排水路面时,黏层油的用量宜增加到0.6~1.0L/m²。在沥青层之间兼作封层而喷洒的黏层油宜采用改性沥青或孔性乳化沥青,其用量宜不少于1.0L/m²。

(3)黏层油宜采用沥青洒布车喷洒,并选择适宜的喷嘴,洒布速度和喷洒量保持稳定。当采用机动或手摇的手工沥青洒布机喷洒时,必须由熟练的技术工人操作,均匀洒布。气温低于10℃时不得喷洒黏层油,寒冷季节施工不得不喷洒时可以分成两次喷洒。路面潮湿时不得喷洒黏层油,用水洗刷后需待表面干燥后喷洒。

(4)喷洒的黏层油必须成均匀雾状,在路面全宽度内均匀分布成一薄层。不得有洒花漏空或成条状,也不得有堆积。喷洒不足的要补洒,喷洒过量处应予刮除。喷洒黏层油后,严禁运料车外的其他车辆和行人通过。

(5)黏层油宜在当天洒布,待乳化沥青破乳、水分蒸发完成,或稀释沥青中的稀释剂基本挥发完成后,紧跟着铺筑沥青层,确保黏层不受污染。

3.封层

(1)上封层

上封层的材料可选择乳化沥青稀浆封层、微表处、改性沥青集料封层、薄层磨耗层等。上封层的类型可根据使用目的、路面的破损程度选用,裂缝较细、较密的可采用涂洒类密封剂、软化再生剂等涂刷罩面;对二级及二级以下公路的旧沥青路面可以采用普通的乳化沥青稀浆封层,也可在喷洒道路石油沥青后,撒布石屑(砂)后碾压作封层;对高速公路、一级公路有轻微损坏的宜铺筑微表处;对用于改善抗滑性能的上封层可采用稀浆封层、微表处或改性沥青集料封层。

(2)下封层

多雨潮湿地区的高速公路、一级公路的沥青面层空隙率较大,有严重渗水可能,或铺筑基层不能及时铺筑沥青面层而需通行车辆时,宜在喷洒透层油后铺筑下封层。

下封层宜采用层铺法表面处置施工。下封层一般采用热SBS改性沥青碎石封层,厚度不宜小于6mm。

(3)稀浆封层和微表处

微表处主要用于高速公路及一级公路的预防性养护以及填补轻度车辙,也适用于新建公路的抗滑磨耗层。稀浆封层一般用于二级及二级以下公路的预防性养护,也适用于新建公路的下封层。

稀浆封层和微表处必须使用专用的摊铺机进行摊铺。单层微表处适用于旧路面车辙深度不大于15mm的情况;超过15mm的必须分两层铺筑,或先用V形车辙摊铺箱摊铺;深度大于30mm时不适宜微表处处理。

稀浆封层和微表处应选择坚硬、粗糙、耐磨、洁净的集料。其中微表处用通过4.75mm筛的合成矿料,并且该矿料的砂当量不得低于65%,稀浆封层用通过4.75mm筛的合成矿料,其砂当量不得低于50%。微表处必须采用改性乳化沥青,稀浆封层可采用普通乳化沥青或改性乳化沥青。

稀浆封层和微表处施工前，应彻底清除原路面上的泥土、杂物，修补坑槽、凹陷，较宽的裂缝宜清理灌缝，在水泥混凝土路面上铺筑微表处时应洒布黏层油，过于光滑的表面需拉毛处理。稀浆封层和微表处的最低施工温度不得低于10℃，严禁在雨天施工，摊铺后尚未成型的混合料遇雨时应予铲除。稀浆封层和微表处两幅纵缝搭接的宽度不宜超过80mm，横向接缝宜做成对接缝。分两层摊铺时，第一层摊铺后应至少开放交通24h，随后才可进行第二层摊铺。稀浆封层和微表处铺筑后的表面不得有超粒径料拖拉的严重划痕，横向接缝和纵向接缝处不得出现余料堆积或缺料现象，用3m直尺测量接缝处的不平整度不得大于6mm。对微表处不得有横向波浪和深度超过6mm的纵向条纹。经养生和初期交通碾压稳定的稀浆封层和微表处，在行车作用下应不飞散且完全密水。

三、水泥混凝土路面施工

水泥混凝土路面的施工应根据合同及设计文件、施工现场所处的气候、水文、地形等环境条件，选择满足质量指标要求、性能稳定的原材料，确定配合比、设备种类和施工工艺，进行详细的施工组织设计，建立完备的施工质量保障体系。

（一）施工工艺流程和施工准备

1. 施工工艺流程

水泥混凝土路面的施工工艺流程为：施工准备→混凝土拌和物搅拌与运输→混凝土面层铺筑→钢筋及钢纤维混凝土路面和桥面铺筑→面层接缝→抗滑与养生。

2. 施工准备

（1）施工机械选择

根据公路等级的不同，混凝土路面的施工宜符合规定的机械装备要求。

（2）搅拌场设置

①搅拌场宜设置在摊铺路段的中间位置。搅拌场内部布置应满足原材料储运、混凝土运输、供水、供电、钢筋加工等使用要求，并尽量紧凑，减少占地。应保证电力供应充足、用水要保质保量，并且确保摊铺机械、运输车辆及发电机等动力设

备的燃料供应。离加油站较远的工地宜设置油料储备库。②每台搅拌楼应至少配备两个水泥罐仓,如掺粉煤灰还应至少配备一个粉煤灰罐仓。当水泥的日用量很大,需要两家以上的水泥厂供应水泥时,不同厂家的水泥应清仓再灌,并分罐存放。严禁粉煤灰与水泥混罐。

应确保施工期间的水泥和粉煤灰供应。供应不足或运距较远时,应储备和使用吨包装水泥或袋装粉煤灰,并准备水泥仓库、拆包及输送入灌设备。水泥仓库应覆盖或设置顶篷防雨,并应设置在地势较高处,严禁水泥、粉煤灰受潮或浸水。

(3)路基、基层和封层的验收

路基应稳定、密实、均质,对路面结构提供均匀的支承。对桥头、软基、高填方、填挖方交界等处的路基段,应进行连续沉降观测,并采取切实有效的措施保证路基的稳定性。垫层、基层应符合《公路水泥混凝土路面设计规范》和《公路路面基层施工技术规范》的规定。并且(上)基层纵、横坡一般可与面层一致,但横坡可略大0.15%~0.20%,并不得小于路面横坡。硬路肩厚度薄于面板时,应设排水基层或排水盲沟。缘石和软路肩底部应有渗透排水措施,面层铺筑前,宜至少提供足够机械连续施工10d以上的合格基层。面板铺筑前,应对基层进行全面的破损检查,当基层产生纵、横向断裂、隆起或碾坏时,应采取有效措施进行彻底恢复。

在高速公路和一级公路的半刚性上基层表面,宜喷洒热沥青和石屑($2\sim3m^3/100m^2$)做下封层。沥青封层的厚度不宜小于5mm。在各交通等级有可能被水淹没浸泡路面的路段,可采用较厚的坚韧塑料薄膜或密闭土工膜覆盖基层防水。当封层出现局部损坏时,摊铺前应采用相同的封层材料进行修补,经质量检验合格,并由监理签认后,方可铺筑水泥混凝土面层。

(二)混凝土拌和物搅拌与运输

1. 拌和配料

采用计算机自动控制系统的搅拌楼时,应使用自动配料生产,并按需要打印每天(周、旬、月)对应路面摊铺桩号的混凝土配料统计数据及偏差。

2. 拌和时间

根据拌和物的黏聚性、均质性及强度稳定性试拌确定最佳拌和时间。一般情况下,单立轴式搅拌机总拌和时间宜为80~120s,全部原材料到齐后的最短纯拌和时间不宜短于40s；行星立轴和双卧轴式搅拌机总拌和时间为60～90s，最短纯拌和时间不宜短于35s；连续双卧轴搅拌楼的最短拌和时间不宜短于40s。最长总拌和时间不应超过高限值的2倍。

3．外加剂掺入

外加剂应以稀释溶液加入，其稀释用水和原液中的水量，应从拌和加水量中加除。使用间歇搅拌楼时，外加剂溶液浓度应根据外加剂掺量、每盘外加剂溶液筒的容量和水泥用量计算得出。连续式搅拌楼应按流量比例控制加入外加剂。加入搅拌锅的外加剂溶液应充分溶解，并搅拌均匀。有沉淀的外加剂溶液，应每天清除一次稀释池中的沉淀物。

4．粉煤灰及其他掺合料拌和

粉煤灰或其他掺合料应采用与水泥相同的输送、计量方式加入，粉煤灰混凝土的纯拌和时间应比不掺的延长10～15s。当同时掺用引气剂时，宜通过试验适当增大引气剂掺量，以达到规定含气量。拌和引气混凝土时，搅拌楼一次拌和量不应大于其额定搅拌量的90%。纯拌和时间应控制在含气量最大或较大时。

5．拌和物质量检验

（1）混凝土拌和过程中，不得使用沥水、夹冰雪、表面沾染尘土和局部曝晒过热的砂石料。拌和物应均匀一致，有生料、下料、离析或外加剂、粉煤灰成团现象的非均质拌和物严禁用于路面摊铺。一台搅拌楼的每盘之间，各搅拌楼之间，拌和物的坍落度最大允许偏差为±10mm。拌和坍落度应为最适宜摊铺的坍落度值与当时气温下运输坍落度损失值两者之和。

（2）搅拌过程中，拌和物质量检验应符合规定。低温或高温天气施工时，拌和物出料温度宜控制在10～35℃。并应测定原材料温度、拌和物的温度、坍落度损失率和凝结时间等。

6．钢纤维混凝土拌和

钢纤维混凝土搅拌的投料次序和方法应以搅拌过程中钢纤维不产生结团和保证一定的生产率为原则，并通过试拌或根据经验确定。宜采用将钢纤维、水泥、粗细集料先干拌后加水湿拌的方法；也可采用钢纤维分散机在拌和过程中分散加入钢纤维的方法。拌和时间应通过现场搅拌试验确定，并应比普通混凝土规定的纯拌和时间延长20～30s，采用先干拌后加水的搅拌方式时，干拌时间不宜少于1min。当桥梁伸缩缝等零星工程使用少量的钢纤维混凝土时，可采用容量较小的搅拌机拌和，每种原材料应准确称量后加入，不得使用体积计量。采用小容量搅拌机拌和时，钢纤维混凝土总拌和时间应较搅拌楼拌和时间延长1～2min，采用先干拌后加水的搅拌方式时，干拌时间不宜少于1.5min。严禁人工拌和，保证钢纤维在混凝土中的分散性及均匀性，水洗法检测的钢纤维含量偏差不应大于设计掺量的±15%。当钢纤维体积率较高，拌和物较干时，搅拌楼一次拌和不宜大于其额定搅拌量的80%，拌和物中不得有钢纤维结团现象。

7. 碾压混凝土拌和

砂石料堆放时应全部覆盖防雨，堆底严防浸水。必要时，还应对砂石料仓、粉煤灰料斗、外加剂溶液池等作防雨覆盖。在装载机料斗和料仓内的砂石料不应有明显的湿度差别，严禁雨天拌和碾压混凝土。拌和时，应精确检测砂石料的含水率，根据砂石料含水率变化，快速反馈并严格控制加水量和砂石料用量。除搅拌楼应配备砂（石）含水率自动反馈控制系统外，每台班至少应监测3次砂石料含水率。碾压混凝土的最短纯拌和时间应比普通混凝土延长15～20s。

8. 拌和物运输

根据施工进度、运量、运距及路况，选配车型和车辆总数，总运力应比总拌和能力略有富余，确保新拌混凝土在规定时间内运到摊铺现场。运送混凝土的车辆装料前，应清净厢罐，洒水润壁，排干积水。装料时，自卸车应挪动车位，防止离析。搅拌楼卸料落差不应大于2m。运输到现场的拌和物必须具有适宜摊铺的工作性。

混凝土一旦在车内停留超过初凝时间，应采取紧急措施处置，严禁混凝土硬化在车厢（罐）内。混凝土运输过程中应防止漏浆、漏料污染路面，途中不得随意耽搁。自卸车运输应减小颠簸，防止拌和物离析。车辆起步和停车应平稳。运输车辆在模板或导线区调头或错车时，严禁碰撞模板或基准线，一旦碰撞，应告知测工重新测量纠偏。烈日、大风、雨天和低温天远距离运输时，自卸车应遮盖混凝土，罐车宜加保温隔热套。使用自卸车运输混凝土最远运输半径不宜超过20km。碾压混凝土卸料时，车辆应在前一辆车离开后立即倒向摊铺机，并在机前10～30cm处停住，不得撞击沥青摊铺机。然后换成空挡，并迅速升起料斗卸料，靠摊铺机推动前进。

（三）混凝土面层铺筑

水泥混凝土面层铺筑的技术方法有滑模机械铺筑、三辊轴机组铺筑、轨道摊铺机铺筑、小型机具铺筑和碾压混凝土五种方法。

1. 滑模机械铺筑

（1）机械配备

①高速公路、一级公路施工，宜选配能一次摊铺2～3个车道宽度（7.5～12.5m）的滑模摊铺机；二级及二级以下公路路面的最小摊铺宽度不得小于单车道设计宽度。硬路肩的摊铺宜选配中、小型多功能滑模摊铺机，并宜连体一次摊铺路缘石。②滑模摊铺路面时，可配备一台挖掘机或装载机辅助布料。③可采用拉毛养生机或人工软拉槽制作抗滑沟槽。工程规模大、日摊铺进度快时，宜采用拉毛养生机。高速公路、一级公路宜采用刻槽机进行硬刻槽，其刻槽作业宽度不宜小于500mm，所配备的硬刻槽机数量及刻槽能力应与滑模摊铺进度相匹配。④滑模摊铺混凝土路面的切缝，可使用软锯缝机、支架式硬锯缝机和普通锯缝机。配备的锯缝机数量及切缝能力应与滑模摊铺进度相适应。

（2）滑模摊铺混凝土路面的施工应设置基准线

基准线设置形式有单向坡双线式、单向坡单线式和双向坡双线式三种。基准线桩直线段的纵向间距不应大于10m，竖、平曲线路段应视曲线半径大小加密布置，最小2.5m。线桩固定时，基层顶面到夹线臂的高度宜为450～750mm。基准线桩夹线臂夹口到桩的水平距离宜为300mm，基准线桩应钉牢固。单根基准线的最大长度不宜大于450m，基准线拉力不应小于1 000N。

（3）滑模摊铺准备

①滑模摊铺混凝土路面开始前，所有施工设备和机具应全部就位，且处于良好状态。基层、封层表面及履带行走部位应清扫干净。摊铺面板位置应洒水湿润，但不得积水。②横向连接摊铺时，前次摊铺路面纵缝的溜肩胀宽部位应切割顺直。侧边拉杆应校正扳直，缺少的拉杆应钻孔锚固植入。纵向施工缝的上半部缝壁应涂满沥青。

（4）摊铺混凝土

①摊铺混凝土时，卸料、布料与摊铺速度应相协调。当坍落度在10～50mm时，布料松铺系数宜控制在1.08～1.15之间。布料机与滑模摊铺机之间施工距离宜控制在5～10m。②操作滑模摊铺机应缓慢、匀速、连续不间断地作业。摊铺速度应根据拌和物稠度、供料多少和设备性能，控制在0.5～3.0m/min之间，一般宜控制在1m/min左右。拌和物稠度发生变化时，应先调振捣频率，后改变摊铺速度。正常摊铺时应保持振捣仓内料位高于振捣棒100mm左右，料位高低上下波动宜控制在±30mm之内。路面出现麻面或拉裂现象时，必须停机检查或更换振捣棒。摊铺后，路面上出现发亮的砂浆条带时，必须调高振捣棒位置，使其底缘在挤压底板的后缘高度以上。振捣频率可在6 000～11 000r/min之间调整，宜采用9 000r/min左右。根据混凝土的稠度大小，随时调整摊铺的振捣频率或速度。摊铺机起步时，应先开启振捣棒振捣2～3min，再缓慢平稳推进。摊铺机脱离混凝土后，应立即关闭振捣棒组。③滑模摊铺机满负荷时可铺筑的路面最大纵坡为：上坡5%；下坡6%。上坡时，挤压底板前仰角宜适当调小，并适当调轻抹平板压力；下坡时，前仰角宜适当调大，并适当调大抹平板压力。板底不小于3/4长度接触路表面时抹平板压力适宜。滑模摊铺机施工的最小弯道半径不应小于50m；最大超高横坡不宜大于7%。④单车道摊铺时，应视路面设计要求配置一侧或双侧打纵缝拉杆的机械装置。两个以上车道摊铺时，除侧向打拉杆的装置外，还应在假纵缝位置配置拉杆自动插入装置。软抗滑构造时表面砂浆层厚度宜控制在4mm左右，硬刻槽路面的砂浆表层厚度宜控制在2～3mm。⑤滑模摊铺过程中应采用自动抹平板装置进行抹面。对少量局部麻面和明显缺料部位，应在挤压板后或搓平梁前补充适量拌和物，由搓平梁或抹平板机械修整。⑥滑模摊铺结束后，必须及时清洗滑模摊铺机，进行当日保养，加油加水，打润滑油等。并应在第二天硬切横向施工缝，也可当天软做施工横缝。应丢弃端部的混凝土和摊铺机振动仓内遗留下的纯砂浆，两侧模板应向内各收进20～40mm，收口长度宜比滑模摊铺机侧模板略长。施工缝部位应设置传力杆，并应满足路面平整度、高程、横坡和板长要求。

2．三辊轴机组铺筑

（1）设备选择

①板厚200 mm以上宜采用直径168mm的辊轴；桥面铺装或厚度较小的路面可采用直径为219mm的辊轴。轴长宜比路面宽度长出600～1 200mm。振动轴的转速不宜

大于380r/min。②三辐轴机组铺筑混凝土面板时，必须同时配备一台安装插入式振捣棒组的排式振捣机，振捣棒的直径宜为50～100mm，间距不应大于其有效作用半径的1.5倍，并不大于500mm。插入式振捣棒组的振动频率可在50～200Hz之间选择，当面板厚度较大和坍落度较低时，宜使用100Hz以上的高频振捣棒。该机宜同时配备螺旋布料器和松方控制刮板，并具备自动行走功能。③当桥面铺装厚度小于150mm时，可采用振捣梁。振捣频率宜为50～100Hz，振捣加速度宜为（4～5）g（g为重力加速度）。④当一次摊铺双车道路面时应配备纵缝拉杆插入机，并配有插入深度控制和拉杆间距调整装置。

（2）应有专人指挥车辆均匀卸料

布料应与摊铺速度相适应，不适应时应配备适当的布料机械。坍落度为10～40mm的拌和物，松铺系数为1.12～1.25。坍落度大时取低值，坍落度小时取高值。超高路段，横坡高侧取高值，横坡低侧取低值。

（3）混凝土拌和物布料长度大于10m时可开始振捣作业

密排振捣棒组间歇插入振实时，每次移动距离不宜超过振捣棒有效作用半径的1.5倍，并不得大于500mm，振捣时间宜为15～30s。排式振捣机连续拖行振实时，作业速度宜控制在4m/min以内。

（4）面板振实后，应随即安装纵缝拉杆

单车道摊铺的混凝土路面，在侧模预留孔中应按设计要求插入拉杆；一次摊铺双车道路面时，除应在侧模孔中插入拉杆外，还应在中间纵缝部位，使用拉杆插入机在1/2板厚处插入拉杆，插入机每次移动的距离应与拉杆间距相同。

（5）三辊轴整平机作业

①三辊轴整平机按作业单元分段整平，作业单元长度宜为20～30m，振捣机振实与三辊轴整平两道工序之间的时间间隔不宜超过15min。②三辊轴滚压振实料位高差宜高于模板顶面5～20mm，过高时应铲除，过低应及时补料。③三辊轴整平机在一个作业单元长度内，应采用前进振动、后退静滚方式作业，宜分别进行2～3遍。最佳滚压遍数应经过试铺确定。④在三辊轴整平作业时，应有专人处理轴前料位的高低情况，过高时，应辅以人工铲除，轴下有间隙时，应使用混凝土找补。⑤滚压完成后，将振动辊轴抬离模板，用整平轴前后静滚整平，直到平整度符合要求，表面砂浆厚度均匀为止。⑥表面砂浆厚度宜控制在（4±1）mm，三辊轴整平机前方表面过厚、过稀的砂浆必须刮除丢弃。⑦精平饰面，应采用3～5m刮尺，在纵、横两个

方向进行精平饰面，每个方向不少于两遍。也可采用旋转抹面机密实精平饰面两遍。

3．轨道摊铺机铺筑

（1）机械选型

轨道摊铺机的选型应根据路面车道数或设计宽度选择。最小摊铺宽度不得小于单车道3.75m。

（2）布料

①使用轨道摊铺机前部配备的螺旋布料器或可上下左右移动的刮板布料时，料堆不得过高过大，也不得缺料。可使用挖掘机、装载机或人工辅助布料。螺旋布料器前的拌和物应保持在面板以上100mm左右，布料器后宜配备松铺高度控制刮板。也可使用有布料箱的轨道摊铺机精确布料，箱式轨道摊铺机的料斗出料口关闭时，装进拌和物并运到布料位置后，轻轻打开料斗出料口，待拌和物堆成"堤状"，左右移动料斗布料。②轨道摊铺时的适宜坍落度，按振捣密实情况宜控制在20～40mm之间。③当施工钢筋混凝土路面时，宜选用（两台）箱型轨道摊铺机分两层两次布料，可在第一层布料完成后，将钢筋网片安装好，再进行表面第二层布料，然后一次振实；也可两次布料两次振实，中间安装钢筋网。采用双层两遍摊铺钢筋混凝土路面时，下部混凝土的布料与摊铺长度应根据钢筋网片长度和第一层混凝土凝结情况而定，且不宜超过20m。

（3）振实作业

①轨道摊铺机应配备振捣棒组，振捣方式有斜插连续拖行及间歇垂直插入两种，当面板厚度超过150mm，坍落度小于30mm时，必须插入振捣；连续拖行振捣时，宜将作业速度控制在0.5～1.0m/min之间，并随着坍落度的大小而增减。间歇振捣时，当一处混凝土振捣密实后，将振捣棒组缓慢拔出，再移动到下一处振实，移动距离不宜大于500mm。②轨道摊铺机应配备振动板或振动梁对混凝土表面进行振捣和修整，振动梁的振捣频率宜控制在50～100Hz，偏心轴转速调节到2500～3500r/min。经振捣棒组振实的混凝土，宜使用振动板振动提浆，并密实饰面，提浆厚度宜控制在（4±1）mm的范围内。

（4）整平饰面

①往复式整平滚筒前的混凝土堆积物应涌向横坡高的一侧，保证路面横坡高端有足够的料找平。②及时清理因整平推挤到路面边缘的余料，以保证整平精度和整

平机械在轨道上的作业行驶。③轨道摊铺机上宜配备纵向或斜向抹平板。纵向抹平板随轨道摊铺机作业行进,可左右贴表面滑动并完成表面修整;斜向修整抹平板作业时,抹平板沿斜向左右滑动,同时随机身行进,完成表面修整。

4．小型机具铺筑

小型机具性能应稳定可靠,操作简易,维修方便,机具配套应与工程规模、施工进度相适应。

（1）摊铺

①混凝土拌和物摊铺前,应对模板的位置及支撑稳固情况、传力杆、拉杆的安设等进行全检查。修复破损基层,并洒水润湿。用厚度标尺板全面检测板厚与设计值相符后,才可开始摊铺。②人工布料应用铁锹反扣,严禁抛掷。人工摊铺混凝土拌和物的坍落度应控制在5~20mm之间,拌和物松铺系数宜控制在K=10~1.25之间,料偏干,取较高值;反之,取较低值。③因故造成1h以上停工或达到2/3初凝时间,致使拌和物无法振实时,应在已铺筑好的面板端头设置施工缝,废弃不能被振实的拌和物。

（2）振实施工

①采用插入式振捣棒振实时,在待振横断面上,每车道路面应使用两根振捣棒,组成横向振捣棒组,沿横断面连续振捣密实,并应注意路面板底、内部和边角处不得欠振或漏振,振捣棒在每一处的持续时间,应以拌和物全面振动液化、表面不再冒气泡和泛水泥浆为限,不宜过振,也不宜少于30mm。振捣棒的移动间距不宜大于500mm,至模板边缘的距离不宜大于200mm。应避免碰撞模板、钢筋、传力杆和拉杆。振捣棒插入深度宜离基层30~50mm,振捣棒应轻插慢提,不得猛插快拔,严禁在拌和物中推行和拖拉振捣棒振捣。振捣时,应辅以人工补料,应随时检查振实效果,包括模板、拉杆、传力杆和钢筋网的移位、变形、松动、漏浆等情况,并及时纠正。②在振捣棒已完成振实的部位,可开始振动板纵横交错两遍全面提浆振实,每车道路面应配备1块振动板。振动板移位时,应重叠100~200mm,振动板在一个位置的持续振捣时间不应少于15s。振动板须由两人提拉振捣和移位,不得自由放置或长时间持续振动。移位控制以振动板底部和边缘泛浆厚度（3±1）mm为限。缺料的部位,应辅以人工补料找平。③振动梁振实时,振动梁应垂直路面中线沿纵向拖行,往返2~3遍,使表面泛浆均匀平整。在振动梁拖振整平过程中,缺料处应使用

混凝土拌和物填补，不得用纯砂浆填补，料多的部位应铲除。振动梁应具有足够的刚度和质量，底部应焊接或安装深度4mm左右的粗集料压实齿，保证（4±1）mm的表面砂浆厚度。每车道路面宜使用一根振动梁。

（3）整平饰面

每车道路面应配备一根（双车道两根）滚杠。振动梁振实后，应拖动滚杠往返2~3遍提浆整平。第一遍应短距离缓慢推滚或拖滚，以后应较长距离匀速拖滚，并将水泥浆始终赶在滚杠前方，多余水泥浆应铲除。拖滚后的表面宜采用3m刮尺，纵横各一遍整平饰面，或采用叶片式或圆盘式抹面机往返2~3遍压实整平饰面。抹面机的配备每车道路面不宜少于一台。在抹面机完成作业后，应进行清边整缝，清除黏浆，修补缺边、掉角。应使用抹刀将抹面机留下的痕迹抹平，当烈日曝晒或风大时，应加快表面的修整速度，或在防雨篷遮阴下进行。精平饰面后的面板表面应无抹面印痕，致密均匀，无露骨，平整度应达到规定要求。

（4）真空脱水

小型机具施工三、四级公路混凝土路面，应优先采用在拌和物中掺外加剂，无掺外加剂条件时，应使用真空脱水工艺，该工艺适用于面板厚度不大于240mm的混凝土面板施工。使用真空脱水工艺时，混凝土拌和物的最大单位用水量可比不采用外加剂时增大3~12kg/m³。拌和物适宜坍落度为高温天30~50mm，低温天20~30mm。真空脱水机宜真空度稳定、有自动脱水计量装置、有效抽速不小于15 L/s。脱水前，应检查真空泵空载真空度不小于0.08MPa，并检查吸管、吸垫连接后的密封性，同时应检查随机工具和修补材料是否齐备。吸垫铺放应采取卷放的方式，避免皱褶；边缘应重叠已脱水的面板50~100mm。开机脱水，真空度应逐渐升高，最大真空度不宜超过0.085MPa。当脱水达到规定时间和脱水量要求后（双控），应先将吸垫四周微微掀起10~20 mm，继续抽吸15s，以便吸尽作业表面和吸管中的余水。

真空脱水后，应采用振动梁、滚杠或叶片、圆盘式抹面机重新压实精平1~2遍。真空脱水整平后的路面，应采用硬刻槽方式制作抗滑构造。真空脱水混凝土路面切缝时间可比规定时间适当提前。

5．碾压混凝土面层施工

（1）碾压混凝土面层摊铺前后洒水湿润基层

选用预压密度高的沥青摊铺机，根据路面摊铺宽度可选用1~2台。根据混凝土配合比、施工机械，铺筑松铺系数应由试铺确定。采用高密实度摊铺机时，松铺系数宜控制在1.05～1.15之间。摊铺速度可根据计算确定，并且控制在0.6～1.0m/min范围内。拉杆设置应与摊铺同步进行，并根据设计间距设醒目的定位标记，保证准确打入拉杆。铺筑弯道路段时，应及时调整左右两侧分料器的转速，保证两侧供料均衡，弯道超高路面摊铺应确保超高部位的供料充足。摊铺过后，应立即对所摊铺混凝土表面进行检查，局部缺料部位应及时补料。局部粗料集中的部位，应采用湿筛砂浆进行弥补。

（2）碾压段长度以30～40 m为宜

直线段碾压时，压路机应从外侧向路中心碾压；平曲线有超高路段，由低侧向高侧、自内向外碾压，压完全宽为一遍。碾压作业应均匀、匀速稳定，并按初压、复压和终压三个阶段进行。

①初压应采用钢轮压路机或振动压路机静压，静压重叠量宜为1/3～1/4钢轮宽度，初压遍数宜为两遍。②复压应采用振动压路机振动碾压，重叠量宜为1/3～1/2振动碾宽度。振动压路机起步、倒车和转向均应缓慢柔顺，严禁振动压路机中途急停、急拐、紧急起步及快速倒车。复压遍数按检测达到规定压实度进行控制，一般宜为2～6遍。③终压应采用轮胎压路机静压。终压遍数应以弥合表面微裂纹和消除轮迹为停压标准，一般宜为2～8遍。④初压、复压和终压作业应密切衔接配合、一气呵成；中间不应停顿、等候和拖延，也不得相互干扰。宜尽量缩短全部碾压作业完成时间。如有局部晒干和风干迹象，应及时喷雾。压实后表面应及时覆盖，并洒水养生。

（3）在施工终点处设纵向斜坡，作为压路机碾压过渡段

碾压结束后，将平整度合格部位以外的斜坡刨除。第二天摊铺开始，后退150～200m切施工缝，切割深度宜为80～100mm，将切缝外侧混凝土刨除，形成台阶。涂刷水泥浆后，纵向连接摊铺新路面，硬化后切施工缝。

（4）设置胀缝

在邻近构造物、小半径平曲线两端和凹形竖曲线纵坡变换处应至少各设两条胀缝，其余路段可不设置胀缝。胀缝形式可为混凝土枕垫式或钢板枕垫式两种。

（5）碾压混凝土路面纵向缩缝中应设拉杆

面板尺寸可与普通混凝土路面相同，也可略大，但最大不宜超过6m×8m。纵、横向缩缝应采用硬切缝，硬切缝及填缝要求与普通混凝土路面相同。面层抗滑构造

可采用硬刻槽或缓凝裸露集料法制作，三、四级公路和基层可不做抗滑处理。

（四）钢筋及钢纤维混凝土路面和桥面铺筑

1．钢筋混凝土路面铺筑

（1）布料

机械化铺筑必须配备相应的布料设备，采用滑模摊铺机、箱式轨道摊铺机和三辊轴机组摊铺时，钢筋混凝土路面可采用两次布料，以便在其中摆放间断钢筋网。连续配筋混凝土路面应采用钢筋网预设安装，整体一次性布料。混凝土应卸在料斗或料箱内，再由机械从侧边运送到摊铺位置。钢筋网上的拌和物堆不宜过分集中，应尽快布匀。坍落度相同时的布料松铺高度，宜比采取相应机械施工方式的普通混凝土路面大10mm左右。

（2）摊铺作业

拌和物的坍落度可比采取相应铺筑方式的普通混凝土路面规定大10～20mm，采用插入振捣时，振捣棒组不应碰撞和扰动钢筋。振捣棒组横向间距宜比普通混凝土路面适当加密。插入振捣时不得拖行振捣棒组，应依次逐条分别振捣。振捣棒组应轻插慢提，不得猛插急提。滑模或轨道摊铺机摊铺钢筋混凝土路面时应适当增大振捣频率或减速摊铺。拌和物坍落度相同时，钢筋混凝土路面的振捣密实持续时间应比普通混凝土路面的规定时间延长5～10s。在一块钢筋网连续面板内，应防止摊铺中断，每块板内不应留施工缝，必须摊铺到达横缝位置或钢筋片的端部，才可停止。应加强对机械装备的维修保养，将故障率降到最低。摊铺被迫中断时，必须设置横向施工缝，纵向钢筋应保持连续穿过接缝，并应用一倍数量的长度不小于2m的纵向钢筋作加密处理，横向施工缝距最近横缝的距离不应小于5m。

（3）设接缝的钢筋混凝土路面在摊铺面板时

每张钢筋网片边缘100mm须作标记，以便准确对位切纵、横缩缝。纵、横向接缝部位的传力杆、拉杆、钢筋网表面应涂防锈涂层或包裹防锈塑料套管。

2．连续配筋混凝土路面的端部锚固结构施工

施工前应按设计图纸对锚固结构位置、尺寸进行测量放样。端部锚固结构应按设计尺寸和配筋要求施工，确保锚固效果。

地梁施工应按设计位置和尺寸开挖地槽，并应尽量避免扰动和超挖两侧基层、

垫层及路基，尺寸较规矩、超挖较少时，可不设侧模；否则应设侧模。拆模后应回填超挖部位并夯实路基和垫层，基层应采用贫混凝土修复。岩石路基上可直接将钢筋锚固在岩基中。地梁钢筋应与路面钢筋相焊接，地梁混凝土采用振捣棒分层振实，并与面板浇筑成整体的方式。地梁与路面混凝土合龙温度宜控制在20～25t，或在当地年平均气温时合龙。

宽翼缘工字钢梁施工应按设计枕垫板尺寸在基层上挖槽，再安装钢筋骨架，并浇铸钢筋混凝土枕垫板。枕垫板表面应预留与工字钢梁的焊接锚固钢筋，并铺设滑动隔离层。安装并焊接宽翼缘工字钢后，再摊铺面板。应确保搁置在枕垫板上的连续配筋混凝土路面板端部可自由滑动，面板端部与工字钢槽内连接部位应以胀缝填缝料填塞。

3．钢筋混凝土桥面铺装

（1）桥面和搭板钢筋网的加工、焊接和安装的质量要求

①所有桥梁、通道钢筋混凝土桥面铺装层均应在梁板混凝土顶面安装锚固架立钢筋，再将钢筋网与锚固架立钢筋相焊接，锚固架立钢筋应有4～8根，在梁端或支座部位剪应力较大处取大值；反之，可取小值。桥面铺装层钢筋网应使用焊接网或预制冷轧带肋钢筋网，不宜使用绑扎钢筋网。②钢筋混凝土桥面极限最薄厚度不得小于90mm。桥面铺装层钢筋网不得贴梁板顶面，也不得使用非锚固钢筋网支架和砂浆垫块。③采用双层钢筋网一次铺装时，除底层钢筋网应与梁板锚固焊接外，上下层钢筋网也应焊接。分双层两次铺装的钢筋混凝土桥面，防水找平层中应设置一层钢筋网，横向钢筋位于纵向钢筋之下，横向钢筋直径、数量和间距不宜小于纵向，并应与梁板锚固筋相焊接，上层钢筋网可不与下层钢筋网焊接，但应与锚固在找平层混凝土中的架立钢筋相焊接。上层钢筋网设置应满足抗裂要求，钢筋直径宜细不宜粗，间距宜密不宜疏。④桥面板应在梁端或负弯矩欲切缝部位，按设计要求使用接缝钢筋补强。桥面接缝补强钢筋的直径不宜小于12mm，长度不宜短于1.2m或按负弯矩影响范围确定。⑤桥面钢筋网应在整个桥面铺装层内连续，不得因铺装宽度不足或停工而切断纵、横向钢筋。⑥路面与桥涵相接的两条胀缝，一条应位于搭板与过渡板之间，另一条应设在过渡板与普通混凝土路面之间。钢筋混凝土搭板及过渡板端部钢筋应与胀缝钢筋支架相焊接，焊接点不应少于4个1m。也可在双层钢筋混凝土搭板一侧取消胀缝支架，直接利用双层钢筋网，并增加箍筋，箍筋数量不得少

于胀缝钢筋支架。

（2）桥面及搭板的机械铺装

①连续机械铺装时，滑模和轨道摊铺机应缓慢、匀速、连续不间断地摊铺路面、胀缝、搭板、桥面。设钢筋网的涵洞顶面层的摊铺应与相应钢筋混凝土路面相同。滑模摊铺机上、下桥面，应及时调整侧模高度，使边缘尽量少振动漏料。三辊轴机组铺装桥面时，应与钢筋混凝土路面摊铺要求相同。钢筋混凝土桥面铺装层的铺装厚度应采取双控措施，厚度代表值应满足设计要求，并且极限最小厚度不应小于设计厚度20mm。不能同时满足两者要求时，应在保证翼缘板厚度的前提下，凿除突起部分。整体摊铺钢筋混凝土搭板（加枕梁或肋梁）的总厚度不得大于400mm。超厚部分应人工浇注并振实底部。精确放样桥台接缝和伸缩缝位置。铺装前宜在伸缩缝、桥台接缝底部设隔离层，应在桥台接缝处安装稳固的胀缝板。待桥面铺装后，剔除伸缩缝位置未硬化混凝土，然后按规定安装伸缩缝。浇注伸缩缝的混凝土中应加入不少于体积掺量0.8%的钢纤维。伸缩缝部位钢纤维混凝土强度等级不宜低于C40，应采用机械强制拌和，并掺加高效减水剂。②接缝施工，斜交桥涵异形混凝土板应全部在桥头搭板内调整。正交和斜交搭板最短边长不宜小于10m。搭板应切缝防开裂，纵、横向切缝距离不宜大于6m。横缝位置应按搭板长短边均分，纵缝宜按路面板宽划分。支座和桥面负弯矩部位必须切缝，桥面横向缩缝应以支座或桥台为界，在每跨内均分缩缝间距，最大长度不宜大于6m，最短长度不宜小于4.5m；桥面除停车带外，纵缝宜按路面板宽划分。

（五）模板架设与拆除

1．模板技术要求

（1）公路混凝土路面板、桥面板和加铺层的施工模板应采用刚度足够的槽钢、轨模或钢制边侧模板，不应使用木模板、塑料模板等其他易变形的模板。钢模板的高度应为面板设计厚度，模板长度宜为3～5m。需要设置拉杆时，模板应设拉杆插入孔。每米模板应设置一处支撑固定装置。模板垂直度用垫木楔方法调整。

（2）横向施工缝端模板应按设计规定的传力杆直径和间距设置传力杆插入孔和定位套管。两边缘传力杆到自由边距离不宜小于150mm。每米设置一个垂直固定孔套。

（3）模板或轨模数量应根据施工进度和施工气温确定，并应满足拆模周期内的周转需要。一般情况下,模板或轨模总量不宜少于3~5d摊铺的需要。

2. 模板安装

(1)支模前在基层上应进行模板安装及摊铺位置的测量放样,每20m设中心桩,每100m设临时水准点;核对路面标高、面板分块、胀缝和构造物位置。测量放样的质量要求和允许偏差是否符合相应规范的规定。纵横曲线路段应采用短模板,每块模板中点应安装在曲线切点上。

(2)轨道摊铺应采用长度为3m的专用钢制轨模,轨模底面宽度宜为高度的80%,轨道用螺栓、垫片固定在模板支座上,模板应使用钢钎与基层固定。轨道顶面应高于模板20~40mm,轨道中心至模板内侧边缘距离宜为125mm。

(3)模板应安装稳固、顺直、平整,无扭曲,相邻模板连接应紧密平顺,不得有底部漏浆、前后错茬、高低错台等现象。模板应能承受摊铺、振实、整平设备的负载行进、冲击和振动,并且不发生位移。严禁在基层上挖槽、嵌入安装模板,④模板安装完毕,应经过测量人员使用与设计板厚相同的测板作全断面检验。⑤模板安装检验合格后,与混凝土拌和物接触的表面应涂脱模剂或隔离剂,接头应粘贴胶带或塑料薄膜等密封。

3. 模板拆除

(1)当混凝土抗压强度不小于8.0Mpa时才可拆模。当缺乏强度实测数据时,边侧模板允许的最早拆模时间宜符合规定。达不到要求,不能拆除端模时,可空出一块面板,重新起头摊铺,空出的面板待两端均可拆模后再补做。

(2)拆模不得损坏板边、板角和传力杆、拉杆周围的混凝土,也不得造成传力杆和拉杆松动或变形。模板拆卸宜使用专用拔楔工具,严禁使用大锤强击拆卸模板。拆下的模板应将黏附的砂浆清除干净,并矫正变形或局部损坏。

第三节 道路排水施工

为了保证路基的稳定性,提高路基的强度和耐久性,防止地面水浸入路面,延长路面的使用寿命,必须做好道路的排水设计。

道路排水包括地面排水和地下排水。地面排水包括路面排水、路基边坡排水和沟渠排水等，地下排水包括路基地下排水、中央分隔带地下排水和纵向填挖方交界处地下排水等。

一、路基排水系统

路基排水的目的就是把路基工作区内的土基含水量降低到一定的范围内。

（一）地表排水设计

常用的路基地面排水设施有边沟、截水沟、排水沟、跌水、急流槽、倒虹吸管、渡槽和蒸发池等。

1．边沟

边沟是在挖方路基和低填方路基的路肩外缘所设置的纵向人工沟渠，能够汇集和排除路基范围内和流向路基的少量地面水，以保证路基稳定。边沟排水量不大，一般不需要进行水文、水力计算，而是采用标准横断面形式。边沟横断面一般为梯形，设计没有规定时，边沟深度不得小于400mm，底宽不得小于400mm。在季节性冻土地区，路基边沟沟底低于路床顶面不得小于0.3m，沟底纵坡不宜小于0.75%，土质边沟底面和侧面宜采用浆砌体铺筑。中重冻地区高等级公路不宜采用矩形暗沟式边沟。

2．截水沟

截水沟又称天沟，是指设置在挖方路基边坡坡顶以外或山坡路堤上方的适当位置，用以拦截路基上方流向路基的地面水，减轻边沟的水流负担，保护挖方边坡和填方坡脚不受水流冲刷和损害的人工沟渠。它是多雨地区、山岭和丘陵地区路基排水的重要设施之一。

截水沟的位置应尽量与绝大多数地面水流方向垂直，就近引入自然河沟内排出，必要时配以急流槽或涵洞等泄水构造物将水流引入指定地点，而不应流入边沟。沟底与沟壁在必要时予以加固和铺砌。路堑挖方边坡上方设置的截水沟应在坡顶5m以外，填方路基上方的截水沟应设置在填方坡角2m以外。

截水沟的横断面形式一般为梯形，在转折处应以曲线连接，沟底纵坡不应小于0.5%，当条件容许时，纵坡应适当加大。其边坡坡度因岩土条件而定，常采用1∶1～1∶1.5，沟底宽度不小于0.5m，沟深按设计流量经计算确定，并不小于构造要求值0.5m。

3．排水沟

排水沟主要用于引水，排除来自边沟、截水沟或其他水源的水流，并将其引至路基范围以外的指定地点。

排水沟的布置必须结合地形条件，因势利导，离路基尽可能远些，平面上力求短捷平顺，宜采用直线，必须转向时，宜采用弧线形；距路基坡脚的距离一般不宜小于3~4m；连续长度宜短，不宜超过500m，纵面上控制最大最小纵坡，以1%~3%为宜。当纵坡大于3%时，需进行加固；大于7%时，则应改用跌水或急流槽。

排水沟的断面形式一般为梯形，尺寸需经过水力水文计算而定。用于边沟、截水沟和取土坑出水口的排水沟，由于流量较小，不需要特殊计算，但底宽与沟深均不小于0.5m，土质边沟的边坡可取1∶1~1∶1.5。

排水沟必要时应予以加固，以防止水流对沟渠的冲刷与渗漏。

4．跌水与急流槽

跌水与急流槽均为人工排水沟的特殊形式，用于山岭重丘区的道路。沟底纵坡可达100%，由于纵坡大、水流湍急、冲刷作用严重，因此跌水与急流槽必须用浆砌块石或水泥混凝土砌筑，并应埋设牢固。

跌水由进水口、消力池和出水口组成，其槽身一般为矩形，槽底设有1%~2%的纵坡，其断面尺寸必须通过水文水力计算确定。

急流槽由进口、槽身和出口组成，槽底宜砌成粗糙面，以消能和减小流速。结构的纵坡不宜陡于1∶1.5，有时更陡。急流槽过长时应分段修筑，每段长度宜为5~10m，接头处应用防水材料填筑。混凝土预制块急流槽的分节长度宜为2.5~5.0m，接头采用榫接。

设计没有规定时，可采用如下断面：槽底厚度200~400mm，槽壁厚度300~400mm，最小槽宽250mm。

5．倒虹吸管

倒虹吸管是当路线跨越灌溉沟渠，而沟渠水位与路基标高相差不多，设置明涵有困难时采用的一种地面排水设施。由于倒虹吸管属于有压管道，又是倒置，如设置不当，易出现漏水和淤塞的现象，难以修复与清理，应尽量少用。

6. 渡槽

渡槽是当原灌溉渠道与路基设计标高相差较大时，架设水槽或管道从路基上方跨越，以沟通道路两侧水流的一种地面排水设施。应符合排水要求，包括进出水口的衔接、防止冲刷与渗漏等。通常渡槽由进出水口、槽身和下部支承结构组成。

7. 蒸发池

蒸发池是在气候干旱、排水困难地段采用的排除地表水的一种地面排水设施。通常可以利用沿线的集中取土坑或专门设置的蒸发池汇集地表水，并借助渗透和蒸发作用将汇集的地表水排干。在雨水较少地区以取土坑作为蒸发池是一种比较经济的选择。

蒸发池与路基边沟间应用排水沟连接。蒸发池边缘距路基边沟不得小于5m，蒸发池的面积不得小于20m^2。池中水位应低于排水沟的沟底。池底宜设0.5%的横坡，入口处应与排水沟平顺衔接。其容量应以一个月内路基汇流入池中的雨水能及时完成渗透与蒸发作为设计依据。每个容量不宜超过200～300m^2，蓄水深度不应大于1.5～2.0m。

（二）地下排水设计

道路路基常用的地下排水设施有盲沟、渗沟和渗井等，对于水量不大的地下水以渗透为主汇集水流，就近予以排除。遇有大量水流，则应加设专用地下沟管予以排除。埋置于地下的排水设施，养护维修比较困难，故要求其牢固有效。

1. 渗沟

渗沟分为乱石多孔管壁体系（花管）渗沟、无砂管渗沟和瓦管渗沟等，应根据当地材料和地质等条件进行选择。渗沟是利用其透水性将地下水汇集到沟内，并沿沟排至指定地点，其水利特性属于紊流。

设置在上侧路基边沟下面的渗沟，用以拦截流向路基的层间水，防止路基边坡滑坍和毛细水上升危害路基。设置在路基两侧边沟下面的渗沟，用以降低地下水位，防止毛细水上升至路基工作区范围内形成水分积聚，从而造成冻胀和翻浆，或土基过湿而降低强度造成路面开裂等。设在路基挖方与填方交界处的横向渗沟，用以拦截和排除路堑下面层间水或小股泉水，保持路堤填土不受水害。纵向渗沟平行于道路中线设置，可根据道路宽度决定修建一条或两条横向渗沟，横向渗沟宜与道路中线成45°～90°，间距为10～20m。

渗沟应设置土工织物或粒料反滤层，以防淤塞盲沟、失去排水功能。

2. 渗井

渗井是一种立式地下排水设施。在多层含水地基上，如果影响路基的地下含水层较薄，且平式盲沟排水不易布置时，可考虑设置立式渗井，向地下穿过不透水层，将上层含水引入下层渗水层，有利于地下水的扩散排除。必要时还可配合渗沟设置渗井，平竖结合以排除地下水。渗井一般做成圆形。

渗井由集水构造和排水构造组成，集水部分的构造与渗沟相同，井的四周设置反滤层，顶部设封闭层，下部排水的构造全部用粗粒矿料作为填充物。渗井的孔径与平面布置通过水力计算确定，通常采用圆柱形或正方形，直径或边长为1.0～1.5m，井深视地层构造而定，以伸入下层渗水层能够向下渗水为宜。

由于渗井造价要高于其他地下排水设施，因此一般情况下不轻易采用。

3. 暗沟

暗沟又称盲沟，设置在地面以下，用以引导水流，不起渗水和汇水的作用。当路基范围内遇有个别泉眼，泉水外涌，而路线又不能绕避时，为将泉水引至填方坡脚以外或挖方边沟，加以排除，此时在出口与泉眼之间可以修筑暗沟。

暗沟采用混凝土或浆砌片石砌筑时，在沟壁与含水层接触面以上高度，应设置一排或多排向沟中倾斜的渗水孔，沟壁外侧应填筑粗粒透水性材料或土工合成材料形成的反滤层。沿沟槽底每隔10～15m或在软硬岩层分界处，应设置沉降缝和伸缩缝。

暗沟沟底必须埋入不透水层内，沟壁最低一排渗水孔应高出沟底至少200mm。沟底纵坡应大于0.5%，出水口处应加大纵坡，并高出地表排水沟常水位200mm以上。

暗沟顶面必须设置混凝土盖板或石料盖板，板顶上填土厚度应大于500mm。

二、路面排水系统

公路路面排水由路面表面排水、中央分隔带排水和路面内部排水等组成。

第二章 道路工程施工

（一）路面表面排水

设置路面表面排水的目的是迅速排走降落在路面和路肩表面的降水，防止路面积水而造成的路面破坏。

1．拦水带

拦水带设置在硬路肩外侧边缘，用以拦截路面表面水，并与路肩和部分路面构成一个浅的三角形过水断面，按适当的间距设置泄水口，将水汇入边坡急流槽，再排到路基坡脚以外的边沟或排水沟中。

在平坡或缓坡段上时，泄水口宜做成对称的喇叭口。对称式便于施工，但在有纵坡的路段上，非对称式泄水口的泄水能力由于水流顺畅而优于对称式。因此，对于设在纵坡段上的泄水口建议采用非对称式。水流通过泄水口的水流状态为孔口流，为提高泄水口的泄水量，可在泄水口处设置低凹区。为便于施工，低凹区可设在拦水带内边缘的外侧，低凹区采用与路肩相同的铺面结构，以免受到水流的冲刷破坏。

在道路交叉口、匝道口、与桥梁构造物连接处、超高路段和一般路段的横坡转换处等，应设置泄水口以避免路面表面水横向流过行车道或构造物。在纵坡符号变换的凹型竖曲线底部，泄水口应设在最低点，并在其前后相距3～5m处各增设一个泄水口。泄水口的设置间距可按相关规范进行确定，以20～50m为宜。

拦水带的顶面应略高于过水断面的设计水位，即过水断面的水深取决于设计流量和路肩的横向坡度，可按设计流量并通过计算确定。在高速和一级公路路堤边缘设计防撞护栏时，拦水带的高度可以大些，但一般不超过15cm；而在低矮路堤不设计防撞护栏时，为了保障偶尔驶出路肩的车辆安全，拦水带的高度不应大于10cm，并且迎车面的斜坡坡度不宜陡于1∶3，最好采用1∶4，以便车轮能通过拦水带。

2．路肩排水沟

当出现汇水量较大、硬路肩宽度狭窄、爬坡车道占用了路肩过水断面等情况，使得流水断面不足时，可在土路肩上设置路肩排水沟。路肩排水沟采用U形水泥混凝土预制构件砌筑，沟底纵坡同路肩纵坡，并不小于0.3%。

3．急流槽

急流槽是排出路肩积水的排水设施，其纵坡坡度与所在的路基边坡坡度一致，槽身的横断面做成槽形，多由水泥混凝土预制构件拼装砌筑而成。进水口做成喇叭口式的簸箕形，出水口设置消能设施。

（二）中央分隔带排水

中央分隔带排水主要是排除超高路段主线公路的路面排水和中央分隔带内的表面水。中央分隔带排水设施类型应根据地区特点、分隔带宽度、分隔带的构造形式以及需要绿化栽树等因素确定。

当分隔带宽度小于3m且表面采用铺面封闭时，应在超高路段的分隔带上侧边缘处设置缘石和泄水口，或者在分隔带内设置缝隙式圆形集水管或碟形混凝土浅沟和泄水口，以拦截和排泄上侧半幅路面的表面水。

当分隔带宽度大于3m且表面未采用铺面封闭时，在超高路段，应通过内倾的横向坡度使水流向分隔带中央低凹处，并通过纵坡排流到泄水口或横穿路界的桥涵水道中。

一般中央分隔带排水设施由纵向排水沟（明沟、暗沟）、渗沟、雨水井、集水井和横向排水管等组成。

（三）路面内部排水

为迅速排除积滞在路面结构内的自由水，可沿路面边缘设置排水系统或者在路面结构层内设置排水基层或排水垫层。

1. 路面边缘排水系统

路面边缘排水系统适用于基层透水性小的路面，是将渗入路面结构内的自由水，先沿路面结构层间空隙或某一透水层横向流入纵向集水沟和排水管，再由横向出水管排引出路基。

边缘排水系统由沿路面边缘设置的透水性填料集水沟、纵向排水管、横向出水管和过滤织物（土工布）组成。

2. 排水基层排水系统

排水基层排水系统多用在新建路面上，是采用透水性材料做基层，使渗入路面结构内的水分先通过竖向渗流进入排水层，然后横向渗流进入纵向集水沟和排水管，再由横向出水管引出路基。

排水基层设在面层下，作为路面结构的基层或基层的一部分，共同承受车辆荷载的作用。排水层也可采用横贯路基整个宽度的形式，不设纵向集水沟和排水管以及横向出水管；也可以直接在面层下设置透水性排水基层，在其边缘设置纵向集水沟和排水管以及横向水管等，组成排水基层排水系统。

排水层的透水性材料可用经水泥或沥青处治，或者未经处治的开级配碎石集料。未经水泥或沥青处治的碎石集料，在施工摊铺时易出现离析，碾压时不易压实稳定，且在施工机械行驶下易出现推移变形的情况，因此一般情况下不建议采用。

排水基层的厚度应按所需排放的水量和基层材料的渗透系数通过水力计算确定，通常为8~15cm，但最小厚度不得小于6cm（沥青处治碎石）或8cm（水泥处治碎石）。其宽度应根据面层施工的需要超出面层宽度30~90cm。

3．排水垫层排水系统

为拦截地下水、滞水或泉水进入路面结构，或者排除因负温差作用而积聚在路基上层的自由水，可直接在路基顶面设置透水性排水垫层，并根据实际情况配置纵向集水沟、排水管和出水管等组成排水垫层排水系统。

排水垫层选用开级配集料（砂或砂砾石），并满足一定级配要求，按路基全宽设置在其顶面。当路基为路堤时，水向路基坡面外排流；当路基为路堑或半路堑时，挖方坡脚处必须设置纵向集水沟、排水管和横向排水管。

第三章 路基防护与加固工程施工技术

第一节 路基常见病害及原因分析

一、路基工程的特点

路基是公路路面的基础,强度、稳定性和耐久性是保证路面结构稳定、路用性能良好的基本条件。

(1) 路基工程以岩石和土为基础,并以岩石和土作为建筑材料;

(2) 路基工程完全暴露在自然环境中,受严寒酷暑、狂风暴雨、地震等自然条件影响,将会引起路基边坡坍塌、路基隆起、下沉、翻浆冒泥等各种病害;

(3) 路基同时受静荷载和动荷载的作用,动荷载也是造成路基病害的主要原因之一;

(4) 路基的设计、施工和养护影响着路基的质量,而工程完工后,质量将主要取决于路基的养护水平。

二、路基常见病害及形成原因

(一) 路肩边沟不洁

路肩边沟不洁指路肩及边沟部位有杂物、油渍、垃圾或堆积物等。

路肩边沟不洁将影响公路美观,同时,路肩部位的杂物垃圾如被风吹至路面或空中也会对行车安全造成一定的影响。路肩部位的油渍如不及时清理会腐蚀路肩,造成路肩损坏。

（二）路肩损坏

路肩是路基基本构造的组成部分，由外侧路缘带、硬路肩以及保护性土路肩组成。路肩损坏指土路肩、硬路肩或紧急停车带表面出现各种损坏，如坑槽、裂缝、松散等，硬路肩产生病害可参照同类型路面的损坏形式进行识别，土路肩损坏主要指路肩出现沉陷、坑槽和露骨等损坏现象。

造成路肩损坏的主要原因是排水不畅、雨水冲刷、施工或材料不良以及外力作用等。此外，汽车在紧急停车带检查修理时，也会给路肩留下千斤顶痕迹及油污，形成路肩坑槽等损坏现象。

（三）边坡坍塌

造成公路路基边坡坍塌的原因是多方面的，综合起来可分为主观原因和客观原因。主观原因即工程因素，主要包括：

（1）边坡石方爆破药量较大，使得边坡岩体松散，从而失稳。

（2）边坡开挖后没有及时进行防护，使边坡大面积裸露在空气中，长期受自然因素的强烈作用发生物理力学的变化，造成岩体风蚀严重而失稳。

（3）边坡的排水措施未完善，下大暴雨时水流直接冲刷边坡，从而造成坍塌。

（4）边坡的防护形式和边坡坡度与实际地质情况不符，公路边坡设计较陡。

客观原因主要包括：

（1）边坡的土质为堆积体，结构松散，边坡开挖后土体失去了平衡，从而引起坍塌。

（2）边坡岩体破碎，边坡较高。

（3）边坡岩性为膨胀土、页岩、碳质泥岩等夹层，遇水后土体膨胀，扰动边坡土体，从而引起坍塌。

（4）边坡的岩层走向与路基方向顺层，开挖后岩体顺着岩层面下滑。

（5）地下水较丰富，排水不畅，长期浸泡边坡基脚，从而引起塌方。

边坡土体的性质及结构特性是引起坡体坍塌的内因，而水尤其是大气强降水和连续降水是坡体坍塌的诱发因素即外因。因此采取防治措施时，应以截、排地表和地下水以及坡体防护为主，必要时采取适当的支挡防护工程。

三、路基滑坡防治

滑坡是指斜坡上的土体或者岩体，受河流冲刷、地下水活动、地震及人工切坡等因素影响，在重力作用下，沿着一定的软弱面或者软弱带，整体地或者分散地顺坡向下滑动的自然现象，俗称"走山""垮山""地滑""土溜"等。

（一）滑坡形成原因

底层岩性和地质构造是滑坡产生的重要地质基础。

（1）雨水、降雪、融雪、河流、洪水是滑坡产生的重要诱因和催化。

（2）地震、海啸、风暴潮等也可诱发滑坡。

（3）人类的活动，如开挖坡脚、坡体堆载、爆破、水库蓄水、泄洪、开矿等可诱发滑坡。

（二）滑坡的防治

在滑坡发生以前，实施必要的工程措施中断滑坡形成过程，称为滑坡超前防治；滑坡发生以后，如有再次滑动的可能，可采取必要的工程措施防治再次滑动，常用的工程是排水工程类、抗滑支挡工程类、改变滑坡应力平衡类、滑坡锚固体系类等。

1. 滑坡防治的排水工程

据调查，80%以上的滑坡发生在雨季，与水（大气降水、地下水）作用有关系。因此，滑坡排水工程在滑坡防治中具有重要的意义。

2. 改变滑坡应力平衡类

所有的滑坡都是因下滑坡力大于抗滑力引起的，若能想办法减小下滑力、增大抗滑力，使滑坡的下滑力小于抗滑力，此滑坡就不会滑动。根据这一思路，人们研究了减载压脚工程。即在滑坡产生下滑力为主的部分（滑体中后部，称为驱滑段），削减一定量的土石压在滑坡前部（阻滑段），增大滑坡的抗滑力。

减多少方，在滑坡前缘压脚多少方可满足滑坡稳定要求，要通过滑坡稳定性计算得出。

3. 滑坡锚固体系类

格梁+预应力锚索抗滑工程是近十多年来发展起来的,该复合结构抗滑工程适用于滑坡前缘为陡坡的地形。由格梁和预应力锚索两部分组成,格梁用钢筋混凝土预制(或现浇),紧贴坡面嵌入地下与地表齐平,格梁相交点为预应力锚索施加的位置。

预应力锚索下端(锚固段)应深入滑动面以下8~10m,最好锚在岩石里。锚索用量的设计应依据滑坡推动力计算,格梁结构和断面尺寸设计应依据每组锚索施加预应力的大小进行设计。

四、泥石流防治

泥石流是山区常见的一种自然灾害现象,是由泥沙、石块等松散固体物质和水混合组成的一种特殊流体。它爆发时,山谷轰鸣,地面震动,浓稠的流体汹涌澎湃,沿着山谷或坡面顺势而下,冲向山外或坡脚,往往在顷刻之间造成人员伤亡和财产损失。

(一)泥石流的类型

根据泥石流的成因,可分为以下几类:
(1)水流冲刷山坡滑落物而成;
(2)水流冲刷河床质而成;
(3)由滑坡直接演变为泥石流;
(4)融冻泥流;
(5)矿山废渣由于水流冲刷或滑塌而形成泥石流。

(二)泥石流的防治措施

泥石流有不同的特点,相应的治理措施也应有所不同。在以坡面侵蚀及沟谷侵蚀为主的泥石流地区,应以生物措施为主,并辅以工程措施;在崩塌、滑坡强烈活动的泥石流发生(形成)区,应以工程措施为主,兼用生物措施;在坡面侵蚀和重力侵蚀兼有的泥石流地区,则以综合治理效果最佳。

1. 生物措施

泥石流防治的生物措施包括恢复植被和合理耕牧。一般采用乔、灌、草等植物进行科学地配置营造,充分发挥其滞留降水、保持水土、调节径流等功能,从而达到预防和制止泥石流发生或减小泥石流规模、减轻其危害程度的目的。生物措施一般需要在泥石流沟的全流域实施,对宜林荒坡更需采取此种措施。但要正确地解决好农、林、牧之间的矛盾,如果管理不善,很难收到预期的效果。

与泥石流工程防治措施相比较,生物防治措施具有应用范围广、投资省、风险小、能促进生态平衡、改善自然环境条件、具有生产效益,以及防治作用持续时间长的特点。生物措施初期效益一般不够显著,需三五年或更长一些时间才可发挥明显作用,在一些滑坡、崩塌等重力侵蚀现象严重的地段,单独依靠生物措施不能解决问题,还需与工程措施相结合才能产生明显的防治效能。生物措施包括林业措施、农业措施和牧业措施等各种措施,通常在同一流域内随地形、坡度、土层厚度及其他条件的变化而进行具体布置。

2. 工程措施

泥石流防治的工程措施是在泥石流的形成、流通、堆积区内,采取相应的蓄水引水工程、拦挡支护工程、排导引渡工程、停淤工程及改土护坡工程等措施,以预防泥石流的发生和危害。泥石流防治的工程措施通常适用于泥石流规模大、爆发不是很频繁、松散固体物质补给及水动力条件相对集中、保护对象重要、要求防治标准高、见效快、一次性解决问题等情况。

（1）跨越工程

跨越工程是指修建桥梁、涵洞从泥石流上方凌空跨越,让泥石流在其下方排泄。

（2）穿过工程

穿过工程是指修建隧道、明洞从泥石流下方穿过,泥石流在其上方排泄。这是通过泥石流地区的又一种主要工程形式。据统计,成昆线穿过泥石流共修建隧道、明洞和渡槽16座,占全部221项工程的9.8%。对于隧道、明洞和渡槽设计的选择,总的原则是因地制宜。

（3）防护工程

防护工程是指对泥石流地区的桥梁、隧道、路基,以及泥石流集中的山区变迁型河流的沿河线路或其他重要工程设施,作一定的防护建筑物,用以抵御或消除泥石流对主体建筑物的冲刷、冲击、侧蚀和淤埋等危害。防护工程主要有护坡、挡墙、顺坝和丁坝等。

(4) 排导工程

排导工程的作用是改善泥石流流势，增大桥梁等建筑物的泄洪能力，使泥石流按设计意图顺利排泄。

泥石流排导工程包括导流堤、急流槽和束流堤三种类型。导流堤的作用，主要是在于改善泥石流的流向，同时也改善流速。急流槽的作用，主要是改善流速，也改善流向。束流堤作用，主要是改善流向，防止漫流。导流堤和急流槽组合成排导槽，以改善泥石流在堆积扇上的流势和流向，让泥石流沿着指定的道路排泄，不致淤积。导流堤和束流堤组合成束导堤，可以防止泥石流漫流改道危害。

对于导流堤的布置，堤尾方向与大河流向应力求成锐角相交。泥石流与大河汇流，洪水互相搏击，动能会有很大损失，交角越小，动能损失越小，越容易将泥石流带走，一般来讲，交角宜小于45°。

(5) 拦挡工程

拦挡工程是用来控制组成泥石流的固体物质和雨洪径流，削弱泥石流的流量、下泄总量和能量，减少泥石流对下游经济建设工程的冲刷、撞击和淤积等危害的工程设施。拦挡工程包括拦渣坝、储淤场、支挡工程、截洪工程四类。前三类工程起到拦渣、滞流、固坡的作用，控制泥石流的固体物质供给。截洪工程的作用在于控制雨洪径流，最终目的是削弱泥石流。

对于防治泥石流的工程措施，常需采取多种措施结合应用。最常见的有拦渣坝与急流槽相结合的拦排工程，导流堤、拦渣坝和急流槽相结合的拦排工程，拦渣坝、急流槽和渡槽相结合的明洞（或渡槽）工程等。防护工程也常与其他工程配合应用。多种工程措施配合使用，比单纯采用某一种工程措施更为有效，也更为经济合理。

第二节 日常保养技术

路基是路面的基础，是公路能否经久耐用的关键，路基的稳定性直接影响着路面质量。高于原地面的填方路基称为路堤；低于原地面的挖方路基称为路堑。在一个断面内，部分为路堤，部分为路堑的路基称为半填半挖路基。

水是引起各种路基病害的重要根源之一，路基的排水设施养护是日常养护的重点内容。

一、路基养护总体要求

（1）通过日常巡查，发现病害及时处理，保持路基稳定。

（2）路肩无病害，边坡稳定。

（3）排水设施无淤积、无损坏，排水畅通。

（4）挡土墙等附属设施良好。

（5）加强不良地质路段边坡坍塌、泥石流等灾（病）害的巡查、防治、抢修工作。

二、路基养护的基本内容

（一）基本内容

（1）维修和加固路肩、边坡及错车道。

（2）疏通、改善排水设施（边沟、排水沟、截水沟、跌水井、泄水槽）。

（3）维护、修理各种防护设施。

（4）清除塌方、积雪，处置塌陷，检查险情，防治水毁。

（5）观察、预防和处置路基病害。

（二）日常巡查

日常巡查内容包括：路肩表面是否平整密实不积水，有无病害；排水设施是否完好、畅通；边坡是否稳定；挡土墙等附属设施是否良好。

日常巡查要求：县道每周不少于一次，乡、村道每月不少于两次；特殊路段如遇有恶劣天气、重大节日活动等特殊情况应适当加大巡查频率。

日常巡查处置：发现病害、缺陷的应及时修复；不能及时修复的，应及时上报上级管理机构。

路肩保护路面在行车作用下不致横向变形或起到紧急情况下临时避车的作用。路肩横坡应稍大于路面横坡，以利排水。路肩养护与维修工作的重点是减少或消除水对路肩的危害。

（三）日常养护内容

（1）定期修剪草皮或天然草、平整土路肩和修补破损硬路肩。

（2）路肩除草。

（3）定期用割草机对路肩进行修剪，保持路肩整洁。

（4）当路肩过高影响排水时，可结合路肩平整开展。

（5）平整土路肩。

（6）高出路面的土路肩利用铁铲、锄头等工具铲除整平。

（7）低于路面的土路肩，易形成路肩积水，需清除淤泥后培土回填并压实，使路肩平整、坚实、排水畅通，路面、路肩无积水。

（四）硬路肩修补

硬化路肩局部损坏，可用水泥混凝土进行修补。先把破损路肩的基底整平、清扫干净，再浇筑混凝土并用振捣器振捣密实，最后人工抹平。

（五）排水设施的养护

排水设施（边沟、截水沟、排水沟、跌水及急流槽、暗沟等）能否正常工作，直接影响到路基的稳定性。

日常养护要求：汛前全面检查、疏通；雨中巡查及时排除阻塞并疏流；雨后及时修理加固，清除堵塞。

日常养护内容包括：清理疏通排水设施、修复破损、增设排水设施等。

（1）沿线边沟、排水沟、截水沟（天沟）或急流槽等存在淤积和堵塞等情况的，应将淤泥、垃圾、杂草清理干净。

（2）暗沟淤积和堵塞应冲洗清除。

（3）保证沟渠整洁、排水畅通。

（4）汛期前和汛期中要加强排水设施的检查和清理。

（5）简易土沟：利用锄头或铁铲等工具把沟底、沟壁拍打夯实。

（6）干（浆）砌沟式渠：①干（浆）砌片石修补沟墙；②水泥砂浆勾缝；③水泥砂浆抹平沟底。

（六）增设排水设施

（1）对于排水不畅、汇水面积不大的路段，可开挖土边沟以改善道路的排水。

（2）挖方路基上侧山坡汇水面积较大时，应于挖方坡口5m以上设置截水沟。

（3）排水不良、无排水设施的路段，应增设混凝土边沟或浆砌片石边沟以改善公路排水情况。

路基防护工程是起到防止路基被冲刷或风化的隔离作用的设施，包括植物防护、石砌湖泊、护脚、抹面、勾缝等；支挡工程则是防止路基或山体滑塌的支撑结构设施，如挡土墙、抗滑桩、锚杆等。

第三节　路肩的维修与加固

路肩的功能是保护路面边缘，加强路基的稳定性，便于行人和非机动车的通行，也可用于紧急情况下的临时停车，偶尔供错车之用。

如果养护不当，路肩松软，往往会使路面边缘发生毁坏，即所谓的"啃边"破坏。而水是导致路肩松软的主要原因，因此，减少或消除水对路肩的危害是路肩养护与维修工作的重点。

土路肩上出现车辙、坑洼或与路面产生错台现象时，必须及时整修，并用与原路基相同的土填平夯实，使其顺适。

土路肩过高妨碍路面排水时，应铲削整平。

土路肩横坡过大时，应削高补低整修至规定坡度。土路肩或有草的路肩应满足其横坡度比路面坡度大1%～2%的要求，以利于排水。

公路上的路肩通常不用于行车，但从功能上要求其能承受汽车荷载。因此，为减少路肩养护工作量，对于行车密度大的路线，应该有计划地将土路肩改铺成硬路肩。

一、陡坡路段（纵坡大于5%）路肩的防排水治理

陡坡路段的纵坡较大时（＞5%），暴雨易将路肩冲成纵横沟槽，甚至会冲坏路堤边坡，施工部门可根据路基排水系统的情况，采取如下措施：

（1）自纵坡坡顶起每隔20m，左右两边交错设置宽30～50cm的斜向截水明槽，并用（碎）石填平；同时在路肩边缘处设置高10cm、上边宽10cm、下边宽20cm的拦水土坡。在每条截水明槽处留一淌水口，其下面的边坡用草皮或砌石加固，使水集中由槽内流出。

（2）在暴雨中，可沿路肩截水明槽下侧临时设置阻水埋，迫使雨水从槽内排出，但雨后应立即铲除。

(3)中、低级路面路肩上自然生长的草皮应予保留。植草皮应选择适宜于当地土壤的种子。成活后需加以维护和修整,使草高不超过15cm,丛集的杂草应铲除重铺,以保持路容美观。如路肩草中淤积砂土过多妨碍排水时,应立即铲除,以恢复路肩应有的横坡度。

(4)路肩外侧,易被洪水冲缺或牲畜踩踏形成缺口,可用石块、水泥混凝土预制块或草皮堆砌宽20cm左右的护肩带,既消除病害,又美化路容。

二、路肩上养护材料的堆放

施工部门应该在公路路肩之外,根据地形情况,选择适宜地点,设置堆料坪,堆料的间距以200~500m为宜。堆料坪长5~8m,宽约2m。机械化养路或较高级路面可以不设堆料坪。

三、路肩上杂物的堆放

路肩上严禁种植各种农作物和堆放任何杂物。

第四节 边坡的养护与加固

一、边坡养护要求

(1)边坡坡面应经常保持平顺、坚实、无裂缝。
(2)严禁在边坡上及路堤坡脚、护坡道上挖土取料或种植农作物。
(3)边坡发生病害,应采取相应的技术措施进行维修和加固。
(4)植被对边坡有保护作用,禁止在边坡上割草、放羊。

二、边坡养护

(一)影响边坡稳定的因素

(1)影响路堤边坡稳定的主要因素包括填料种类、边坡高度以及路堤的类型。
(2)影响路堑边坡稳定的因素较为复杂,除了路堑深度和坡体土石的性质之外，地质构造特征、岩石的风化和破碎程度、土层的成因类型、地面水和地下水的影响、坡面的朝向以及当地的气候条件等都会影响路堑边坡的稳定性。土质（包括粗粒土）路堑边坡，则应考虑边坡高度、土的密实程度、地下水和地面水的情况、土的成因及生成年代等因素。

（二）上边坡养护

（1）边坡上有危岩、浮石、松动土等，应及时清除，将坑凹地区嵌入浆砌片石，并使周围牢固嵌稳。

（2）边坡上出现冲沟或缺口，应及时用黏结性良好的土修补捣实。

（3）定期对边坡上杂草进行修剪（不宜铲除），保持行车视觉良好。

（4）上边坡较高、积水面积较大时，应加强对坡顶是否有裂缝、坍塌等现象的检查，并及时疏通、加固截水沟。

（三）下边坡养护

（1）土路堤边坡的雨水冲沟和缺口，应用黏结性良好的土修补拍实；对于较大的冲沟和缺口，应将原边坡挖成台阶形状后分层填筑压实，并与原坡面平顺衔接。

（2）土质松散的路堤边坡，可采用全范围人工植草或平铺草皮进行防护；或在路肩设置拦水带和截水明槽，以减少坡面冲刷。

（3）非常水位临水边坡：漫水时流速不大的区域，可采用抛石护坡加固的方式；水位较深、流速大的区域应采用石笼护坡的方式。

（4）常水位淹没路段：宜用浆砌片石护坡，加强防护；水流较急路段宜采用混凝土挡墙。

（四）植物坡面防护技术

为使边坡状况尽可能与周边自然景观相协调，在有条件的路段应优先采取植物防护坡面技术，如种植灌木丛、铺草皮或种植香根草，也可采用液压喷播、客土喷播和岩质坡面喷混植生等技术措施。

（五）土质边坡的维修与加固

对于土质边坡、碎落台、护坡槽等，如经常出现缺口、冲沟、沉陷、塌落或受洪水、边沟流水冲刷及浸水时，应根据水流、土质等情况，选用种草、铺草皮、栽灌木丛、铺柴束、篱格填石、投放石笼、干砌或浆砌片石护坡等措施,进行防护和加固。

边坡如发生坍塌需要修整时,不能在边坡上贴土修补,而应在毁坏的地段上,从下到上先挖成土台阶,再分层填土夯实。夯实后的宽度要稍超出原来的坡面,以便最后切出坡面。

(六)石质边坡的维修与加固

易风化的软质岩石或破碎岩石的路堑边坡,常受自然条件的影响而剥落,受到破坏,对于此类边坡可选用抹面、喷浆、勾缝、灌浆、嵌补等方法进行处置,以保证路基的稳定,避免堵塞边沟或危及行车和行人。

1. 抹面防护

抹面防护适用于易风化而表面较完整、尚未剥落的岩石边坡,选用混合材料涂抹坡面,防止表层岩石风化的进一步发展。但必须注意,抹面仅能起到防护层的作用,不能承受荷载,所以,边坡必须是稳定的。

施工时要注意,抹面前,施工部门应对被处置坡面进行清理,并应将坡面上的坑洼用小石块嵌补填平,然后用水洒湿坡面,使灰浆与坡面结合良好。抹面应均匀涂抹,然后待灰浆稍干即可进行夯拍,直至表面出浆为止,并应进行洒水养护。

2. 喷浆防护

喷浆防护是将灰浆均匀地喷射在岩层表面上,使之形成一个保护层,是防止坡面风化破坏的一种措施,适用于易风化而仍较完整的岩石路堑边坡。这种方法施工简单、效果好,但水泥用量较大。

喷浆的材料可以是纯水泥浆、水泥砂浆、水泥石灰砂浆等。

喷浆厚度视坡面岩石风化程度而定,一般为2cm左右,而需较厚者可以分层喷射,喷浆后应洒水养生。

3. 勾缝防护

勾缝适用于较坚硬的、不易风化的、节理裂缝多而细的岩石路堑边坡,用以防止雨水沿裂缝进入岩层内造成病害。

4. 灌浆防护

灌浆适用于较坚硬的、裂缝较大的，而且较深的岩石路堑边坡，借砂浆的黏结力把裂开的岩石黏结为一体，维护边坡的稳定。

5. 嵌补防护

嵌补防护可用浆砌石块或水泥混凝土嵌补，适用于补平岩石坡面中较深的局部凹坑，以免坡面继续破损碎落，维护边坡的稳定。

6. 锚固防护

锚固防护适用于岩石边坡的层理或构造面倾向于路基，并有可能顺层面下滑的情况。这种方法是垂直于岩面坡面钻洞，将钢筋直穿至稳定基岩内，然后向洞内灌入水泥砂浆，使钢筋串连岩层，阻止岩层下滑。

（七）土工合成材料防护

土工合成材料的发展为边坡防护、加固提供了新材料、新技术和新方法。

常用于边坡防护、加固的土工合成材料有：土工网、土工格栅、防老化的塑料编织布、土工模袋等。使用上述材料进行边坡防护和加固的突出优点是施工简单、进度快、造价低、效果好。

第五节 支挡设施的养护与维修

一、日常检查

（1）挡土墙泄水孔是否堵塞。

（2）是否有裂缝及墙身变形现象，墙身石块是否有剥落、脱落等情况。

（3）沿河、溪、渠路段的挡土墙基底是否被雨水掏空。

（4）发生倾斜、滑动下沉或倒塌等情况无法处置时，及时报告上级主管部门处理。

泄水孔：泄水孔堵塞，常引起墙后积水，要及时疏通；如无法疏通，应增设泄水孔或设盲沟将水引出路基以外。

裂缝、断缝：已停止发展的裂缝，可将缝隙凿毛，清除碎渣和杂物，然后用水泥砂浆或环氧树脂填塞；较大裂缝内形成空洞的，先用细石混凝土封堵裂缝外围，然后进行压浆处理。

二、挡土墙养护与维修

（一）浸水挡土墙

浸水挡土墙受雨水冲刷，出现基底被掏空但未危及挡土墙本身的现象时，可利用抛石加固或用块（片）石将淘空部分塞实并灌浆，防止基底的进一步破坏。

（二）护岸

沿河路基和桥头引道，直接受到水流的冲刷而被掏空，为了维护路基坚固、稳定，必须采取措施予以防护。冲刷防护有两种类型：一种是直接防护，以加固岸坡为主要措施；另一种常用的防护加固的方法包括以下四类：

1．抛石防护

抛石防护主要用于防护水下部分的边坡和坡脚，避免或减少水流对护坡的冲刷及淘刷，也可以用于防止河床冲刷。

石笼防护用于防护河岸或路堤边坡，同时也可作为加陡坡减少路基占地宽度，以及加固河床、减少淘刷的措施。在缺少大块石料时，用较小的石块填塞于铁丝笼或木竹笼内，一般可适用于流速为4～5m/s的水流中。因铁丝容易被磨坏，有漂石冲击的河流不宜采用石笼防护。

2．石砌护坡

石砌护坡用于因水流冲刷的河岸和路基，可分干砌和浆砌两种。

3．干砌片石

干砌片石用以保护边坡免受地表水的侵害以及河水的冲刷，可用于土质边坡，边坡坡度一般为1∶1.5～1∶2，水流速度在1.5m/s以下，对所防护的边坡本身应该是稳定的。

浆砌片石护坡用于水流流速在1.5m/s以上、波浪作用较强,以及可能有流水或流水冲击作用时的防护加固工程。

4. 土工模袋护岸

土工模袋就像中间带有许多节点的超大型塑料编织袋,其规格可以按照工程要求加工。施工时,将模袋平铺于岸坡上,从袋口连续灌注流动性良好的混凝土,使充满混凝土的模袋紧贴在岸坡上,形成一个稳固的、连续的大面积混凝土壁,起到护岸的作用。这项技术的特点是施工速度快、简便、经济,可以省去管养工作,尤其适用于冲刷严重的沿河路堤。

第六节 路基翻浆的防治

一、路基翻浆

路基翻浆是指地下水位高、排水不畅或土质不良、含水过多,造成路基湿软、强度下降,在行车作用下,路基出现弹软、裂缝、冒泥浆等翻浆现象。翻浆等级根据路面变形破坏程度分为轻、中、重三个等级。

轻:路面龟裂、潮湿、车辆行驶时有轻微弹簧。

中:大片裂纹、路面松散、局部鼓包、车辙较浅。

重:严重变形、翻浆冒泥、车辙很深。

二、路基翻浆防治措施

(一)改善排水

(1)保持路面、路肩的排水顺畅,边沟不积水。

(2)修补路面裂缝和坑槽,防止地表水渗入路基。

(3)在排水不畅路段增设边沟、排水渠等排水设施,确保地表水引至路基以外。

(4)在地下水丰富的路段设置盲沟或渗沟以降低地下水位,截流地下水潜流,使路基保持干燥。

(二) 深挖换填

对于路基透水性不良，提高路基又困难时，可将路基上层一定范围的软土或淤泥挖除，再回填强度大、透水性好的砂砾土或炉渣等并碾压夯实。该方法适用于中、重度的翻浆病害。

(三) 铺设透水性隔离层

在聚冰层之下，人工铺设10~20cm碎石垫层，上下反铺草皮，防止隔离层被淤塞。隔离层向路基两侧做3%的横坡水，将毛细水排至侧沟。该方法适用于中、重度的翻浆病害。

(四) 铺设不透水性隔离层

在路基下部用经过沥青结合料处理的土做成厚2~3cm的不透水隔离层，或用不易老化的特别塑料薄膜铺在路基上，可做贯通式，或只做到路面边缘50~80cm处的不贯通式。该方法适用于中、重度的翻浆病害。

(五) 改善路面结构层

挖除软土或淤泥后，铺设砂砾垫层、水泥稳定类或石灰稳定类基层，以增强路面的整体性和稳定性，提高路面的力学强度。

第四章　路面养护技术

第一节　路面常见病害及原因分析

一、沥青路面

（一）龟裂

龟裂是沥青路面最为严重的一种裂缝形式，在路面上呈相互交错的小网格状裂缝，因形状类似乌龟背壳而被称为龟裂。龟裂发生的程度及密度（范围）是判断路面是否存在结构性损坏及承载能力是否满足要求的重要依据。

按裂缝块度、缝宽及裂缝有无变形，分为轻度、中度和重度三种。

轻度龟裂为初期裂缝，裂区无变形、无散落、缝较细，主要裂缝宽度小于2mm，主要裂缝块度在0.2～0.5 m。

中度龟裂为龟裂的发展期，裂缝区有轻度散落或轻度变形，主要裂缝宽度在2～5mm，部分裂缝块度小于0.2m。

重度裂缝的龟裂特征显著，裂块较小，裂缝区变形明显，散落严重，主要裂缝宽度大于5mm，大部分裂缝块度小于0.2m。

1. 成因分析

（1）龟裂产生的首要原因是路面材料、施工等造成沥青路面空隙率大，空隙中的自由水冲刷沥青，导致沥青剥落；或因沥青材料黏附性差而剥落，产生裂缝且成网状交织。路面尘埃等杂物混入裂缝，加剧了裂缝的发展，在荷载作用下，形成路面龟裂病害。

（2）路基或路面基层强度不足是产生龟裂的又一原因。路基翻浆、路面基层强度不足或半刚性路面基层反射裂缝都可能造成路面龟裂。

2．路面龟裂的处置对策

路面龟裂处置应视其成因而定。处置前应对路面取芯，分析其成因并制订处置方案。由路基或路面基层破损造成的龟裂，应挖除路面，重做路基或基层补强后重做沥青面层。

3．大面积龟裂和不规则裂缝的处置

（1）裂缝不断发育路段，采用挖除（铣刨）龟裂部分后，重铺沥青混凝土面层。

（2）裂缝不甚发育的路段，采用同步沥青碎石封层、沥青微表处、乳化沥青稀浆封层或超薄罩面（罩面厚度小于25mm）等维修方法进行处置。

（3）土工合成材料处置：对于非路基与路面基层引起的龟裂的处置，可选用土工布或玻纤格栅铺筑于原路面之上，再铺筑沥青混凝土。

4．小面积龟裂的处置

小面积龟裂可采用单层沥青表处、同步碎石封层或微表处、稀浆封层等维修方法处置。

（二）块状裂缝

块裂表现为纵向和横向裂缝交错而使路面分裂成多边形大块，块裂的网格在形状和尺寸上都有别于龟裂。按照裂缝块度的大小，分为轻度和重度两个等级。

轻度块状裂缝：缝细、裂缝区无散落，裂缝宽度在3mm以内，大部分裂缝块度大于1.0mm。

重度块状裂缝：缝宽、裂缝区有散落，裂缝宽度在3mm以上，主要裂缝块度在0.5～1.0 m。

（三）纵向裂缝

纵向裂缝是与道路中线大致平行的单条裂缝，有时伴有少量支缝。按裂缝宽度及边缘破坏情况分为轻度、重度两个等级。纵向裂缝按长度计算，并按0.2m的影响宽度换算成损坏面积。

轻度纵向裂缝：缝细、裂缝壁无散落或有轻微散落，无支缝或有少量支缝，缝宽在3mm以内。

重度纵向裂缝：缝宽、裂缝壁有散落、有支缝，主要缝宽大于3mm。

1．原因分析

（1）冷接缝未按照有关规范要求认真处理，导致其结合不紧密而脱开。

（2）纵向沟槽回填土压实质量差，从而发生沉陷。

（3）拓宽路段的新老路面交界处沉降不一。

2．预防措施

（1）采用全路幅一次摊铺。

（2）无条件全幅摊铺时，上下层施工缝应错开15cm以上。

（3）沟槽回填土应分层填筑、压实，压实度必须达到要求。

（4）拓宽路段的基层厚度和材料须与老路面一致或稍厚。

3．治理方法

（1）细裂缝（2～5mm）用乳化沥青灌缝。

（2）大于5mm的裂缝，可用改性沥青灌缝。灌缝前清缝；灌缝后表面撒粗砂或3～5mm石屑。

（四）横向裂缝

横向裂缝是与道路中线近似垂直的单条裂缝，有时伴有少量支缝。按裂缝宽度及边缘破坏情况分为轻度、重度两个等级。横向裂缝按长度计算，并按0.2m的影响宽度换算成损坏面积。

轻度横向裂缝：缝细、裂缝壁无散落或有轻微散落，无支缝或有少量支缝，缝宽在3mm以内。

重度横向裂缝：缝宽、裂缝贯通整个路面，裂缝壁有散落并伴有少量支缝，主要缝宽大于3mm。

1．原因分析

（1）施工缝未处理好，接缝不紧密，结合不良。

（2）沥青未达到气候条件和使用条件的质量标准。

(3) 半刚性基层收缩裂缝的反射缝。

(4) 桥梁涵洞两侧的填土产生固结或地基沉降。

2．预防措施

(1) 合理组织施工，摊铺作业连续进行，尽量减少冷接缝。

(2) 充分压实横向接缝；选取优质的适用于本地区气候条件的沥青。

(3) 桥涵两侧填土充分压实。

3．治理方法

(1) 细裂缝（2～5mm）用乳化沥青灌缝。

(2) 大于5mm的裂缝，可用改性沥青灌缝。灌缝前清缝；灌缝后表面撒粗砂或3～5mm石屑。

（五）坑 槽

坑槽是局部集料丧失而在路表面形成的坑洞，可深至不同的路面结构层。按坑槽的深浅及有效面积的大小，将坑槽分为轻度、重度两个等级，按面积进行计量。

轻度坑槽：坑浅，有效坑槽面积为0.1m。

重度坑槽：坑深，有效坑槽面积大于0.1m^2（约0.3m×0.3m）。

1．原因分析

(1) 面层厚度不够，沥青混合料黏结力不佳，沥青加热温度过高，碾压不密实，在雨水和行车等作用下，面层材料性能日益恶化松散、开裂，逐步形成坑槽。

(2) 摊铺时，下层表面泥灰、垃圾未彻底清除，使上下层不能有效黏结。

(3) 在路面罩面前，原有的坑槽、松散等病害未完全修复。

(4) 当路面出现松散、脱皮、网裂等病害时，或被机械行驶刮铲损坏后，未及时养护修复。

2．预防措施

(1) 沥青面层应具有足够的设计厚度。

(2) 沥青混合料配合比设计宜选用具有较高黏结力的较密实的级配。

(3) 混合料拌制过程中，严格掌握拌制时间、沥青用量及拌和温度，保证混合料的均匀性。

（4）摊铺面层前，下层应清扫干净，并均匀喷洒粘层沥青。

（5）当路面出现松散、脱皮、轻微网裂等可能使雨水下渗的病害，或路面被机械刮铲受损，应及时修补以免病害扩展。

3．治理方法

（1）路基完好，坑槽深度仅涉及下面层确定所需修补的坑槽范围，修补面积一般可根据路面的情况略大于坑槽的面积，修补范围应方正并与行车方向平行或垂直。

（2）若小面积的坑槽较多或较密时，应将多个小坑槽合并确定修补范围。

（3）采用人工或机械的方法将修补范围内的面层削去，槽壁与槽底应垂直。槽底面应坚实无松动现象，并使周围好的路面不受影响或松动损害。

（4）将槽壁和槽底的松动部分、损坏的碎块及杂物清扫干净，然后在槽壁和槽底表面均涂刷一层粘层沥青，用量为$0.3 \sim 0.6 kg/m^2$。

（5）将与原面层材料级配基本相同的沥青混合料填入槽内，摊铺平整，并按槽深的1.2倍掌握好松铺系数。摊铺时要特别注意将槽壁四周的原沥青面层边缘压实铺平，用压实机具在摊铺好的沥青混合料上反复碾压直至与原路面平齐。

（6）如基层已损坏，须先将基层补强或重新铺筑。

（六）松散

松散是一种从路面表面向下不断发展的，因集料颗粒流失和沥青结合料流失而造成的路面损坏。松散按损坏严重程度的不同分为轻、重两个等级，按面积计量。

轻度松散：路面细集料散失，表面出现脱皮、麻面等损坏。

重度松散：路面粗集料散失，表面出现脱皮、麻面、露骨、剥落、小坑洞等损坏。

1．原因分析

（1）沥青针入度偏小，黏结力不良。

（2）混合料沥青用量偏少。

（3）矿料潮湿，不洁净，或含风化石。

（4）拌和时温度偏高，沥青焦枯。

（5）沥青老化或与酸性石料黏附性不良。

（6）摊铺时未充分压实，沥青混凝土温度偏低，或雨天摊铺。

（7）基层强度不足导致沉降不均匀，从而引起结构破坏，或在基层湿软时摊铺沥青。

（8）溶解性油类泄露，雨雪水渗入，降低了沥青的黏结力。

2．预防措施

（1）酸性石料，掺入抗剥落剂或生石灰粉、干净消石灰、水泥。

（2）混合料生产中，选用符合要求的沥青和集料；控制各个环节中的温度。

（3）沥青混合料到工地后应及时摊铺、及时碾压，达到规定的压实度。

（4）路面出现脱皮等轻微病害时应及时修补。

3．治理方法

（1）将松散的面层清除，重铺沥青混凝土面层。

（2）如涉及基层，则应先对基层进行处理。

（七）沉陷

沉陷是路表面产生的大于10mm的局部凹陷变形，是沥青路面主要结构性破坏形式之一。按沉陷深度大小及对行车舒适性的影响分为轻度、重度两个等级，按面积计量。

轻度沉陷：深度在10～25mm，正常行车无明显感觉。

重度沉陷：深度大于25mm，正常行车有明显感觉。

1．沉陷的分类

沉陷是沥青路面变形中最普遍的一种，通常有三种情况：

（1）均匀沉陷

该类陷落是由于路基、路面在自然因素和行车作用下，达到进一步密实和稳定，引起的沉落，一般不会引起路面破坏。

（2）不均匀沉陷

该类陷落是由于路基、路面不密实，碾压不均匀，在水的侵蚀下，经行车作用引起的变形。

（3）局部沉陷

该类陷落是由于路基局部填筑不密实或路基有墓穴、枯井、树坑、沟槽等，受到水的侵蚀而沉陷。

2. 产生的原因

沉陷面积大，涉及的结构层次比较深，主要出现在挖方段和填挖交界处，其产生的主要原因是：

（1）路面排水不好，路基过度湿润产生不均匀沉降，引起路面局部下沉。

（2）路面强度不能适应日益增长的交通量，从而产生路面疲劳现象。

（3）路基或基层强度不足或填挖路基强度不一致，在车辆荷载作用下，路基或基层结构遭破坏从而引起沉陷。

（八）车辙

车辙是在沥青路面表面形成的沿轮迹方向的深度大于10mm的纵向凹陷。

1. 车辙的分类

车辙可分为结构性车辙、流动性车辙、压实性车辙及磨损性车辙。

结构性车辙是指路面结构层及土基在行车荷载的重复作用下，材料压缩产生的永久累积变形，车辙断面一般呈两边高中间低的V形，同时常伴有网裂、龟裂和坑槽等病害发生。

流动性车辙是指炎热季节仅在沥青混凝土层内产生的侧向流动变形从而形成的车辙，车辙断面一般呈W形，轮迹带处下陷，周边隆起。

压实性车辙是指由于路面施工缺陷，如混合料温度过低、压实次数过少等造成沥青层压实度不足，而在行车荷载作用下进一步压密产生的车辙，其断面一般也呈W形。

磨耗性车辙是指由于重载渠化交通对路面的磨耗作用形成的车辙。

2. 原因分析

（1）沥青混合料热稳定性不足。

（2）面层施工时未充分压实。

（3）基层或下卧层软弱，存在不稳定夹层，或未充分压实。

3．预防措施

（1）粗集料应粗糙，并具有较多的破碎裂面。

（2）根据气候条件选择优质沥青，优化配合比设计。

（3）施工时按照规范碾压，保证压实度；对于特殊路段，要采用改性沥青或高性能沥青。

（4）道路结构设计时，每层厚度不超过集料最大粒径的4倍。

4．治理方法

（1）仅轮迹处有凹陷，两侧无隆起时，凿去面层，凿毛凹槽，涂刷粘层沥青进行修补。

（2）若轮迹两侧同时隆起，应先将隆起部位凿去，波谷处原面层凿毛，涂黏层油，铺筑与面层相同的混合料。

（3）因基层强度不足、水稳性不好引起的，则对基层进行补强或挖除损害的基层重新铺筑。

（九）波浪拥包

波浪拥包是指由于局部沥青面层材料移动，而在路表面形成的有规律的纵向起伏，其波峰和波谷间隔很近。此类病害对路面行驶质量影响较大，按波峰、波谷的大小将其分为轻度、重度两个等级，按涉及的面积进行计量。

轻度波浪拥包：波峰波谷高差小，高差在10～25mm。

重度波浪拥包：波峰波谷高差大，高差大于25mm。

1．原因分析

（1）沥青用量偏高或细料偏多。

（2）面层摊铺时，底层未清扫或未喷洒黏层油。

（3）基层或下面层未经充分压实，强度不足。

（4）日常养护时，局部路段沥青用量过多，细集料偏细。

（5）陡坡或平整度较差路段，面层混合料在低处积聚。

2．预防措施

（1）配合比设计时，控制沥青含量和细集料用量。

（2）面层摊铺前下层清扫干净并喷洒黏层油。

（3）人工摊铺时，做到粗细均匀分布。

3．治理方法

（1）路面拥包，可在气温较高时用加热器烘烤发软后铲除，夯实后用烙铁烙平，而后找补平顺。

（2）对于已趋于稳定（其底部沥青混合料油分挥发或老化）不再发展的拥包，可用铣刨机刨平整后，加铺稳定性较好的沥青混合料。

（十）泛油

沥青混合料中的沥青向上迁移到路表面，形成一层有光泽的沥青膜，被称为泛油。

泛油是影响道路行驶安全性的主要病害。泛油损坏不分严重程度和等级，按泛油涉及的面积计量。

1．原因分析

（1）贯入式使用沥青标号不当，针入度过大。

（2）沥青用量过多或集料撒布量过少。

（3）动态施工，面层成型慢，集料散失过多。

2．预防措施

（1）施工前须根据本地区气候条件选定合适的沥青标号。

（2）优化沥青混合料配合比设计。

3．治理方法

（1）在气温较高时进行处理最为有效。如轻微泛油，可撒布3～5（8）mm石屑或粗砂，撒布量以车轮不粘沥青为度；如泛油较严重，可先撒布5～10（15）mm集料，经行车碾压稳定后再撒布3～5（8）mm石屑或粗砂嵌缝。使用过程中，散失的集料须及时回扫，或补撒集料。

（2）情节严重时可进行钝刨加罩。

（十一）修补

修补指因龟裂、坑槽、松散、沉陷、车辙等损坏处理后在路面表面形成的修补部分。除裂缝修补外，其余均按修补涉及的面积计量，裂缝修补按长度计量，并按0.2m的影响宽度换算为损坏面积。

二、水泥混凝土路面

（一）裂缝

1．裂缝产生的原因

（1）板的厚度太薄或车辆超载严重；地基强度不足特别是强度不均匀，以及雨水渗入基层导致塑性变形使板底托空。

（2）板的平面尺寸太大引起过大的收缩应力与温度翘曲应力。

（3）接缝损坏丧失传荷能力。

（4）使用材料的品质不良或施工质量差导致混凝土质量低劣，以及养生不当或锯缝不及时，从而引起混凝土的收缩应力过大等。

2．裂缝的维修办法

（1）对宽度小于3mm的轻微裂缝，可采取扩缝灌浆。

（2）对宽度大于3mm小于15mm的横向裂缝，可采取条带罩面法进行补缝。

（3）对宽度大于15mm的严重裂缝可采用全深度补块。全深度补块分为集料嵌锁法、刨挖法、设置传力杆法三种类型。

（4）宽度为3～15mm的纵向或斜向裂缝，可参照宽度小于3mm的轻微裂缝的维修方法，也可采用集料嵌锁法、刨挖法、设置传力杆法。

（5）宽度大于15mm的，根据工程经验，可在采用扩宽裂缝后，在底部灌注清洁石屑或粗砂等垫底材料，然后灌注沥青砂或其他填塞材料，压实至与面板齐平。扩宽宽度和深度一般为3～5cm。

（二）板角断裂

板角断裂是一条垂直通底且与板角两边接缝相交的裂缝，从板角到裂缝两端点间的距离分别等于或小于端点所在板长的一半。

板角断裂通常是由于表面水浸入、地基承载力降低、接缝出现唧泥、板底形成脱空、接缝传荷能力差、重载反复作用所引起的。

（三）错台

错台现象常与唧泥、填缝料丧失、路基的不均匀变形等密切相关。

一方面，填缝料的丧失会造成路面水的渗入，在车辆荷载的作用下产生唧泥，随着唧泥的连续不断发生，路基游离土被不断带走，路基表面标高不断降低产生错台。这一点可以从城市道路混凝土路面看得清清楚楚，甚至在无水的情况下，即使无唧泥产生，仍可观察到车辆通过后有土细粒喷出。

另一方面，路基若处理不好，如压实程度不同，则通车后会随着时间增长，产生不均匀沉降和变形，也可产生错台。

（四）唧泥

唧泥是在车辆荷载作用下，面板接缝、裂缝和板边下部产生的水和细粒土混合物的强制性位移，从而造成车辆通过时基层细料和水一起从板接缝处挤出，逐渐使基础失去支撑能力，在荷载的重复作用下，最终产生板断裂的现象。

唧泥产生原因是水泥面板直接铺筑在细粒高缩性土和易冲刷的基层上，其结果一是产生严重的错台，二是接缝附近的断板破坏，这是混凝土路面的主要常见病害。唧泥主要是由于填缝料损坏、雨水下渗和路面排水不良造成的。

（五）边角剥落

由于接缝和边角处形状较"锐"，是路面的薄弱点，在行车荷载和其他因素的作用下，很容易出现破坏。

水泥混凝土路面的接缝分为纵缝和横缝，横缝又有胀缝和缩缝两种。

1. 胀缝

胀缝材料性能差时，在使用过程中，当气温上升，填缝料将会被挤出，在气温下降时则不能恢复而使缝中形成空隙，泥、砂、石屑等杂物落入缝中，成为再次胀伸时的障碍，加上雨雪水渗入缝中空隙引起基层和垫层的损坏，从而使路面板接缝处在行车过程中产生变形和破损。

2．缩缝

缩缝的变化较小，但经多次重复冻缩后，假缝可折断成真缝，由于填缝料自身老化等原因，也可引起像胀缝同样的损坏。另外，施工、养护不规范，切缝不及时或未达到规定深度，也是造成接缝破损的原因之一。

（六）坑洞

水泥混凝土路面的坑洞是指路面表面出现面积很小、深度很浅的小坑。

1．坑洞的成因分析

坑洞主要是在水泥混凝土路面施工时造成的。它是由于砂石材料含有大泥块、煤块等杂物，在混凝土拌制过程中，这些杂物未能被"粉碎"而成块状地融入混凝土中（如果被"粉碎"融入混凝土中，混凝土的品质也将受到影响），在混凝土硬化后，这些杂物所在部位呈"软弱"状态，因行车等因素使泥块、煤块脱落而形成坑洞。

水泥混凝土路面在使用过程中局部受到强力破坏也可能产生坑洞。

2．坑洞的修复

坑洞表面积小于$50cm^2$时，因不影响行车和外观，可不修复。坑洞较大时，应切成矩形，拌制膨胀混凝土修补。

3．坑洞的预防

坑洞是在施工过程中形成的，因此应在施工中预防。为预防坑洞，应该控制原材料，特别是要严格控制粗细集料。

（1）采购的集料质量必须符合规范要求。

（2）运送集料的车厢必须用水冲洗洁净。

（3）对细集料（特别是河砂）过筛，清除泥块。

（4）预防水泥混凝土路面遭受强力破坏。

(七)拱起

由于混凝土的热膨胀没有空间释放（没有设置胀缝或设置不合理），造成相邻混凝土面板拱起。

第二节 日常保养技术

一、路面日常养护

1. 总体要求

（1）保持路面整洁平整，清理杂物、积雪积冰，做好路面排水。
（2）保持路面具有足够的强度和抗滑性能。
（3）加强路况巡查，发现病害及时进行维修、处置。

2. 路面日常养护内容

（1）定期清扫路面，及时清除杂物、修补路面坑洞等，保障行车安全。
（2）填灌路面裂缝，适时更换水泥混凝土路面的接缝填料。
（3）及时挖除或修补沥青路面出现的拥包、波浪、车辙等。
（4）对于不能处理的病害应及时上报。

3. 日常巡查

日常巡查内容：路面是否清洁，有无落石等危及运行安全的杂物、污染物；水泥路面是否有唧泥、拱起、错台、板角断裂、填缝料老化等病害；沥青路面是否有龟网裂、波浪、拥包、坑槽、沉陷等病害。

日常巡查要求：县道每周不少于一次，乡、村道每月不少于两次；特殊路段或遇有恶劣天气、重大节日活动等特殊情况应适当加大巡查频率。

日常巡查处置：发现病害、缺陷的应及时修复，不能及时修复的，应及时上报上级管理机构处理。

4．路面保洁

定期清扫路面，保持路面无砂土、石子、落叶、垃圾等杂物，保持路面整洁；路面垃圾应集中拉运清除，不得堆放在边沟内或边坡上。

路面保洁分为人工保洁和机械保洁两种。人工清扫路面时，养护人员必须穿反光背心，摆放安全警示标志，保证养护作业安全。

冬季由于雨雪天气造成的路面或桥面结冰、积雪，要及时组织人员利用铁铲、扫帚或铲车等工具清理积雪，保证道路通行安全。

二、沥青路面日常养护

（一）一般公路沥青路面的日常养护

1．初期养护

（1）热拌沥青混合料路面的初期养护

①摊铺、压实后的热拌沥青混合料路面，待摊铺层自然冷却，混合料表面温度低于50℃后方可开放交通。②纵横向的施工接缝是沥青路面的薄弱环节，应加强初期养护，随时用三米直尺查找暴露出来的轻微不平，铲高补低，经拉毛后，用混合料垫平、压实。

（2）乳化沥青路面的初期养护

乳化沥青路面的初期稳定性差，压实后的路面应做好初期养护，设专人管理，按实际破乳情况，封闭交通2～6h；在未破乳的路段上，严禁一切车辆、人、畜通过；开放交通初期，应控制车速不超过20km/h，并且不得制动和调头。当有损坏时应及时修补。

2．沥青路面日常养护

（1）加强路况巡查，及时发现病害，研究分析病害产生的原因，并有针对性地对病害进行及时地维修处理。

（2）定期及时清扫路面。

（3）严禁履带车和铁轮车在沥青路面上直接行驶，如必须行驶，应采取相应措施。

(4) 雨后路面有积水的地方要及时排除。

(5) 排水设施的养护。在春融期，特别是汛前，应对排水设施进行全面检查并疏通，雨天必须上路巡查，及时排除堵塞并疏通，防止水流直接冲刷路基、路面及路肩。暴雨过后应重点检查，如有冲刷损坏，应及时修补。

(6) 除雪防滑。①当降雪影响正常通行时，应组织人员与机械清除路面积雪，对于重要道路要争取地方政府组织沿线人员、设备除雪。②在冬季降雪或下雨后，路面出现结冰时，应在桥面、陡坡、急弯、桥头引道撒布一层防滑料。在环保允许的情况下，也可撒布融雪材料（氯化钙、氯化钠等）。

3．季节性预防养护

沥青路面对气温比较敏感，应根据各地不同季节的气候特点，以及水和温度变化规律，按照"预防为主、防治结合"的原则，结合本地区成功经验，针对如下所列不同季节的病害根源，因地制宜，采取有效的技术措施，做好预防性季节性养护工作。

(1) 春季

气温较暖，路基内的水分开始转移，是各种病害集中暴露的季节。养护中应抓住时机，及时防治路面病害。

①路基含水量较大的路段，随着解冻，路基强度减弱，在行车作用下，面层容易出现裂缝病害；含水量已达饱和、强度和稳定性差的路段，经车辆碾压容易出现翻浆。②施工质量差的路面，在气温回升时容易变软，矿料经碾压产生松动，油层不稳定，容易出现拥包、波浪等。③秋末冬初低温施工路段，随着温度的上升，容易出现泛油。④春融季节路面出现网裂后，如不及时处理，容易发展为坑槽。

春季应做好沥青路面温缩裂缝和其他裂缝的灌封修理工作，采用低温春雨期养护材料和春融翻浆防治器快速修补坑槽、松散和翻浆等病害。

(2) 夏季

夏季气候炎热，地面水分蒸发快，是沥青路面各种病害全面发展的季节。养护中要充分利用夏季气温高、操作方便的条件，及时消灭病害，恢复路面使用质量。

①新铺的沥青路面在高温作用下容易出现泛油。②基层含水量较大或质量差的路段，在行车作用下容易造成路面发软从而产生车辙。③沥青用量过多、矿料过细或沥青黏度差的路面容易出现拥包、波浪、发软等病害。

(3) 秋季

秋季气温逐渐降低而雨水较多,应及时处理病害,为冬季沥青路面的正常使用打下基础。

①秋季雨水较多,容易积水的路面如果有裂缝和基层不密实的情况,易出现坑槽。②强度不够的路肩受雨水侵蚀或积水影响,在行车碾压下,易产生啃边。③基层含水量较大、强度不够,或地基受水泡发软的路段,路面稳定性受到影响,在行车碾压下易出现网裂。

(4) 冬季

冬季气候寒冷,路基路面冻结,是沥青路面比较稳定的季节,但是也要注意沥青路面的养护。

①路面在低温下会发生不同方向的收缩,容易产生横向、纵向裂缝。②积雪地区应做好除雪防滑工作。

(二) 高速公路沥青路面日常养护

对高速公路沥青路面应进行经常性和预防性的日常养护,以保证路面经常处于良好的技术状态。

1. 巡查和检测

(1) 高速公路沥青路面的日常养护,应坚持巡视检查制度,及时发现路面及其附属设施的损坏情况和可能影响交通的路障,以便养护部门及时、合理地安排维修和清理工作,尽快恢复路面的正常使用状态。

(2) 路面的日常养护中,应注意采集、利用气象信息和交通信息等相关信息。进行阶段性评价,从而可以及时采取相应的养护对策。

(3) 对修建于软土地基的高速公路沥青路面应定期进行路面高程测量。当桥头引道的不均匀沉降出现下列情况时,应及时予以修复:①与桥台的连接部位沿桥台靠背产生错台,且最大高差达2cm以上。②台后接近桥台部位的纵向坡度差超过5%。

2. 清扫和排水

(1) 对尘土、落叶、杂物等造成的路面污染,应进行日常清扫,保持高速公路良好的运行环境。

(2) 除了定期的日常清扫作业外,还应根据路面污染的特殊情况,及时进行不定期的特殊清扫保洁作业。

（3）高速公路沥青路面应保持排水畅通、路面无积水。

3．排障和清理

（1）为了及时处理并尽量减轻因不可抗拒因素和突发事件所造成的损害，高速公路管理机构应建立完善的应急抢险机制，全天候不间断地值班．随时掌握、分析各类有关信息，做好各种应急抢险准备工作，一旦发生险情，快速作出反应，指挥应急抢险工作。

（2）根据实际需要配置必要的排障、抢险、救援设备和可靠的通信指挥设施，对排障、抢险、救援人员应进行专门的业务培训，并预先制订作业程序。一旦出现妨碍正常交通、危及行车安全的路面险情和障碍物，应急抢险指挥中心应立即组织人员、设备，按程序排除路障和路面险情，恢复正常交通。必要时可请求当地政府和当地驻军支援。

（3）排障作业结束后，应尽快清理现场，发现路面及附属设施受到损害的，应尽快予以修复。

4．除雪和防冻

（1）严寒地区的除雪和防冻是路面冬季养护的重点。应根据当地历年气象记录资料、气象预测资料、路面结构、沿线条件等，事先制订符合实际情况的除雪和防冻工作计划，制定适用于各种不同气温、降雪量和积雪深度条件下的除雪和防冻作业规程，落实相应的除雪、防冻作业人员和机具设备，并按实际需要储备防冻、防滑材料。在严寒降雪季节到来后，应随时监测气象变化情况，一旦降温、降雪，立即按计划部署相应的除雪和防冻作业，特别注意桥面、坡道、弯道、匝道、收费广场等重点区段，尽量减轻积雪和冰冻对行车安全造成的危害，缩短其影响正常交通的时间。

（2）路面除雪应以机械作业为主，人工作业为辅。在降雪过程中，当路面积雪厚度超过1cm时，即可开始除雪作业。一般以铲为主，除雪机械的作业方向宜与正常行车方向相同，行驶速度为30～50km/h，从路面左侧向右侧依次进行。当降雪量较大，难以在降雪过程中清除全部积雪时，应在雪停后及时清除路面全部积雪。

（3）当路面上的压实雪、融化的雪水、未及排除的雨水可能形成冰冻层时，应及时采取防冻防滑措施。当气温低于0℃时，在大、中型桥面、桥头引道纵坡大于2.5%的路段或平面曲线半径小于500m的匝道范围内，应撒布盐、盐水、盐砂混合料或其他融雪剂等防冻防滑材料。撒布的时间和频率宜与除雪作业同步。待雪停后，应将残留在路面上的防冻防滑材料与积雪一并清除干净。

（4）除雪和防冻作业应不分昼夜快速进行，作业现场必须实行统一指挥，并落实与作业形式相适应的安全作业措施和交通控制措施。

三、水泥混凝土路面日常养护及病害维修

（一）路面的保养

水泥混凝土路面日常养护应做好预防性、经常性养护，通过经常的巡视检查，及早发现缺陷，查清原因，采取适当措施清除障碍物，保持路面状况良好。

1．清扫保洁

（1）水泥混凝土路面必须定期清扫泥土和污物；与其他不同类型路面平面的连接处及平交道口应勤加清扫；路面上出现的小石块等坚硬物应予以清除；中央分隔带内的杂物应定期清除；保持路容整洁。

（2）路面清扫频率应根据公路状况、交通量大小及其组成、环境条件等确定。路面清扫宜采用机械作业，机械清扫留下的死角，应由人工清除干净。

（3）路面清扫时，应尽量减少清扫作业产生的灰尘，以免污染环境，危及行车安全。清扫作业宜避开交通高峰时段进行。

（4）路面清扫后的垃圾应运至指定地点进行处理，不得随意倾倒。

（5）当路面被油类物质或化学药品污染时，应清洗干净，必要时用中和剂或其他材料处理后再用水冲洗。

（6）交通标志标牌、示警桩、轮廓标以及防撞栏等交通安全设施应定期擦拭，交通标志及标线受到污染后应及时清扫（洗），保持整洁、醒目。

（7）应保持交通标志标牌、标线、示警桩、轮廓标的完整，发生局部脱落、破损时应用原材料进行修复或更换。

2. 接缝保养及填缝料更换

混凝土路面面层，是由一定厚度的混凝土板组成，和其他材料一样具有热胀冷缩性质。受气候、温度变化影响，混凝土板会产生不同程度的膨胀和收缩，如果混凝土板设计和施工时，不设置必要的胀缩缝，在温度变化的影响下，膨胀会隆起，收缩会引起板内拉应力过大被拉断，产生许多不规则的裂缝，任其发展就会使整个路面板被破坏。为了保证混凝土路面板的使用品质，使裂缝有规则地产生，应在水泥混凝土路面板纵横两个方向建造许多接缝，把整个板面分成许多板块。

水泥混凝土路面保养的重点在接缝，应对接缝进行适时的保养，保持接缝完好、表面平顺，行车不致产生颠跳。

3. 接缝保养的要求

（1）填缝料凸出板面，高速公路、一级公路超出3mm，其他等级公路超过5mm时应铲平。

（2）填缝料外溢流淌到接缝两侧面板，影响路面平整度和路容时应予以清除。

（3）杂物嵌入接缝时应予以清除，若杂物是小石块及其他坚硬物时，应及时剔除，以免车辆碾压从而破坏路面表面。

4. 应对填缝料进行周期性或日常性地更换

（1）填缝料的更换周期一般为2~3年。

（2）填缝料局部脱落时应进行灌缝填补；填缝料脱落缺失大于1/3缝长或填缝料老化、接缝渗水严重时应立即进行整条接缝的填缝料更换。

（3）用于水泥混凝土路面接缝修补的接缝板应具有一定的压缩性及弹性，当混凝土板高温膨胀时不被挤出，当混凝土板低温收缩时，能与混凝土板缝壁连接而不被拉断，不产生缝隙；耐久性好，复原率高，在混凝土路面施工时不变形，且具有较高的耐腐蚀性。填缝料技术要求应符合《水泥混凝土路面养护规范》的具体规定。

5. 填缝料的更换应做到饱满、密实、黏接牢固，清缝、灌缝宜使用专用机具

（1）更换填缝料前应将原填缝料及掉入缝槽内的砂石杂物清除干净，并保持缝槽干燥、清洁。

（2）填缝料灌注深度宜为3~4cm。当缝深过大时，缝的下部可填2.5~3.0cm高

的多孔柔性垫底材料或泡沫塑料支撑条。

（3）填缝料的灌注高度在夏天时宜与面板平齐，在冬天时宜稍低于面板2mm。多余的或溅到面板上的填缝料应予以清除。

（4）填缝料更换宜选在春秋两季，或在当地年气温居中且较干燥的季节进行。

（二）路面排水设施养护

（1）应经常巡查路面排水设施是否保持正常的排水功能，发现损坏应及时修复，发现堵塞必须立即疏通，路段积水应及时排出。

（2）除保证路面排水顺畅外，还应对分隔带等其他部位的排水进行维护。

（3）雨天应派技术人员路上巡查，检查排水设施的排水情况，清除影响排水的堆积物、杂物等，发现问题及时解决。

（4）排水构造物的修复应采用与原构造物相同的材料。

（5）由于路面存在各种接缝和可能出现的病害类裂缝，除保证接缝密封外，对病害类裂缝应及时进行填缝或灌缝封堵，尽可能不让水进入路面之内。

（三）冬季养护

（1）冰雪地区路段，水泥混凝土路面冬季养护的重点是除雪、除冰、防滑；作业的重点是桥面、坡道、弯道、坝口及其他严重危害行车安全的路段。

（2）除雪、除冰、防滑要根据气象资料、沿线条件、降雪量、积雪深度、危害交通范围等确定作业计划，并做好机驾人员培训以及机械设备、作业工具、防冻防滑材料的准备。

（3）除雪作业以清除新雪为主。化雪时应及时清除雪水和薄冰。除冰困难的路段应以防滑措施为主、除冰为辅。除冰作业应防止破坏路面。

（四）路面防冻防滑的主要措施

（1）使用盐或其他融雪剂降低路面上的结冰点。

（2）使用砂等防滑材料或与盐掺和使用，加大轮胎与路面间的摩擦系数。

（3）防冻、防滑料施撒时间，主要根据气象条件（降雪、风速、气温）、路面状况等来确定。一般可在刚开始下雪时就撒布融雪剂或与防滑料掺和撒布，或者预计在路面出现冻结前1~2h撒布。

（4）防止路面结冰时，通常撒布一次防冻料即可，除雪作业时，撒布次数可以和除雪作业频率一致。

（5）在冻融前，应将积雪及时清除到路肩之外，以免雪水渗入路肩。冰雪消融后，应清除路面上的残留物。

（6）禁止将含盐的积雪堆积于绿化带。

第三节　小修技术

一、沥青路面常见病害的维修

（一）裂缝维修

裂缝是沥青路面最常见的病害之一。沥青路面一旦出现不可愈合的裂缝应及时采取适当的处置方案对裂缝进行处理。其目的是防止路表水通过裂缝渗入路面各结构层，保持路面使用功能和品质，避免路面病害进一步发展，延长路面使用寿命。

1. 裂缝的分类

（1）横向裂缝

横向裂缝是指基本垂直于行车方向的裂缝，可分为荷载型裂缝和非荷载型裂缝。

①产生荷载型裂缝的主要原因

a. 受到严重超载车辆的荷载作用，致使沥青面层或半刚性基层内产生的拉应力超过其疲劳强度从而产生裂缝。b. 路拱度不足，形成雨天不能及时排除路面积水的隐患，当高速运转的车轮接触路面积水的瞬间，巨大的压力迫使受压水将压力迅速传递到路面，造成沥青路面因强度不足而产生裂缝。

②非荷载型裂缝是横向裂缝的主要表现形式，其产生主要有两种情况：

a. 沥青面层温度收缩性裂缝。b. 基层反射性裂缝。

（2）纵向裂缝

纵向裂缝是指基本平行于行车方向的裂缝。

产生纵向裂缝的原因大致有两种情况：

①由于路基施工时压实度不均匀，在使用过程中，路面产生了不均匀沉降而产生纵向裂缝，常见于半填半挖路段或为赶工期而快速施工的道路；②在沥青面层施

工中，沥青摊铺机分幅摊铺时，两幅接缝未处理好，在行车荷载作用下，也易形成纵向裂缝。

（3）龟裂、块裂

龟裂是指块度在50cm以内的不规则裂缝。块裂是指块度在50cm以上的不规则裂缝。龟裂、块裂的产生，通常是由于路面整体强度不足以及基层局部软化、稳定性不良等原因引起的。因超荷载使用、养护不及时，造成沥青面层老化变脆，也会发展成龟裂或块裂。

2．裂缝维修方案

无论裂缝是什么类型、什么成因，均应及早对其进行处置。

（1）对缝宽小于3mm的细小轻微裂缝的处置：在高温季节全部或大部分可自愈合的轻微裂缝，可不加处理。在高温季节不能自愈合的细小裂缝，可沿裂缝涂刷少量稠度较低的沥青或在低温潮湿季节沿裂缝灌注乳化沥青。

（2）对缝宽大于3mm的裂缝的处置：采取密封胶灌缝的方法进行裂缝维修。该方案是公路沥青路面裂缝维修常用的方案。对严重龟裂、块裂的处置应分析其产生的原因，根据产生的原因和病害的范围采取针对性的处置方案。如采取局部挖补、铣刨、超薄磨耗层、热再生等方案进行处置，但均应先处理好土基、基层方面的病害，再处理面层。

3．材料要求

常见的灌缝材料有乳化沥青、聚合物改性乳化沥青、沥青、纤维沥青、橡胶沥青、橡胶改性沥青、自平式硅树脂等灌缝胶或密封胶。

（1）施工单位在采购灌缝胶时应要求厂家附有"三证"（产品出厂合格证、产品说明书、检验报告），并取样复检，合格后报监理工程师审批。未经监理工程师批准的灌缝胶一律不得使用。

（2）灌缝胶应具有较好的弹性、复原性、伸展性和黏结性。

（3）灌缝胶技术参数应满足国家规范或标准要求，没有的应满足行业与厂家标准要求。

（4）一般进口灌缝材料的质量稳定性优于国产材料，具体应根据合同要求选择灌缝材料。

4. 施工要求

（1）裂缝灌缝维修时间宜主要安排在天气偏凉的春、秋季节，此时裂缝基本完全张开，温度在7~18℃之间。温度低于4℃以及雨雪天气不宜施工。

（2）施工现场安全标志、标牌的设置必须符合《公路养护安全作业规程》的规定。

（3）裂缝维修放样需现场作好标识，并经监理工程师复查认可，方可进行开槽施工。

（4）开槽：宜用专用开槽机进行扩缝，宽度应大于裂缝本身宽度，最小不得少于1cm，深度应控制在1.5~2.0cm。应按切割段的裂缝尺寸并对准中线切割出均匀的凹槽，不得跑锯。

（5）对缝内杂物首先要用大功率的鼓风机或热空气枪进行吹扫（压力20.5MPa）1~2遍，然后再对凹槽内少量碎屑、杂物吹扫不干净的，采用专用钩子人工清理，清理完后再吹扫缝内及缝周围1~2遍，保证缝内绝对干燥、洁净，以及缝周围洁净。

（6）灌缝胶最高加热温度不得超过204℃，一般加热施工温度宜控制在193~204℃之间。灌缝胶重复加热次数不得超过3次，灌缝前应准确计算好每次使用量，以免灌缝胶重复加热老化失效。

（7）裂缝灌缝修补设备应采用带加热熔釜的灌缝机施工，热熔釜应能连续搅拌并安装有温度计，温度符合要求后才允许灌缝。不得用水壶直接淋灌。

（8）灌缝前应对缝槽两侧进行预热，灌缝时应把喷枪对准凹槽，使灌缝胶能均匀自下而上地充分填满，避免填料时下部产生气穴，灌注应连续进行，同时根据现场情况，用少量灌缝胶将裂缝两侧的轻微裂缝涂刷一遍。高速公路沥青路面灌缝一般采用开槽贴封式工艺，灌缝胶的表面宽度比开槽后的凹槽两侧各宽出至少1.5cm，贴封厚度不大于3mm，要求灌缝平整、美观。

（9）灌缝完成以后应将现场的垃圾、杂物清理至路外指定地点，待灌缝胶或密封胶冷却、固结好后再开放交通。

5. 质量检验与验收

（1）基本要求

①灌缝材料应符合相关要求。②灌缝材料应与裂缝两侧的沥青混凝土黏结良好，不得有脱落剥离和渗水现象。③灌缝深度不得少于1.5cm，沿裂缝部位用小刀切出一

小条灌缝胶，用钢尺测量厚度。

（2）外观鉴定

灌缝平整，与旧路面黏结良好，不得有脱落、剥离和渗水现象。

（3）资料要求

①灌缝胶质量检验结果或试验检测报告、灌缝胶"三证"资料。②灌缝胶灌缝施工记录及质量检验汇总表、裂缝平面示意图。

（二）坑槽维修

坑槽是沥青路面的典型病害之一，严重影响路面平整度和舒适性。若不及时维修，在交通荷载和水的综合作用下，路面会加速破坏，造成养护经费的急剧增长，并严重危及司乘人员的安全。对坑槽进行处置，其目的是及时恢复路面的表面功能和使用性能，防止病害进一步扩大和发展并消除安全隐患。

1. 坑槽分类

（1）表面层产生坑槽

由于沥青路面表面层混合料局部空隙率较大，沥青与石料间的黏附力不强，路表水进入并滞留在表面层的沥青混合料中，在车辆荷载尤其是重载车辆的不断作用下，产生动水压力，使表面层沥青从石料表面剥落下来，路面出现局部松散破损的现象，松散石料被车轮卷出，路面自上而下逐渐形成坑槽。这类坑槽通常深度为2～5cm，是形成最早、数量最多的一类。

（2）表面层和中面层同时损坏产生的坑槽

当表面层和中面层混合料因集料离析在同一处地方出现局部孔隙率较大的现象时，路表水较容易渗入并滞留在表面层和中面层内。在行车荷载的作用下，中面层和表面层内的沥青剥落，沥青混合料失去黏结强度，导致路表面产生网裂、形变和向外侧推挤的现象，最终形成坑槽，此类坑槽产生数量不多，完全形成后深度一般为8～10cm。

（3）基层破坏形成的坑槽

此类坑槽常见于翻浆现象非常严重的路段，主要是由基层开裂破损、松散，最终反射到面层形成的，深度都大于10cm，早期修建的半刚性路面较为常见。

2. 坑槽的处置方案

坑槽维修工艺有很多，原则上应利用保温车进行热料维修。此方案施工质量相对较好，如因基层破坏而形成的坑槽，应先处置基层，再修复面层。

3. 材料要求

（1）坑槽维修材料主要为热拌密实型沥青混凝土AG13。

（2）用于坑槽维修的混合料宜使用由间歇式拌和机（2000型以上）生产的成品料，使用小型拌和设备时要控制好集料的级配及油石比，不得采用路拌料。

（3）采购或生产沥青混合料之前，施工单位应邀请监理试验工程师和业主代表对拌和场进行考察，检查拌和设备、原材料堆放、生产配合比、生产流程等是否满足规范要求，并对原材料和混合料取样检测，合格后方可使用。

（4）用于坑槽维修的沥青混合料宜采用新拌和的混合料。若有条件限制，可分批次采购或生产，每批可采购或生产3~5天用量的混合料，料到现场的存放时间不宜过长。混合料可以采用热料或冷料运输，在运输、冷却、存放、装卸等环节应采取措施保证不离析、不被污染。若使用钝刨摊铺剩余的料，必须征得业主和监理工程师的批准方可使用，如存放时间超过2个月、在转运过程中已被污染或混合料本身不合格的，不得用于坑槽维修。

4. 施工要求

（1）施工中的安全标志，标牌的设置必须满足《公路养护安全作业规程》的规定。

（2）气温低于10℃时不宜施工。

（3）坑槽维修应严格按照"圆洞方补，斜洞正补"的原则，沿坑槽损坏部分扩大10cm画线，标出所要维修的坑槽轮廓线，严禁小洞大补。由监理工程师核查批准后，按画好的坑槽轮廓线开槽，切边至坑底稳定部分，最少不得少于3cm；维修前、中、后均要拍照片存档。

（4）清除槽底、槽壁的松动部分及粉尘、杂物，吹扫干净后，应仔细检查槽底是否有裂缝，如有裂缝，应按裂缝维修要求处置并加贴抗裂贴。确认合格后方可喷洒改性乳化沥青黏层油，用量为0.5kg/m^2，喷洒不到的部位应采取人工涂刷的方式，尤其是四壁应多涂刷1~2遍。

（5）待黏层油完全破乳后填入混合料，改性沥青混合料填入温度应控制在150℃左右。沥青路面综合养护车加热保温料仓中的沥青混合料，从常温加热到150℃，一般加热时间需要4~6h，加热时间较长，应特别注意沥青的连续或断续加热会导致老化的问题。加热方式应采用温度较低的导热油系统并辅以较好的保温措施，且每次加料应以当班用量为佳，当班未用完的料不允许重复加热使用。

（6）坑槽面积大于1m²的应采用小型压路机（不得小于1t）碾压，坑深大于7cm的必须分层摊铺、分层压实，碾压温度不得低于140℃，碾压遍数不得少于4遍，且坑边应多压2遍。坑槽面积小于1m²，应采用小型振动夯压实，碾压遍数不得少于5遍。坑边、四角碾压不到的部位应采用人工夯锤压实。摊铺时应注意松铺系数，根据经验控制坑槽面的松铺厚度，保证压实后的坑槽面与旧路面相接平整、密实。对于不能使用小型压路机压实的小坑，应用小锤夯实。

（7）现场垃圾应及时清理至路外指定地点。

（8）坑槽部位温度应冷却至50℃以下才可开放交通。

（9）若因基层强度不足造成的坑槽，则应进行挖补，将出现病害的基层或土基换填后用沥青混凝土修补面层。

5．质量检验与验收

（1）基本要求

①沥青混合料的矿料质量及矿料级配应符合《公路沥青路面施工技术规范》要求。②严格控制各种矿料和沥青用量及各种材料和沥青混合料的加热温度，沥青材料及混合料的各项指标应符合设计、施工规范的要求。③沥青混合料应均匀一致，无花白，无粗细料分离和结团成块现象。④注意控制摊铺和碾压温度，碾压至要求的密实度。

（2）外观鉴定

①表面应平整密实，不应有泛油、松散、裂缝和明显离析现象。②与旧路面接缝处应紧密、平顺。

（3）资料要求

施工完工后必须具备以下资料：

①所有原材料、混合料的质量检验结果或试验检验报告，以及材料的"三证"资料。②沥青混合料配比，拌和加工控制检验和试验数据资料。③坑槽维修施工记

录表和质量检验资料。

二、水泥路面接缝养护与维修

接缝养护是水泥混凝土路面养护的重点内容,应经常保持接缝填料饱满、完好,表面平顺,及时清除嵌入接缝的小石块或其他坚硬物。

(一)灌缝材料

填缝料应选用与混凝土板黏结牢固、回弹性好,高温不流淌、低温不易脆裂,耐老化性能好的材料,如高弹性密封胶。

(二)清灌缝设备

灌缝机、切缝机、吹风机、铁钩等。

(三)水泥路面清灌缝工序流程

1. 切缝

用开槽机将不规则裂缝或缩胀缝整理成宽厚均匀的凹槽,缝宽度7~10mm,深度不小于25mm。

2. 清缝

利用铁钩对缝内无法清除的残余沥青或其他杂物进行清理,然后再用大功率吹风机彻底清除接缝中的尘土及其他污染物,保持缝内干燥、洁净。

3. 填缝料加热

采用加热设备对填缝料进行加热,使其具有良好的流动性,加热温度不宜过高或过低,一般不超过180℃。填缝料在灌缝前应将不熔物和杂质经过滤网去除,再注入灌缝机储备箱。

4. 嵌缝

利用灌缝机将加热后的填缝料缓慢均匀地灌入缝内,灌缝深度为25~30mm,灌缝顶面在夏季时应与板面齐平,在冬季时填缝为凹液面,中心低于板面1~2mm。填缝必须饱满、均匀、厚度一致并连续贯通；并设专人及时将流淌在缝隙外的填缝料在未固化前清除干净，保持接缝表面清洁美观。

5．养生

根据填缝料性质，做好施工交通布控工作，待填缝料到达养生期后方可开放交通，以免其被行车车轮黏走或破坏。

三、水泥路面裂缝养护与维修

路面裂缝是水泥混凝土路面的常见病害，包括横向、纵向和不规则的斜裂缝等。按裂缝宽度可分为：

（1）轻微裂缝：缝隙边缘无碎裂或错台，裂缝宽度小于3mm；

（2）中等裂缝：缝隙边缘中等碎裂或错台小于10mm，裂缝宽度小于15mm；

（3）严重裂缝：缝隙边缘中等碎裂或错台大于10mm，裂缝宽度大于15mm。

（一）直接灌缝法修补轻微裂缝

直接灌缝法适用于修补裂缝边缘无碎裂的轻微裂缝。

1．清缝

用压缩空气将缝内杂物、灰尘吹净，确保缝内干净、干燥。

2．灌缝

在缝两边约3cm的路面上及缝内涂刷一层聚酯底胶层，厚度为（0.3±0.1）mm，底胶用量为0.15kg/m^2；然后利用压力式灌缝机将环氧树脂与固化剂等灌浆材料按比例配制好，搅拌均匀后直接灌入缝内。

3．养护

养护2～4小时后即可通车。

（二）扩缝灌浆法修补水泥路面轻微裂缝

扩缝灌浆法修补裂缝工序流程如下：

1．开槽

顺着裂缝用开槽机将缝口扩展成宽约3.0cm、深1～3cm的沟槽，并用吹风机将灰尘和石渣清除干净。

2．修槽

用打磨机对沟槽进行修整，使槽面平整，并用刷子将粉尘、石屑等清除干净。

3．脱水

用加热器对裂缝施工槽进行加热、脱水、干燥以张开毛细孔，混凝土表面发白即完成脱水干燥。

4．配制填缝料

加热熔渗填缝剂，要求温度不高于180℃，并按配合比熔渗填缝剂：中粗砂=1∶5，将混合料拌和均匀至微流动状。

5．建立连接面

将加热好的沥青熔渗剂用刷子涂刷槽底裂缝以建立连接面，再用加热器加热熔渗剂，使其完全渗入施工裂缝槽的毛细孔中。

6．粘贴防水胶带

在裂缝沟槽底粘贴适宽的防水胶带，再涂刷沥青熔渗剂并加热，使防水胶带完全封闭裂缝。

7．填入填缝料

将拌好的填缝料填入裂缝施工槽中，要求略高于路面；再用泥水小刀边整平压实，边加热以使填缝料与施工槽结合密实。

8．磨平

待填缝料冷却坚固后，用打磨机进行磨平处理，完工后即可开放交通。

四、路面错台修复

（一）磨平法修复水泥路面错台

（1）用磨平机从错台最高点开始向四周扩展，边磨边用3m直尺找平，直至与相邻两块板块齐平为止。

（2）磨平后接缝内应将杂物清除干净并吹净灰尘，及时将嵌缝料填入。

（二）填补法修复水泥路面错台

填补法适用于大于10mm的严重错台处置，可用沥青砂或水泥混凝土填补处置。

1．沥青砂填补

首先需清除路面杂物和灰尘，并喷洒一层热沥青或乳化沥青，沥青用量为0.4～0.6kg/m^2，然后摊铺沥青砂，修补纵坡控制在i≤1%，沥青砂填补后应用轮胎压路机碾压成型，待沥青砂修补层冷却后开放交通。

2．水泥混凝土填补程序

（1）先用风镐将错台下沉板凿除2～3cm，修补长度按错台高度除以坡度（1%）计算；

（2）用压缩空气清除毛面混凝土上的杂物、灰尘；

（3）浇筑细石混凝土；

（4）喷洒养护剂，待混凝土达到通车强度后即可开放交通。

五、破碎板修补

破碎板指裂缝贯穿全板厚且缝宽大于15mm，单块混凝土面板被几条裂缝分割为三块以上的破碎板，且有沉降变形，面板断裂产生错台的。均可采用单块面板局部挖除，水泥面板置换的方式进行修复。

破碎板修复工序流程如下：

（一）切缝

距相邻完整板30cm处面板纵横缝方向切缝，形成深度为5cm的凹槽。

（二）面板破碎

使用挖掘机配套破碎锤进行破碎，破碎方向应从面板中间到四周。

（三）碎板清理

使用挖掘机清理路面破碎板块时，先清理板面中间的破碎板，再用电动液压镐将临近纵横缝约30cm宽的破碎板块清理至板中，以免挖掘机清理破碎块时损伤相邻板块。

（四）整修路槽

采用人工的方式进行路槽整修，检验路槽深度并进行基底碾压夯实。

（五）修复损坏拉杆

孔径深度、孔径及钢筋直径依据原设计设置；孔位位置在原拉杆位置附近，于板厚中间钻20cm水平孔，用硬毛刷刷孔壁再用压缩空气吹出孔内灰尘，如此反复进行3次，向孔内注入植筋胶后插入55cm长螺纹拉杆钢筋。

（六）水稳层或C15素混凝土的铺筑

用混凝土拌和机按施工配合比拌和5%水泥碎石稳定层混合料或C15素混凝土，人工摊铺混合料，并用压路机碾压水泥稳定层或插入式振动器和平板振动器振捣C15素混凝土，养生至设计要求后进行水泥混凝土路面浇筑。

（七）水泥混凝土面层浇筑

必要时按行车道宽度及路面横坡度安装横板，模板支撑要牢固，以免混凝土浇筑时模板变形。面层采用C30水泥混凝土进行铺筑，板角应设置角隅钢筋。

（八）养生

浇筑混凝土终凝后立即养生，采用覆盖洒水养生，保持混凝土表面始终处于潮湿状态。

六、路面板局部损坏处置

路面板局部损坏包括路面板出现板边碎裂、断角、有效直径大于30mm、深度大于10mm的局部坑洞等病害。

（一）对零散的坑洞，应先将坑洞凿成矩形的直槽壁，然后把槽内的混凝土碎块及尘土等清理干净，用水泥砂浆等材料填补并平整密实。

（二）对较多坑洞且连成一片的损坏应采用罩面方法修补，步骤如下：

（1）划出与路中线平行或垂直的矩形修补区；

（2）用切割机沿修补区切割出5～7cm深的槽，并将切割的光面凿毛；

（3）将槽内混凝土碎屑、灰尘吹净；

（4）按原路面标号配制混凝土，宜掺加早强剂；

（5）将拌和好的混凝土填入槽内，摊铺振捣密实，并与原路面保持齐平；

（6）喷洒养护剂养护，待混凝土达到通车强度后开放交通。

（三）对面积较大且深度在3cm以内成片的坑洞，可用沥青混凝土进行修补：

（1）划出与路面中心线平行或垂直的矩形修补区，用风镐凿出深度为2～3cm的槽；

（2）清除混凝土碎屑和灰尘；

（3）将凿出的槽底面和槽壁面喷涂粘层沥青，用量为0.4～0.6kg/m^2；

（4）在槽内铺筑沥青混凝土，并碾压密实平整，待沥青混凝土冷却后即可开放交通。

七、水泥路面板底脱空处置

水泥路面板底脱空一般采用注浆修复。

（一）钻孔

在板底脱空位置选取钻孔注浆点，钻孔注浆点呈梅花状布置，距离不宜大于2m，并应沿路线纵坡从低向高排列；钻孔深度一般控制在水泥板厚加2～3cm，钻孔数根据病害情况确定。

（二）注浆

在钻孔位置埋设02/0.2注浆管，注浆管必须有足够的强度；水泥浆水灰比为0.5：1，注浆压力不宜大于0.5MPa；注浆施工力求一次注好，养生3天可开放交通。

第四节 大中修技术

一、铣刨施工

铣刨是利用铣刨机把已破损的旧路面结构层铣除，再铺筑新的路面结构层，主要用于旧路面的车辙和破损病害处置，其具有延长路面寿命、改善行驶质量、矫正表面缺陷与破损结构层、提高安全性等优点。

（一）分类

根据铣刨层次的不同，铣刨施工可分为以下两类：

1. **表层铣刨**

针对刨路面的表层，一般是4～5cm。

2. **多层铣刨**

针对不同的维修等级，包括表层及以下多个路面结构层。

（二）适用范围

铣刨主要用于旧路面维修加铺，是一种矫正性养护措施。它适应于如下条件的路段：

（1）车辙深度超过养护规范规定值，严重影响行车安全的路段。

（2）表层出现大面积松散，轮迹带疲劳裂缝非常严重，但结构承载力满足要求的路段。

（3）路表补丁、坑洞多，严重影响路面行车质量与外观的路段。

（4）表层以下结构层损坏，需要进行多层维修且较长的路段。

（5）路面进行大修、再生的路段。

（三）原材料要求

只铣刨表层并加铺新的沥青混合料时，表层混合料与普通热拌沥青混合料一样，是由集料、沥青、矿粉、外掺剂等组成，所有原材料均须经由交通部公路工程试验检测综合乙级检测资质以上的检测单位检测合格后，方可使用。

1．集料技术要求

粗集料应采用质地坚硬、表面粗糙、耐磨、具有良好嵌挤能力的玄武岩、安山岩、辉绿岩等硬质石料。经反击式破碎的碎石，其颜色尽可能与原路面一致，宜使用江苏镇江生产的玄武岩；细集料采用颜色与粗集料基本一致、黏附性好的石灰石或用粗集料岩石生产的机制砂。

2．矿料技术要求

矿粉宜采用石灰岩或岩浆岩中的强基性岩石等憎水性石料经磨细得到的矿粉，原石料中的泥土等杂质应除净。矿粉要求干燥、洁净，禁止使用回收粉尘。

3．外掺剂技术要求

加铺层混合料中所掺的外掺量是指根据混合料性能或设计要求，在混合料中所掺的抗剥落剂、SMA混合料的纤维、抗车辙剂等。

在车流量大、重载与超载严重的交通主干道、长大上下坡路段的加铺混合料中，宜掺加经试验检测有效、实际使用效果明显的抗车辙剂，以提高表层混合料的抗车辙性能。

当新拌混合料的运输距离超过60km或施工气温低于15℃时，宜在混合料中掺加温拌剂（或降黏剂），但施工温度仍按正常施工要求控制，以防止混合料出现严重的温度离析，避免路面出现松散、坑洞、局部渗水等质量隐患。温拌沥青混合料需进行专业设计。

二、超薄罩面

超薄磨耗层是厚度为15~25mm的热拌沥青混合料面层，可用于新建路面表层或旧路面的预防性养护,具有延长路面寿命、改善行驶质量、校正表面缺陷、提高安全性、改善路表外观等优点。

(一) 超薄磨耗层分类

根据级配的不同,可分为:

(1) 间断级配超薄磨耗层,如SMA-10。

(2) 半开级配超薄磨耗层,如Novachip-10。

(3) 开级配超薄磨耗层,如OGFC-10。

本书中的超薄磨耗层专指Novachip混合料。

(二) 适用范围

超薄磨耗层既可用于新建路面表层,也可用于旧路面加铺维修。用于旧路面加铺维修时,它是一种预防性养护措施,适应于如下条件的路段:

(1) 路面出现轻微到中等病害,需要经济有效的养护,以改善路用性能、延长使用寿命的路段。

(2) 路面光滑,摩擦系数不够或路面纹理深度不足,需要改善行驶质量的路段。

(3) 路面出现轻度裂缝,轻微剥落等情况,需校正表面缺陷的路段。

(4) 行驶过程中路面噪声过大,需要减少路面轮胎噪声的路段。

(5) 车辙深度小于10mm的路段。

(6) 路表面横向排水不畅,需要改善表面排水等的路段。

第五节 预防性养护技术

一、雾封层技术

雾封层技术(Fog Seal)全称为雾状封层技术,它是将乳化沥青、改性乳化沥青或沥青路面养护剂等流体状的材料,经喷洒机械喷洒在沥青路面上,以形成一层严密的防水层将路面的孔隙以及微裂缝封闭,防止水分和空气进入路面结构中从而引起路面结构的破坏,对3mm以下的裂缝有自动愈合的作用;雾封层还能稳住道路表面松散的骨料以防止其进一步松散,可以保护或修复路面因老化所损失的黏结料,减少路面的老化和风化作用;此外,它还能延迟路面其他病害的产生,维持路面的使用功能,延长道路的使用寿命。

(一)雾封层技术适用范围

(1)适用于原路面路表产生了微小裂缝,裂缝宽度在1~3mm左右的情况,对于出现严重的网裂、龟裂等裂缝的路面,应将裂缝预先处理,待稳定后,再采取雾封层技术。

(2)原路面路表松散,甚至出现麻面,路表面沥青剥落或老化而结构强度完好时,可采取雾封层技术,有效地黏结松散集料,修复老化沥青;改善路面外观。

(3)当原路表面渗水系数增大,路面渗水严重或较严重,而路面结构强度及结构完好时,采用雾封层技术可有效地防止路面渗水,防止水的渗入以免基层及路基软化,保护了基层及路基,减少或防止水损坏。

(二)雾封层分类

按照雾封层所采用的材料不同,可将其大致分为有机硅雾封层、CAP雾封层、HAP雾封层和Star-seal雾封层四种。

有机硅雾封层价格与其他路面预防性养护技术,如CAP雾封层、HAP雾封层等相比稍高,但是有机硅树脂兼具无机材料、有机材料的双重特性,与其他的养护材料相比具有优异的化学稳定性和耐久性,另外有机硅雾封层还具有施工工艺简便、开放交通时间短等优点。采用有机硅雾封层后,可以延缓路面中修3~5年,延缓路面大修5~7年,具有一次投入,长久受益的优势,减少了后期二次养护或者重修的投入,从长远来看具有突出的经济效益优势。

(三)材料要求

雾状封层所使用的材料一般为乳化沥青和水,有时可以添加一定比例的添加剂,其中,乳化沥青可以是阳离子型或阴离子型(常用的乳化沥青类型为CSS-1h和SS-1h)。如果没有高品质的乳化沥青材料,乳化沥青在通过间隙很小的喷头时就会被剪切破乳,从而不能形成保护层。

1. 乳化沥青再生剂

乳化沥青再生剂是雾封层最主要的原材料,除了能改善老化沥青的性能外,还

要求其具有以下性能:

(1) 防水性,能使路表面的渗水系数大幅度下降。

(2) 流动性,能接近水的流动性,有利于材料进入裂缝。

(3) 黏结性,能与沥青及骨料有极强的黏结力。

(4) 渗透性,能很好地渗入沥青混凝土中,对老化沥青起再生作用。

2．水

雾封层对水的要求很高,水的质量好坏会对雾封层质量产生很大的影响。雾封层所采用的水必须达到饮用水标准,水中不得含有不溶性杂质,pH值控制在6～8之间。进行雾封层混合液的配制前,应检测水与乳化沥青再生剂的相容性,具体做法为:找一个烧杯,按照1∶1的比例加入乳化沥青再生剂和水,搅拌均匀后静止,根据施工的使用时间观察有无沉淀或者分层的现象产生。如有以上现象产生,则应更换水源。

(四) 施工工艺及要求

1．施工工艺

雾封层技术的施工应满足《公路沥青路面施工技术规范》以及《公路沥青路面养护技术规范》等相关要求,施工技术及工艺决定着施工质量的好坏以及成本的高低,好的施工工艺既提高了施工质量也降低了施工成本,因此,施工工艺是施工技术的关键环节之一。同样,雾封层技术施工工艺决定着雾封层技术施工质量的好坏,也决定着雾封层技术成本。

(1) 影响路面结构强度的病害的处理。雾封层技术不能增加路面的结构强度,因此,在雾封层技术施工前应对影响路面结构强度的病害进行修补,以保证雾封层技术的施工质量,如裂缝宽度大于3mm,应采取切缝处理等方法进行修补。

(2) 待路面病害处理完并形成一定强度后,施工负责人跟交通管理部门联系,对将要实施雾封层的路段进行交通管制,交通标志要求醒目。

(3) 对施工路段进行路面预处理。用高压气流吹风机将路面上的松动的细颗及灰尘,由里向外吹出路面,用定制的胶布将路面的白色标线封粘起来,以免雾封层施工后将标线覆盖或污染标线。

(4) 清理路面的时候,应将施工喷洒的机械准备就位,把雾封层材料拌和均匀,以备喷洒。

（5）按照试验的喷洒量及计算的喷洒高度调整好横木高度，进行雾封层施工。喷洒横木的高度应根据计算的高度试验调整确定。

（6）雾封层喷洒完后，进行路面封闭养护，期间严禁车辆行人入内，同时，用清洁的刮耙清除洒布过量的径流油或洒布不均匀部位，及时清理扫除出现油膜的部位，待路面达到一定的强度后开放交通，开放交通初期应限制车速为40km/h。

（7）清理路面，将路面上的封胶布清除，开放交通。

2．施工工艺流程

路面病害处理→路面清扫、预处理→材料、设备、机械准备→雾封层施工→强度成型养护和路面处理→开放交通

二、微表处处理技术

微表处是采用专用机械设备将聚合物改性乳化沥青、粗细集料、填料、水和添加剂等按照设计配合比拌成稀浆混合料摊铺到原路面上，并很快开放交通的具有高抗滑和耐久性能的薄层。按照矿料级配的不同，微表处可以分为Ⅱ型和Ⅲ型。

（一）适用范围

微表处适用条件是：

（1）路面破损状况较轻（PCI＞90），路面有一定的车辙病害（车辙深度为10~25mm）的路段。

（2）路面裂缝较少，主要存在松散、麻面等病害。

（3）路面抗滑能力不足而进行的加铺罩面。

以下路段不宜进行微表处处理：

（1）路面出现结构性病害，如大量反射裂缝、龟裂等。

（2）结构强度指数不足的路段。

（二）原材料要求

微表处需要的材料主要是聚合物改性乳化沥青、粗细集料、填料、添加剂、水等。

1．聚合物改性乳化沥青技术要求

微表处必须采用改性乳化沥青,其基质沥青标号为70#。

2．粗、细集料的技术要求

细集料必须采用耐磨性较好的玄武岩,且通过筛孔4.75mm矿料的砂当量不小于65%。

3．填料的技术要求

微表处矿料中可采用矿粉、水泥、消石灰等填料,填料应干燥、疏松、无结团,并应符合《公路沥青路面施工技术规范》中的相关要求。

4．水的技术要求

水中不得含有有害物质的可溶性盐类、能引起化学反应的物质和其他污染物,一般采用可饮用水。

(三)微表处混合料技术要求

沥青微表处混合料试验技术标准按《公路沥青路面施工技术规范》执行。

三、碎石封层

同步碎石封层是一种有效的沥青路面预防性养护和修复性养护的新工艺、新技术。所谓同步碎石封层,是指采用专用设备即同步碎石封层车,将符合一定技术要求的碎石及黏结材料(热沥青、乳化沥青、改性沥青)同步铺洒在路面上,通过自然行车碾压或胶轮压路机碾压形成单层沥青碎石磨耗层。沥青路面经过同步碎石封层处置后,使路面具有良好的防渗水性能和抗滑性能,能有效治愈路面贫油、松散、轻微网裂、车辙、沉陷等病害,使沥青路面的使用寿命延长10年左右。

作为一种新的预防性养护措施,同步碎石封层技术从20世纪80年代开始在法国被大规模采用,90年代传播到欧洲各国及美国等数十个国家和地区并得到推广,据统计,在欧洲有95%以上的公路均采用这项技术进行养护。同步碎石封层技术在我国近几年才开始尝试,目前,该技术在高速公路下封层及国道、省道的中修工程中已得到较好应用。

（一）工作原理

同步碎石封层技术的核心在于同一设备可以在一秒钟内同时洒铺沥青结合料和石料。也就是说，沥青与石料在一秒钟内完成结合。结合时，沥青温度下降很小，喷洒时热沥青的温度为140℃，结合时温度可保证在120℃以上，此时沥青结合料的流动性仍很好，与石料结合面积大，增强了与石料结合的牢固性；同时，沥青结合料的毛吸引力，使沥青表面形成一个半月面，比自由高度上升约2/3，使沥青结合料与石料的黏附变得更容易，从而保证了沥青与石料的结合强度。而传统的表面封层技术，一般是通过两种不同的设备：一辆沥青洒布车、一辆碎石撒布车来进行。两道工序的时间间隔较长，使得沥青的温度下降很多（约为70℃），石料与沥青的黏结效果较差，从而造成石料的大量流失，影响了封层的性能。

（二）同步碎石封层使用范围

（1）用于大修改建公路投入使用一段时间后的中修，既能以其防水性延长路面的使用寿命，又以其平整度和防滑性提高公路的服务质量，以较少的资金投入和能源消耗，获得成倍的经济效益和社会效益。

（2）用于将旧水泥路面改造为沥青路面，其中防水黏结层的形成与性能是关键。过少的沥青用量将不能起到必需的黏结作用，会导致施工后上层新路面剥离；过多的沥青用量则会形成润滑作用，使上层路面作水平移动，然后剥离。同步碎石封层技术能够较准确地控制沥青和碎石的摊铺量，形成质量上乘的防水黏结层。

（3）同步碎石封层可以作为低等级公路的过渡型路面，以缓解公路建设资金严重不足的压力。

（4）与沥青表面处置、贯入式等结合施工，多种施工工艺相结合是应对不同路段不同要求的组合施工方式。同步碎石封层可作为双层或三层表处、贯入式路面的后几层施工，能够较好保证沥青温度、沥青用量及碎石用量，施工质量和外观效果俱佳。

（5）同步碎石封层也可用于大修改扩建公路的下封层，以便及早开放交通。

四、稀浆封层技术

稀浆封层（Slurry Seal）是指用适当级配的石屑或砂、填料（水泥、石灰、粉煤灰、石粉等）与乳化沥青、外掺剂和水，按一定比例拌和而成的流动状态的沥青混合料，将其均匀地摊铺在路面上形成的沥青封层。由于该种稀浆混合料的稠度较稀，形态似浆状，铺筑厚度一般在3～10mm之间，主要起防水或改善恢复路面功能的作用，故取名为乳化沥青稀浆封层，简称稀浆封层。

（一）工作性能

1. 显著的封闭防止水侵入功能

多数道路病害都是由于水损坏引起的，进而发展为多种病害，稀浆拌和料的集料粒径较小，并且有一定的级配，同时沥青使用量大，使其与路面连接相当牢固，可以形成一层致密的表层，有效防止雨水和雪水渗入路面结构，在很大程度上起到防止水侵入路面结构引发路面水损害的出现的作用。

2. 足够的耐磨耗和抗滑功能

稀浆封层的骨料多为强度较高的玄武岩，具有较强的抗滑耐磨功能，施工过程中摊铺厚度小，最大粒径在封层中起到增加摩擦力的作用，骨料间的内摩擦力可以提供很好的抗滑功能，使得其具有大的构造深度和摩擦系数，抗滑性能良好。

3. 良好的缝隙填充功能

稀浆封层拌和料中有大量起到黏结作用的乳化沥青，拌和料在施工中呈稀浆状态，填充性、流动性好，可以对路面上的细小裂缝和轻微的路面松散脱落起到很好的填充修复作用。

4. 良好的恢复道路外表的功能

道路由于在使用过程中重复荷载作用，无论性能还是外观都会产生老化现象，由于表面沥青材料老化干涩，或者由于养护修补，路表外观不够理想，而稀浆封层对于使用时间较长的沥青路面具有较好的维护效果，采用稀浆封层罩面，可以使老路面焕然一新。

（二）主要作用

稀浆封层技术的主要作用包括：防水作用、防滑作用、耐磨耗作用、填充作用、恢复路面外观。

(三) 适用范围

（1）维护和修缮破旧的沥青铺装路面；
（2）用作砂石铺装路面的磨耗层；
（3）作为新摊铺的沥青路面上的封层；
（4）维护和修缮桥梁路面和水泥混凝土铺装路面。

五、就地热再生施工

沥青路面就地热再生是采用专用的就地热再生设备，对沥青路面现场进行加热、翻松，就地掺入一定数量的新沥青、新热沥青混合料、再生剂等，经热态拌和、摊铺、碾压等工序，一次性实现对沥青路面表面一定深度范围内的旧沥青混合料再生的技术。

(一) 就地热再生的分类

根据施工工艺不同，就地热再生又可分为复拌再生、加铺再生两种。

1. 复拌再生

将旧沥青路面加热、翻松，就地掺加一定数量的新沥青、再生剂等，经热态拌和、摊铺压实成型。

2. 加铺再生

将旧沥青路面加热、翻松，就地掺加一定数量的新热沥青混合料、再生剂等，经热态拌和成再生沥青混合料，摊铺压实成型。

(二) 就地热再生的适用范围

就地热再生用于旧路面维修养护时，是一种预防性养护措施。就地热再生的主要目的是修正非结构承载力不足而引起的表面破坏，例如松散、开裂、车辙、坑洞、推移和拥包。就地热再生适用于沥青路面表层以下各结构层稳定的任何表面破坏形式。就地热再生路段选择原则为：

（1）非结构承载力不足引起的表面破坏路段。

（2）基层稳定的表面破坏路段。

（3）不会改变排水、路缘、下水结构、人行通道、路肩及其他结构物的路段。

（4）交通控制的要求相对较低、上跨结构物净空足够的路段。

（三）不宜进行就地热再生的路段

（1）进行过微表处、热层罩面、喷洒过养护材料的路段。

（2）进行过多次铣刨维修的路段或交替铣刨维修路段。

（3）进行过多次热修补、表面补丁多的路段。

（4）裂缝深度超过40mm且多的路段、中面层以下已产生开裂与损坏的路段、有地下水冒出的路段。

（四）就地热再生的适应条件

由于就地热再生只对旧路面表层2～5cm的沥青混合料进行再生，因此适合就地热再生的沥青混凝土路面必须满足一定的条件。

1．现场条件

就地热再生需使用大型的专用设备，为确保施工质量，高速公路沥青路面施工现场应满足以下条件：

（1）具有发挥就地热再生特长的足够的工程规模：每段单车道1.0km、总量在10km以上。

（2）要确保现场的施工条件，一组施工机械通过时间需要1～2h，加上再生混合料降温到可开放交通的时间，需要中断施工地点的交通。

2．旧沥青路面需满足的条件

（1）路面承载能力满足设计要求，并且其破损深度小于5cm，就地热再生技术消除路面的表面裂缝、车辙、推挤、拥包等表面病害。

（2）如果路面产生剥落，可以通过该工艺新拌并被沥青裹覆，排水和路拱可以重新设置。

（3）旧路面沥青的针入度应大于20（0.1 mm）。

（4）原路面病害大部分路段应为表面破损，局部的不适应就地热再生的病害在进行就地热再生施工前应对其进行修补。

（五）热再生施工机械设备

热再生工艺在近些年开始得到普遍应用：山东路达再生科技有限公司引进了一套热再生施工设备，并在滨州地区进行了试验路的铺筑；山东畅通路桥股份有限公司也与山东路桥集团合作，研发了具有独立产权的热再生成套设备，并进行了试验段的铺筑。

（六）热再生施工流程

加热系统采用热风循环加热技术，即以柴油为燃料，燃烧后产生热风来加热路面，施工现场烟尘污染较少，因其使用的是循环热风加热，循环热风中的含氧量极少，相对来说沥青路面不易烧焦，沥青老化现象得到缓解。

用500~700℃的热风做介质对路面进行加热，无明火，因此，在城市道路施工时，不会对井盖处的管线造成损坏，也不存在将地下沼气或煤气引燃的危险。

（七）热再生的优势

压实度、空隙率、渗水系数、车辙动稳定度等指标明显优于原路面。再生施工时，路表以下6cm处的温度往往有100℃左右，经路面压实机械碾压后，再生层结合部原有的裂纹可以愈合，从而延长路面的使用寿命。

第五章 桥梁基础工程施工

桥梁基础是桥梁结构物直接与地基接触的部分，是桥梁下部结构的重要组成部分。承受基础传来的荷载的那一部分地层（岩层或土层）则称为地基，地基与基础受到各种荷载后，其本身将产生附加的应力和变形。为了保证桥梁的正常使用和安全，地基和基础必须具有足够的强度和稳定性，变形也应在容许范围之内。根据地基土的上层变化情况、上部结构的要求、荷载特点和施工技术水平，桥梁基础可采用各种类型。

桥梁基础根据埋置深度分为浅置基础和深置基础两类，它们的施工方法不同，设计计算原理也不同。浅置基础是在桥台或桥墩下直接修建的埋深较浅的基础（一般小于5m）。若浅层土质不良，则需把基础埋置于较深的良好地层上，这样的基础称为深基础（一般埋置深度大于5m）。基础埋置在土层内深度虽较浅，但在水下部分较深，如深水中的桥墩基础，称为深水基础。浅置基础最简单经济，也最常用。当需要设置深基础时，则常采用桩基础或沉井基础，特殊桥位也可能采用其他大型基础或组合形式。

确定基础类型方案主要取决于地质土层的工程性质与水文地质条件、荷载特性、桥梁结构形式及其使用要求，以及材料的供应和施工技术等因素。方案选择的原则是：力争做到使用上安全可靠、施工技术上简便可行、经济上合理。因此，必要时应作不同方案的比较，从中得出较为适宜与合理的设计方案及其相应的施工方案。众多工程实例表明，桥梁的地基与基础的设计以及施工质量的好坏，是关系到整座桥梁质量的根本问题。因为基础工程是隐蔽工程，如有缺陷，较难发现，也较难弥补或修复，而这些缺陷往往直接影响整座桥梁的使用甚至安危。基础工程施工的进度，经常控制全桥的施工进度，下部工程的造价通常占全桥造价相当大的比重，尤其在复杂地质条件下或深水处修筑基础更是如此。因此，从事这项工作必须做到精心设计、精心施工，确保万无一失。

桥梁是一个整体结构，上、下部结构和地基是共同工作、相互影响的。地基的任何变形都必然引起上、下部结构的相应位移，上、下部结构的力学特征也必然关系到地基的强度和稳定条件。所以,桥梁基础的设计、施工都应紧密结合桥梁结构的特点和要求,全面分析,综合考虑。

第一节 明挖扩大基础施工

一、一般基础开挖的规定

刚性扩大浅基础的施工常采用明挖法,其施工顺序和主要工作包括基础定位放样、基坑的开挖、坑壁支撑、基坑排水、基坑检验和基底土的处理、基础砌筑及基坑的回填等工序。基础开挖的规定如下:

(1)承包人应在基础开挖开始之前通知监理工程师,以便检查、测量基础平面位置和现有地面标高。在未完成检查测量及未获得监理工程师批准之前不得开挖。为便于开挖后的检查校核,基础轴线控制桩应延长至基坑外加以固定。

(2)开挖应进行到图纸所示或监理工程师所指定的标高,最终的开挖深度要依据设计期间所进行的钻探和土工试验,并结合基础开挖的实际调查资料来确定。在开挖的基坑未经监理工程师批准之前,不得浇筑混凝土或砌筑圬工。

(3)在原有建筑物附近开挖基坑时,应按《公路工程施工安全技术规程》的规定,采取有效防护措施,使开挖工作不致危及附近建筑物的安全,所采用的防护措施须经监理工程师同意。基坑周围不得堆放建筑材料、设备和危及基坑安全的杂物。

(4)所有从挖方中挖出的材料,如果监理工程师认为适用,可用作回填或铺筑路提,或按监理工程师批示的其他方法处理。

(5)在基桩处的基坑开挖,应在打桩之前完成。

(6)必要时,挖方的各侧面应始终予以可靠的支撑,并使监理工程师认可。

(7)所有基础挖方都应始终保持良好的排水,在挖方的整个施工期间都不致遭受水的危害。凡是在低于已知地下水位的地方进行开挖并构成基础时,承包人必须提交一份建议用于每个基础的排水方法以及为此而采取的各项措施的报告,并取得监理工程师的批准。

(8)在施工期间,承包人应维护天然水道并使地面排水畅通。

(9)基坑开挖至图纸规定的基底标高后,如发现基底承载力达不到图纸规定的承载力要求时,承包人应根据实际钻探(或挖探)及土壤实验资料提出地基处理的方案，报告监理工程师审查，并按监理工程师的批示处理。

二、基础的定位放样及施工

基础定位放样，就是将设计图纸上的墩、台位置和尺寸标定到实际工地上去，这主要是测量问题。定位工作可分为垂直定位和水平定位两个方面。垂直定位是定出墩台基础各部分的标高，可借助于施工现场的水准基点进行；水平定位是定出基础在平面上的位置。由于定位桩随着基坑的开挖必将被挖去，所以还必须在基坑位置以外不受施工影响的地方，订立定位桩的护桩，以备在施工中能随时检查基坑和基础位置是否正确，而基坑外围通常可用龙门板固定，或在地面上以石灰线标出。为避免雨水冲坏坑壁，基坑顶四周应做好排水，截住地表水，基坑下口开挖的大小应满足基础施工的要求，采用渗水的土质，基底平面尺寸可适当加宽50～100 cm，便于设置排水沟和安装模板，其他情况可放小加宽尺寸，不设基础模板时，按设计平面尺寸开挖。

三、基础的排水

基础工程必须防止地下水和地表水的渗透和浸湿，因为各种水流经基础有侵蚀、解体等作用，会导致构筑物质量受到较大的影响，以致破坏。此外，施工部门在施工中将会遇到很多困难，特别是深水区操作，既影响工期，又不能保证质量。因此，基础施工的防水和排水极为重要。现在应用最多的排水法有表面排水和井点法降低地下水位两种。

（一）表面排水法

它是基坑整个开挖过程及基础砌筑和养护期间，在基坑四周开挖集水沟汇集坑壁和基底的渗水，并引向一个或多个比集水沟挖得更深一些的集水坑。集水沟和集水坑应在基础范围以外，在基坑每次下挖以前，必须先挖沟与坑，集水坑的深度要大于抽水机吸水龙头的高度，在吸水龙头上罩竹筐围护，以防土体塞入龙头。这种排水方法设备简单、费用低，一般土质条件下均可以采用。但是，当地基土为饱和粉细砂土等黏聚力较小的细料土层时，由于抽水会引起流沙现象，造成基坑的破坏与坍塌，因此应避免采用表面排水法。

（二）井点法降低地下水位

井点降水是人工降低地下水位的一种方法。在基坑开挖前，施工部门在基坑四周埋设一定数量的滤水管（井），利用抽水设备抽水使所挖的土始终保持干燥状态的方法。所采用的井点类型有轻型井点、喷射井点、电渗井点、管井井点、深井井点等。

一般该方法用于地下水位比较高的施工环境中，是土方工程、地基与基础工程施工中的一项重要技术措施，能疏干基土中的水分，促使土体固结，提高地基强度，同时可以减少土坡土体侧向位移与沉降的现象，稳定边坡，消除流沙，减少基底土的隆起，使位于天然地下水以下的地基与基础工程施工能避免地下水的影响，提供比较干的施工条件，还可以减少土方量、缩短工期、提高工程质量和保证施工安全。

四、水中围堰的修建

围堰是指在水力工程建设中，为建造永久性水力设施，修建的临时性围护结构。其作用是防止水和土进入建筑物的修建位置，以便在围堰内排水，开挖基坑，修筑建筑物。围堰一般用于水工建筑中，作为正式建筑物的一部分，并在用完后拆除。在桥梁基础施工中，当桥梁墩、台基础位于地表水位以下时，施工部门根据当地材料修筑成各种形式的土堰；在水较深且流速较大的河流，可采用木板桩或钢板桩（单层或双层）围堰，目前多使用双层薄壁钢围堰。围堰既可以防水、围水，又可以支撑基坑的坑壁。

（一）围堰分类

围堰应符合以下要求：在材料强度、结构稳定性及防止冲刷等方面应有足够的可靠性；尽量减少渗漏水；水中围堰的堰顶标高一般要求在施工水位0.5～0.7m以上。围堰可用土、石、木、钢、混凝土等材料或预制件修建，在基础工程中冠以材料命名，或以结构形式命名。例如利用下沉沉井作为防水围堰，称为沉井围堰。中国江西九江长江大桥使用的双壁钢围堰即属此类。常用的围堰有下列6种：

1. 土围堰

用土堆筑成梯形截面的土堤，迎水面的边坡不宜陡于1∶2（竖横比，下同），基坑侧边坡不宜陡于1∶1.5，通常用砂质黏土填筑。土围堰仅适用于浅水、流速缓慢及围堰底为不透水的土层处。为防止迎水面边坡受冲刷，常用片石、草皮或草袋填土围护。在产石地区还可做堆石围堰，但外坡用土层盖面，以防渗漏水。

2．木板桩围堰

深度不大、面积较小的基坑可采用木板桩围堰。为了防渗漏，板桩间应有榫槽相接。当水不深时，可用单层木板桩，内部加支撑以平衡外部压力；水较深时，可用双壁木板桩，双壁之间用铁拉条或横木拉紧，中间填土。其高度通常不超过6～7m。

3．木笼围堰

在河床不能打桩、流速较大，同时盛产木材和石料的地区，可用木笼做围堰的堰壁。最常用的形式是用方木做成透空式木笼，迎水面设多层木板防水，就位后，在笼内填石。为减少与河床接触处的漏水，一般用麻袋盛土或混凝土堆置在木笼堰壁外侧。近代也有用钢筋混凝土预制构件装配的笼式围堰。

4．钢板桩围堰

钢板桩围堰是最常用的一种板桩围堰。钢板桩是带有锁口的一种型钢，其截面有直板形、槽形及Z形等，有各种大小尺寸及连锁形式。常见的有拉尔森式、拉克万纳式等。其优点为：强度高，容易打入坚硬土层；可在深水中施工，防水性能好；能按需要组成各种外形的围堰，并可多次重复使用。因此，它的用途广泛。在桥梁施工中常用于沉井顶的围堰，还有管柱基础、桩基础及明挖基础的围堰等。这些围堰多采用单臂封闭式，围堰内有纵横向支撑，必要时加斜支撑成为一个围笼。如中国南京长江大桥的管柱基础，曾使用钢板桩圆形围堰，其直径21.9m，钢板桩长36m，待水下混凝土封底达到强度要求后，抽水筑承台及墩身，抽水设计深度达20m。在水工建筑中，一般施工面积很大，则常用来做成构体围堰。它是由许多互相连接的单体所构成，每个单体又由许多钢板桩组成，单体中间用土填实。围堰所围护的范围很大，不需用支撑支持堰壁，因此每个单体都能独自抵抗倾覆、滑动和防止连锁处的拉裂。常用的有圆形及隔壁形等形式。

5．锁口管柱围堰

钢筋混凝土（或预应力混凝土）板桩围堰，一般在围堰建成后仍需长期保留时才使用。板桩截面两侧用钢件连接,桩底部向一面倾斜,便于打入地内,同时易使两相邻桩密合。主要用于港湾码头的驳岸及水工建筑的截水墙等。

6. 混凝土围堰

一般在河床无覆盖层的岩面,且水压较高处使用。它的主要特点是耐冲刷、安全性大、防透水性好,可以考虑作为永久性结构物的一部分,但施工较困难。一般用于水工建筑中,其他土木工程中则较少采用。

(二) 其他分类

按围堰与水流方向的相对位置分为横向围堰和纵向围堰;按导流期间基坑是否允许淹没分为过水围堰和不过水围堰。

围堰施工应严格按照施工方法和施工工艺流程组织施工,并且应注意以下几点:堰底内侧坡脚距基坑顶缘距离不应小于1.0m;围堰填筑前应清理堰底处的树根、草皮、石块等杂物,如有冰块必须彻底清除,填筑时应自上游开始至下游合拢;应先在顶部支撑,才可抽水逐层安设支撑;应防止锁口损坏和由于自重而引起变形,在堆存期间应防止变形和锁口内积水,并采用坚固夹具;应在锁口内填充防水混合料,再用油灰和棉絮填塞接缝。

五、基底检验规定与处理

(一) 基底检验

基底检验的主要内容包括检查基底平面位置、尺寸大小、基底标高;检查基底土质均匀性、地基稳定性及承载力等;检查基底处理和排水情况;检查施工日志及有关试验资料等。按《桥涵施工技术规范》的要求,基底平面周线位置允许偏差不得大于20cm,基底标高不得超过+5cm(土质)、+20cm(石质)。

基底检验根据桥涵大小、地基土质复杂情况(如溶洞、断层、软弱夹层、易熔岩等)及结构对地基有无特殊要求等,按以下方法进行:

(1) 小桥涵的地基,一般采用直观或触探方法,必要时进行土质试验。特殊设计的小桥涵对地基沉陷有严格要求,且土质不良时,宜进行荷载试验。对于经加固处理后的特殊地基,一般采用触探或做密实度检验等。

（2）大、中桥和填土12m以上涵洞的地基，一般由检验人员用直观、触探、挖试坑或钻探（钻深至少4m）试验等方法，确定土质容许承载力是否符合设计要求。对地质特别复杂，或在设计文件中有特殊要求，或虽经加固处理又经触探、密实度检验后尚有疑问的，施工部门需进行荷载试验，确认符合设计要求后，方可进行基础结构物施工。

（二）基底处理

基底处理的主要方法有：换填土法、桩体挤密法、砂井法、袋装砂井法、预压法加固地基、强夯法、电渗法、振动水冲法、深层搅拌桩法、高压喷射注浆法、化学固化剂法等。一般软弱地基土层加固处理方法可归纳为以下4种类型：

1．换填土法

将基础下软弱土层全部或部分挖除，换填力学物理性质较好的土。

2．挤密土法

用重锤夯实或砂桩、石灰桩、砂井、塑料排水板等方法，使软弱土层挤压密实或排水固结。

3．胶结土法

用化学浆液灌入或粉体喷射搅拌等方法，使土壤颗粒胶结硬化，改善土的性质。

4．土工聚合物法

用土工膜、土工织物、土工格栅与土工合成物等加筋土体，以限制土体的侧向变形，增加土的周压力，有效提高地基承载力。

六、基础的施工

桥梁基础的作用是承受上部结构传来的全部荷载，并把它们和下部结构荷载传递给地基。

因此，为了全桥的安全和正常使用，要求地基和基础要有足够的强度、刚度和整体稳定性，使其不产生过大的水平变位或不均匀沉降等现象。

第五章 桥梁基础工程施工

与一般建筑物基础相比，桥梁基础埋置较深，由于作用在基础上的荷载集中而强大，加之浅层土一般比较松软，很难承受住这种荷载，故有必要把基础向下延伸，使其置于承载力较高的地基上；对于水中墩台基础，由于河床受到水流的冲刷，桥梁基础必须有足够的埋深，以防冲刷基础底面（简称基底）造成桥梁沉陷或倾覆事故。一般规定，桥梁的明挖、沉井、沉箱等基础的基底按其重要性和维修加固的难易程度，应埋置在河床最低冲刷线以下至少2～5m。对于冻胀土地基，基底应在冻结线以下至少0.25m。对于陆地墩台基础，除考虑地基冻胀要求外，还要考虑生物和人类活动及其他自然因素对表土的破坏，基底应在地面以下不小于10m。对于城市桥梁，常把基础顶置于最低水位或地面以下，以免影响市容。基顶平面尺寸应较墩台底的截面尺寸大，以利于施工。在水中修建基础，不仅场地狭窄、施工不便，还经常遇到汛期威胁及漂流物的撞击。在施工过程中如遇到水下障碍，还需进行潜水作业。因此，修建水中基础，一般工期长、技术复杂、易出事故、工程量大，造价常常占到整个桥梁造价的一半，故桥梁基础的修建在整个桥梁工程中占有很重要的地位。

为建造基础而开挖的基坑，其形状和开挖面的大小可视墩台基础及下部结构的形式、施工条件的要求，挖成方形、矩形或长条形的坑槽，基坑的深度视基础埋置深度而定。基坑开挖的断面是否设置坑壁围护结构，可视土的类别性质、基坑暴露时间长短、地下水位的高低以及施工场地大小等因素而定。开挖基坑时常采用机械与人工相结合的施工方法，它不需要复杂的机具，技术条件较简单易操作，常用的机具多为位于坑顶，由起吊机操纵的挖土斗和抓土斗，大方量的特大基坑也可用铲式挖土机、铲运机和自卸车等。基坑采用机械挖土，挖至距设计标高约0.3m时，应采用人工补控修整，以保证地基土结构不被扰动破坏。具体工序如下：

（一）准备工作

在开挖基坑前，应做好复核基坑中心线、方向和高程等相关工作，并应按地质水文资料，结合现场情况，决定开挖坡度、支护方案以及地面的防水、排水措施。放样工作系根据桥梁中心线与墩台的纵横轴线，推算出基础边线的定位点，再放线画出基坑的开挖范围。基坑底部的尺寸较设计平面尺寸每边各增加0.5～1.0m，以便于支撑、排水与立模板（坑壁垂直的无水基坑坑底，可不必加宽，直接利用坑壁作基础模板也可）。

(二) 基坑开挖

1. 坑壁不加支撑的基坑

对于在干涸河滩、河沟中，或经改河或筑堤能排除地表水的河沟中，在地下水位低于基底，或渗透量少，不影响坑壁稳定，以及基础埋置不深，施工期较短，挖基坑时不影响邻近建筑物安全的场所，施工部门可选用坑壁不加支撑的基坑。

黏性土在半干硬或硬塑状态，基坑顶无活荷载，稍松土质，当基坑深度不超过0.5m，中等密实（锹挖）土质基坑深度不超过1.25m，密实（镐挖）土质基坑深度不超过2.0m时，均可采用垂直坑壁基坑。当基坑深度在5m以内，土的湿度正常时，施工部门可采用斜坡坑壁开挖或按坡度比值挖成阶梯形坑壁，每梯高度为0.5～1.0m为宜，可作为人工运土出坑的台阶。基坑深度大于5m时，坑壁坡度适当放缓，或加做平台。当土的湿度影响坑壁的稳定性时，应采用该湿度下土的天然坡度或采取加固坑壁的措施。当基坑的上层土质适合敞口斜坡坑壁条件时，下层土质为密实黏性土或岩石可用垂直坑壁开挖，在坑壁坡度变换处应保留至少0.5m的平台。

2. 坑壁有支撑的基坑

当基坑壁坡不易稳定并有地下水，或放坡开挖场地受到限制，或基坑较深、放坡开挖工程数量较大，不符合技术经济要求时，施工部门可根据具体情况，采取加固坑壁措施，如挡板支撑、钢木结合支撑、混凝土护壁及锚杆支护等。混凝土护壁一般采用喷射混凝土。根据经验，一般喷护厚度为5～8cm，一次喷护需1～2h。一次喷护如达不到设计厚度，应等第一次喷层终凝后再补喷，直至达到要求厚度为止。喷护的基坑深度应按地质条件决定，一般不宜超过10m。

第二节 沉入桩基础施工

打入桩又叫沉入桩，是靠桩锤的冲击能量将预制桩打（压）入土中，使土被压挤密实，以达到加固地基的作用。沉入桩所用的基桩主要为预制的钢筋混凝土桩和预应力混凝土桩。沉入桩的施工方法主要包括：锤击沉桩、振动沉桩、射水沉桩、静力压桩以及钻孔埋置桩等。其特点是：

(1) 桩身质量易于控制,质量可靠;
(2) 沉入施工工序简单,工效高,能保证质量;
(3) 易于水上施工;
(4) 多数情况下施工噪声和振动的公害大、污染环境;
(5) 受到运输和起吊等设备条件限制,单节长度有限。

一、沉入桩的预制

预制桩是在工厂或施工现场制成的各种材料、各种形式的桩(如木桩、混凝土方桩、预应力混凝土管桩、钢桩等),用沉桩设备将桩打入、压入或振入土中。建筑施工领域采用较多的预制桩主要是混凝土预制桩和钢桩两大类。混凝土预制桩能承受较大的荷载、坚固耐久、施工速度快,是广泛应用的桩型之一,但其施工对周围环境影响较大,常用的有混凝土实心方桩和预应力混凝土空心管桩。采用的钢桩主要是钢管桩和H型钢桩两种,都在工厂生产完成后运至工地使用。

(一)钢筋混凝土实心桩

钢筋混凝土实心桩,断面一般呈方形。桩身截面一般沿桩长不变,实心方桩截面尺寸一般为200mm×200mm～600mm×600mm。钢筋混凝土实心桩桩身长度:限于桩架高度,现场预制桩的长度一般在25～30m以内;限于运输条件,工厂预制桩的桩长一般不超过12m,否则应分节预制,然后在打桩过程中予以接长,接头不宜超过2个。钢筋混凝土实心桩的优点:长度和截面可在一定范围内根据需要选择,由于地面上预制,制作质量容易保证,承载能力高,耐久性好。因此,工程上应用较广。材料要求:钢筋混凝土实心桩所用混凝土强度等级不宜低于C30;采用静压法沉桩时,可适当降低强度等级,但不宜低于C20;预应力混凝土桩的混凝土强度等级不宜低于C40;主筋根据桩断面大小及吊装验算确定,一般为4～8根,直径12～25mm,不宜小于ϕ14;箍筋直径为6～8mm,间距不大于200mm,打入桩桩顶2～3d长度范围内箍筋应加密,并设置钢筋网片;预制桩纵向钢筋的混凝土保护层厚度不宜小于30mm,桩尖处可将主筋合拢焊在桩尖辅助钢筋上,在密实砂和碎石类土中,可在桩尖处包以钢板桩靴,以加强桩尖。

（二）混凝土管桩

混凝土管桩一般在预制厂用离心法生产，桩径有300-600mm、400-500mm等，每节长度8m、10m、12m不等，接桩时，接头数量不宜超过4个。管壁内设φ12～22mm，主筋10～20根，外面绕以φ6mm螺旋箍筋，多以C30混凝土制造。混凝土管桩各节段之间的连接可以用角钢焊接或法兰螺栓连接。由于用离心法成型，混凝土中多余的水分由于离心力而甩出，故混凝土致密、强度高，抵抗地下水和其他腐蚀的性能好。混凝土管桩应达到设计强度100%后方可运到现场打桩。堆放层数不超过三层，底层管桩边缘应用楔形木块塞紧，以防滚动。

（三）预制桩吊运

钢筋混凝土预制桩应在混凝土达到设计强度等级的70%方可起吊，达到设计强度等级的100%才能运输和打桩。如提前吊运，必须采取措施并经过验算合格后才能进行，起吊时必须合理选择吊点，防止在起吊过程中过弯而损坏。当吊点少于或等于3个时，其位置按正负弯矩相等的原则计算确定；当吊点多于3个时，其位置按反力相等的原则计算确定。长20～30m的桩，一般采用3个吊点。

（四）预制桩运输与堆放

打桩前，桩从制作处运到现场，并应根据打桩顺序随打随运。桩的运输方式，在运距不大时，可用起重机吊运；当运距较大时，可采用轻便轨道小平台车运输。严禁在场地上直接推拉桩体。堆放桩的地面必须平整、坚实，垫木间距应与吊点位置相同，各层垫木应位于同一垂直线上，堆放层数不宜超过4层。不同规格的桩，应分别堆放。预应力管桩达到设计强度后方可出厂，在达到设计强度及14d龄期后方可沉桩。预应力管桩在节长≤20m时宜采用两点捆绑法，大于20m时采用四吊点法。预应力管桩在运输过程中应满足两点起吊法的位置，并垫以楔形掩木防止滚动，严禁层间垫木出现错位。

二、沉入桩的施工设备

预制桩的沉桩方法有锤击法、静力压桩法、振动法等。锤击法是利用桩锤的冲击克服土对桩的阻力，使桩沉到预定持力层。这是最常用的一种沉桩方法。打桩设备主要有桩锤、桩架和动力装置三部分。

（一）桩锤

桩锤对桩施加冲击力，将桩打入土中。主要有落锤、单动汽锤、双动汽锤、柴油锤、液压锤，目前应用最多的是柴油锤。柴油锤是利用燃油爆炸推动活塞往复运动从而锤击打桩，活塞质量从几百公斤到数吨。用锤击沉桩宜重锤轻击。若重锤重击，则锤击功大部分被桩身吸收，桩不易打入，且桩头易被打碎。锤重与桩重宜有一定的比值，或控制锤击应力，以防桩被打坏。

（二）桩架

桩架是支持桩身和桩锤，将桩吊到打桩位置，并在沉桩过程中引导桩的方向，保证桩锤沿着所要求的方向冲击的打桩设备。常用的桩架形式有以下三种：

1．滚筒式桩架

行走靠两根钢滚筒在垫木上滚动。优点是结构比较简单、制作容易，但在平面转弯、调头方面不够灵活，操作人员较多。适用于预制桩和灌注桩施工。

2．多功能桩架

多功能桩架的机动性和适应性很大，在水平方向可做360°旋转，导架可以伸缩和前后倾斜，底座下装有铁轮，底盘在轨道上行走。适用于各种预制桩和灌注桩施工。

3．履带式桩架

以履带起重机为底盘，增加导杆和斜撑组成，用以打桩。移动方便，比多功能桩架更灵活，可用于各种预制桩和灌注桩施工。

三、沉入桩的施工

打桩时，由于桩对土体的挤密作用，先打入的桩被后打入的桩水平挤推而造成偏移和变位或被垂直挤拔造成浮桩，而后打入的桩难以达到设计标高或入土深度，造成土体隆起和挤压，截桩过大。所以，群桩施工时，为了保证质量和进度，防止周围建筑物破坏，打桩前应根据桩的密集程度、桩的规格、长短以及桩架移动是否方便等因素来选择正确的打桩顺序。常用的打桩顺序是由一侧向单一方向进行，自中间向两个方向对称进行，自中间向四周进行。

打桩推进方向宜逐排改变，以免土壤朝一个方向挤压，导致土壤挤压不均匀。对于同一排桩，必要时还可采用间隔跳打的方式。对于大面积的桩群，宜采用后两种打桩顺序，以免土壤受到严重挤压，使桩难以打入，或使先打入的桩受挤压而倾斜。大面积的桩群宜分成几个区域，由多台打桩机采用合理的顺序进行打设。打桩时对不同基础标高的桩，宜先深后浅；对不同规格的桩，宜先大后小，先长后短，以防止桩的位移或偏斜。

打桩机就位后，将桩锤和桩帽吊起，然后吊桩并送至导杆内，垂直对准桩位缓缓送下插入土中，垂直偏差不得超过0.5%；然后固定桩帽和桩锤，使桩、桩帽、桩锤在同一铅垂线上，确保桩能垂直下沉。在桩锤和桩帽之间应加弹性衬垫，桩帽和桩顶周围四边应有5～10mm的间隙，以防损伤桩顶。

打桩开始时，应先采用小的落距（0.5～0.8m）做轻的锤击，使桩正常沉入土中1～2m后，经检查桩尖不发生偏移，再逐渐增大落距至规定高度，继续锤击，直至把桩打到设计要求的深度。最大落距不宜大于1m，用柴油锤时，应使锤跳动正常。在打桩过程中，遇有贯入度剧变、桩身突然发生倾斜、移位或有严重回弹、桩顶或桩身出现严重裂缝或破碎等异常情况时，应暂停打桩，及时研究处理。

打桩有"轻捶高击"和"重锤低击"两种方式。这两种方式，如果所做的功相同，则所得到的效果却不相同。轻捶高击，所得的动量小，而桩锤对桩头的冲击力大，因而回弹也大，桩头容易损坏，大部分能量均消耗在桩锤的回弹上，故桩难以入土；相反，重锤低击，所得的动量大，而桩锤对桩头的冲击力小，因而回弹也小，桩头不易被打碎，大部分能量都可以用来克服桩身与土壤的摩阻力和桩尖的阻力，故桩很快入土。此外，又由于重锤低击的落距小，因而可提高锤击频率，打桩效率也高，正因为桩锤频率较高，对于较密实的土层，如砂土或黏性土也能较容易地穿过，所以打桩宜采用"重锤低击"。

四、试桩试验

打桩质量评定包括两个方面：一是能否满足设计规定的贯入度或标高的要求；二是桩打入后的偏差是否在施工规范允许的范围内。

（一）贯入度标准必须符合设计要求

桩端达到坚硬、硬塑的黏性土、碎石土，中密以上的粉土和砂土或风化岩等土层时，应以贯入度控制为主，桩端进入持力层深度或桩尖标高做参考；若贯入度已达到而桩端标高未达到时，应继续锤击3阵，其每阵10击的平均贯入度不应大于规定的数值；桩端位于其他软土层时，以桩端设计标高控制为主，贯入度做参考。

上文所述的贯入度是指最后贯入度，即施工中最后10击内桩的平均入土深度。贯入度的大小应通过合格的试桩或试打数根桩后确定，它是打桩质量标准的重要控制指标。最后贯入度的测量应在下列正常条件下进行：桩顶没有破坏；锤击没有偏心；锤的落距符合规定；桩帽与弹性垫层正常。打桩时如桩端达到设计标高而贯入度指标与要求相差较大时；或者贯入度指标已满足，而标高与设计要求相差较大时，如遇到这两种情况，说明地基的实际情况与原来的估计或判断有较大的出入，属于异常情况，都应会同设计单位研究处理，以调整其标高或贯入度控制的要求。

（二）平面位置或垂直度必须符合施工规范要求

桩打入后，桩位的允许偏差应符合规范的规定，预制桩（钢桩）桩位的允许偏差必须使桩在提升就位时要对准桩位，桩身要垂直；桩在施打时，必须使桩身、桩帽和桩锤三者的中心线在同一垂直轴线上，以保证桩的垂直入土；短桩接长时，上下节桩的端面要平整，中心要对齐，如发现断面有间隙，应用铁片垫平焊牢；打桩完毕基坑挖土时，应制订合理的挖土方案，以防挖土引起桩的位移或倾斜。

第三节　钻孔桩基础施工

一、场地准备工作

灌注桩是指在工程现场通过机械钻孔、钢管挤土或人力挖掘等手段在地基土中形成桩孔，并在其内放置钢筋笼、灌注混凝土而做成的桩。依照成孔方法不同，灌注桩又可分为沉管灌注桩、钻孔灌注桩和挖孔灌注桩等几类。钻孔灌注桩是按成桩方法分类定义的一种桩型。特点为：与沉入桩中的锤击法相比，施工噪声和震动要小得多；能建造比预制桩直径大得多的桩；在各种地基上均可使用；施工质量的好坏对桩的承载力影响很大；由于混凝土是在泥水中灌注的，因此混凝土质量较难控制。施工前应根据施工地点的水文、工程地质条件及机具、设备、动力、材料、运输等情况，布置施工现场。具体如下：

（1）场地为旱地时，应平整场地、清除杂物、换除软土、夯打密实，钻机底座应布置在坚实的填土上。

（2）场地为陡坡时，可用木排架或枕木搭设工作平台，平台应牢固可靠，保证施工顺利进行。

（3）场地为浅水时，可采用筑岛法，岛顶平面应高出水面1～2m。

（4）场地为深水时，根据水深、流速、水位涨落、水底地层等情况，采用固定式平台或浮动式钻探船。

二、钻孔成桩施工准备

（1）钻孔场地应清除杂物、换除软土、平整压实。

（2）开钻前按照施工图纸要求在选定位置进行试桩，根据试桩资料验证设计采用的地质参数，并根据试桩结果确定是否调整桩基设计。根据地层岩性等地质条件、技术要求确定钻进方法和选用合适的钻具。

（3）对钻机各部位状态进行全面检查，确保其性能良好。

（4）浅水基础利用草袋围堰构筑工作平台。

三、钻孔方法

钻孔灌注桩的施工，有泥浆护壁法和全套管施工法两种。

（一）泥浆护壁施工法

冲击钻孔、冲抓钻孔和回转钻削成孔等均可采用泥浆护壁施工法。施工工序如下：

1. 施工准备

施工准备包括：选择钻机、钻具、场地布置等。钻机是钻孔灌注桩施工的主要设备，可根据地质情况和各种钻孔机的应用条件来选择。

2．钻孔机的安装与定位

安装钻孔机的基础如果不稳定，施工中易产生钻孔机倾斜、桩倾斜和桩偏心等不良影响，因此要求安装地基稳固。对地层较软和有坡度的地基，可用推土机推平，再垫上钢板或枕木加固。

为防止桩位不准，施工中很重要的是定好中心位置和正确安装钻孔机。对有钻塔的钻孔机，先利用钻机的动力与附近的地笼配合，将钻杆移动大致定位，再用千斤顶将机架顶起，准确定位，使起重滑轮、钻头或固定钻杆的卡孔与护筒中心在同一垂线上，以保证钻机的垂直度。钻机位置的偏差不大于2cm，对准桩位后，用枕木垫平钻机横梁，并在塔顶对称于钻机轴线的位置上拉上缆风绳。

3．埋设护筒

钻孔成败的关键是防止孔壁坍塌，当钻孔较深时，在地下水位以下的孔壁土在静水压力下会向孔内坍塌，甚至出现流沙现象。钻孔内若能保持孔壁地下水位高的水头，增加孔内静水压力，以防止坍孔。护筒除起到这个作用外，同时有隔离地表水、保护孔口地面、固定桩孔位置和钻头导向作用等。

制作护筒的材料有木、钢、钢筋混凝土三种。护筒要求坚固耐用，不漏水，其内径应比钻孔直径大（旋转钻约大20cm，潜水钻、冲击或冲抓锥约大40cm），每节长度2~3m，一般常用钢护筒。

4．泥浆制备

钻孔泥浆由水、黏土（膨润土）和添加剂组成，具有浮悬钻渣、冷却钻头、润滑钻具、增大静水压力，并在孔壁形成泥皮、隔断孔内外渗流、防止坍孔的作用。调制的钻孔泥浆及经过循环净化的泥浆，应根据钻孔方法和地层情况来确定泥浆稠度。泥浆稠度应视地层变化或操作要求机动掌握，泥浆太稀，排渣能力小、护壁效果差；泥浆太稠，会削弱钻头冲击功能，降低钻进速度。

5．钻孔

钻孔是一道关键工序，在施工中必须严格按照操作要求进行，才能保证成孔质量。首先要注意开孔质量，为此必须对好中线及垂直度，并压好护筒。在施工中要注意不断添加泥浆和抽渣（冲击式用），还要随时检查成孔是否有偏斜现象。采用冲击式或冲抓式钻机施工时，附近土层因受到震动而影响邻孔的稳固。所以钻好的孔应及时清孔，下放钢筋笼和灌注水下混凝土。钻孔的顺序也应事先规划好，既要保证下一个桩孔的施工不影响上一个桩孔，又要使钻机的移动距离不要过远和相互干扰。

6. 清孔

钻孔的深度、直径、位置和孔形直接关系到成桩质量与桩身曲直。为此，除了钻孔过程中密切观测监督外，在钻孔达到设计要求深度后，应对孔深、孔位、孔形、孔径等进行检查。在终孔检查完全符合设计要求时，应立即进行孔底清理，避免隔时过长以致泥浆沉淀，引起钻孔坍塌。对于摩擦桩，当孔壁容易坍塌时，要求在灌注水下混凝土前沉渣厚度不大于30cm；当孔壁不易坍塌时，其厚度不大于20cm。

7. 灌注水下混凝土

清完孔之后，就可将预制的钢筋笼垂直吊放到孔内，定位后要加以固定，然后用导管灌注混凝土，灌注时混凝土不要中断，否则易出现断桩现象。

（二）全套管施工法

全套管施工法的主要施工步骤除不需泥浆及清孔外，其他的与泥浆护壁法类同。压入套管的垂直度，取决于挖掘开始阶段的5~6m深时的垂直度，因此应使用水准仪及铅锤校核其垂直度。

四、钻孔故障及处理措施

（一）塌孔

预防措施：根据不同地层，控制使用好泥浆指标；在回填土、松软层及流沙层钻进时，严格控制速度；地下水位过高，应升高护筒，加大水头；施工部门在进行地下障碍物处理时，一定要将残留的混凝土块处理清除；孔壁坍塌严重时，应探明坍塌位置，用砂和黏土混合回填至坍塌孔段以上1~2m处，捣实后重新钻进。

（二）缩径

预防措施：选用带保径装置的钻头，钻头直径应满足成孔直径要求，并应经常检查，及时修复；易缩径孔段钻进时，可适当提高泥浆的黏度，对易缩径部位也可采用上下反复扫孔的方法来扩大孔径。

（三）桩孔偏斜

预防措施：保证施工场地平整，钻机安装平稳，机架垂直，并注意在成孔过程中定时检查和校正；钻头、钻杆接头应逐个检查调整，不能用弯曲的钻具；在坚硬土层中不强行加压，应吊住钻杆，控制钻进速度，用低速度进尺；预先处理干净地下障碍物，对已偏斜的钻孔，施工部门应控制钻速，慢速提升，下降往复扫孔纠偏。

五、钢筋骨架吊放及预防措施

（一）钢筋笼安装与设计标高不符

预防措施：钢筋笼制作完成后，注意防止其扭曲变形；钢筋笼入孔安装时要保持垂直；混凝土保护层垫块设置间距不宜过大；吊筋长度精确计算，并在安装时反复核对检查。

（二）钢筋笼的上浮

钢筋笼上浮的预防措施：严格控制混凝土质量，坍落度控制在（18±3）cm，混凝土和易性要好；混凝土进入钢筋笼后，混凝土上升不宜过快；导管在混凝土内埋深不宜过大，严格控制在10m以下，提升导管时，不宜过快，防止导管钩将钢筋笼带上等。

六、混凝土的灌注及预防措施

（1）混凝土采用200～300mm钢导管灌注，导管采用吊车分节吊装，丝扣式快速接头连接。灌注前，对导管进行水密、承压试验。

（2）安装储料斗及隔水栓，储料斗的容积要满足首批灌注下去的混凝土埋置导管深度的要求，封底时导管埋入混凝土中的深度不得小于1m；首批混凝土方量是根据桩径和导管埋深及导管内混凝土的方量而定，将混凝土搅拌运输车内的混凝土倒入封底料斗内，由专人统一指挥，待全部准备好后将隔水栓拉起进行封底，同时混凝土搅拌运输车快速反转，加快出料速度。

（3）灌注开始后应紧凑连续地进行，不得中断，同时要防止混凝土从漏斗内溢出或从漏斗外掉入孔底；在灌注过程中，技术人员应经常检查孔内混凝土面的位置和混凝土质量，掌握拆除导管的时间，严格控制导管埋深，防止导管提漏或埋管过深无法拔出，从而出现断桩；使导管埋入混凝土内的深度始终保持在2~6m，并做好灌注记录；测深时采用专用测绳及测锤进行，每测一次用钢尺检查深度，以钢尺测量为准，探测至混凝土面时手感有石子碰撞测锤为准，否则为砂浆或沉渣。

（4）灌注混凝土时，要保持孔内水头，防止出现坍孔。

（5）桩身混凝土灌注顶面高出设计桩顶高程0.8~1.0m，以保证桩头质量。

七、钻孔灌注桩质量检验要求

（1）混凝土质量的检查和验收，应符合规范的规定。每桩试件组数一般为2组。

（2）承包人应在监理工程师在场的情况下，对下列规定的钻孔桩，采用经监理工程师同意的无破损检测法，进行桩的质量检验和评价。小桥选有代表性的桩或重要部位的桩进行检测；中桥、大桥及特大桥的钻孔桩，应逐根进行检测。

（3）承包人应在工地配备能对全桩长钻取70mm直径或较大芯样的设备和经过训练的工作人员，也可以分包给经监理工程师认可的钻探队来承担钻取芯样的工作。

（4）若设计有规定和监理工程师对桩的质量有疑问时，或在施工中遇到的任何异常情况，说明桩的质量可能低于要求的标准时，应进行钻取芯样对桩完成检验，以检验桩的混凝土灌注质量。对支承桩应钻到桩底0.5m以下。钻芯检验应在监理工程师指导下进行，检验结果若不合格，则应视为废桩。

（5）当监理工程师对每一根成桩平面位置的复查、试验结果及施工记录都认可后，监理工程师应以书面形式进行批准，在未得到监理工程师的批准前，不得进行该桩基础的其他工作。

第四节 沉井与沉箱基础施工

沉井基础是以沉井法施工的地下结构物和深基础的一种形式，是先在地表制作成一个井筒状的结构物（沉井），然后在井壁的围护下通过从井内不断挖土，使沉井在自重作用下逐渐下沉，达到预定设计标高后，再进行封底，构筑内部结构。其广泛应用于桥梁、烟囱、水塔的基础，以及水泵房、地下油库、水池竖井等深井构筑物和盾构或顶管的工作井。技术上比较稳妥可靠，挖土量少，对邻近建筑物的影响比较小，沉井基础埋置较深，稳定性好，能支撑较大的荷载。沉井是一个无底无盖的井筒，一般由刃脚、井壁、隔墙等部分组成。

沉井按其截面轮廓分，有圆形、矩形和圆端形三类。

（1）圆形沉井水流阻力小，在同等面积下，同其他类型相比，周长最小，摩阻力相应减小，便于下沉；井壁只受轴向压力，且无绕轴线偏移问题。

（2）矩形沉井和等面积的圆形沉井相比，其惯性矩及核心半径均较大，对基底受力有利；在侧压力作用下，沉井外壁受较大的挠曲应力。

（3）圆端形沉井对支撑建筑物的适应性较好，也可充分利用基础的圬工，井壁受力也较矩形有所改善，但施工较复杂。

使用材料：有木沉井、砖、石沉井、混凝土沉井、钢筋混凝土沉井和钢沉井等。木沉井所用木材较多，现很少采用。砖、石沉井过去多用于中小桥梁，现在常用的是钢筋混凝土沉井，或底节为钢筋混凝土，钢沉井多用于大型浮运的沉井。

外壁：沉井的外壁可做成铅直形、台阶形或斜坡形。斜坡形虽可减少周围的摩阻力，但下沉过程中容易倾斜；台阶形便于加高井壁。沉井的内部可根据需要作隔墙，划分成几个取土井，但取土井必须对称设置，以利于均衡挖土或纠正偏斜；取土井尺寸，须能容纳机械挖土斗自由上下。

一、沉井的制作

陆地下沉井均采用就地制造。在浅水中，下沉井需先做围堰，填土筑岛出水面，再就地制造；在深水处，下沉井一般在岸边陆地制造，浮运就位下沉。

就地制造沉井，井壁多为实体，自重较大，而刃脚部分面积小，重心较高，为使其在制造过程中不致因地面下沉而引起沉井开裂或倾倒，过去多在地面整平后，先铺垫木，以增加承压面积，再立模板制造沉井，下沉前需边抽垫木，边以砂将刃脚处填实，然后再挖土下沉。现今则用砂土夯实做成刃脚土模，表面抹层水泥，在土模内制造刃脚部分，既节约木料，又简化施工工艺。如我国枝城长江大桥引桥桥墩基础的沉井刃脚部分，就是用此法灌筑的。

水中沉井的施工：筑岛法适用于水流速不大，水深在3m或4m以内的情况；浮运沉井施工适用于水流速较大，水深较深的情况。

二、沉井施工

沉井施工步骤：场地平整，铺垫木，制作底节沉井；拆模，刃脚下一边填塞砂、一边对称抽拔出垫木；均匀开挖下沉沉井，底节沉井下沉完毕；建筑第二节沉井，继续开挖下沉并接筑下一节井壁；下沉至设计标高，清基；沉井封底处理；施工井内设计和封顶等。

沉井下沉分排水下沉和不排水下沉两种。在软弱土层中须采用不排水下沉，以防止涌砂和外周边土坍陷，造成沉井倾斜及位移，必要时采取井内水位略高于井外水位的施工方法。出土机械可使用抓土斗、空气吸泥机、水力吸泥机等。近代各国开始用锚桩及千斤顶将沉井压下的方法。此外，还有用大直径钻机在井底钻挖的方法，如日本在圆形沉井内采用臂式旋转钻机，在硬黏土层内开挖，直径可达11m，由沉井外的电视机反映操作情况及下沉速度。

沉井到达设计标高后，一般用水下混凝土封底。井孔是否填充，应根据受力或稳定要求决定，可填砂石或混凝土，但在低于冻结线0.25m以上的部分应用混凝土或填实，沉井基础的最后一道工序是灌筑顶盖。

沉井外壁和土的摩擦力是沉井下沉的主要阻力，为克服这种阻力，一是加大沉井壁厚或在沉井上部增加压重，二是设法减少井壁和土之间的摩擦力。减少摩擦力的方法有很多，常用的有射水法、泥浆套法及壁后压气法。

（一）射水法

在沉井下部井壁外面，预埋设水管嘴，在下沉过程中射水以减小周边阻力。

（二）泥浆套法

在沉井井壁和土层之间灌满触变泥浆以减少摩擦力，触变泥浆是用黏性土、水、化学处理剂等按一定配合比搅拌而成，当静置时它处于"凝胶"状态，沉井下沉时它受到搅动，又恢复"溶胶"状态，从而大大减少摩擦力。

（三）壁后压气法

在井壁内预埋管路，并沿井壁外侧水平方向每隔一定高度设一排气龛，在下沉过程中，沿管路输送的压缩空气从气龛内喷出，再沿井壁上升，从而减少摩擦力。初步资料表明：在粉细砂层及含水量较大的黏性土层中，可以减少摩擦力30%以上，下沉速度加快（与气龛数和喷气量有关），且无泥浆套法的缺点，可在水中施工，不受冲刷的影响，但在卵石层及硬黏土层内效果较差。

三、浮式沉井施工

浮运的沉井，在陆地先做底节，以减轻质量，在浮运到位后再接筑上部。为增加沉井的浮力便于浮运，常采取以下三种方法。

（1）在钢沉井内加装气筒，浮运到位后，在沉井内部空间填充混凝土并接高沉井，为控制吃水深度，可在气筒内充压缩空气，待沉入河底预定位置后，再除去气筒顶盖，挖泥（或吸泥）下沉。此法用钢量大，制造安装都较复杂，宜用于深水大型沉井。美国旧金山奥克兰湾桥，第一次采用此法，该桥最大的沉井为60m×28m，内装55个直径4.5m的气筒。中国在南京长江大桥也曾使用18.26m×22.42m、底节高11.65m的钢沉井，内有20个直径3.2m的气筒，浮运就位后，以钢筋混凝土将沉井接高至5m，中间隔墙全部用预制件。

（2）将沉井做成双壁式使能自浮，到位后在壁内灌水或灌筑混凝土下沉。这种沉井可用钢、木或钢筋混凝土制造。在四川宜宾岷江公路桥，将制造钢丝网水泥船的经验用于造双壁浮运沉井。沉井外径12m，高7.5m，双壁厚1.3m，网壁厚3cm，中间一层钢筋网，4～6层钢丝网上抹水泥砂浆，重60t，采用岸边制造，滑道下水，拉锚定位，灌水下沉。因这种材质的沉井具有较高的弹性和抗裂性，所以，在四川南充嘉陵江大桥及湖南益阳桥修建时都曾经使用。

（3）在沉井底部加临时底板以增加浮力，待到位沉入河底后，再拆除底板，挖泥下沉。如因风振而被破坏的美国塔科马海峡桥，其水中桥墩基础为钢筋混凝土沉井，尺寸是20.1m×36.6m，曾用此法施工。

在深水处，采用浮式沉井施工时，有关沉井下水、浮运及悬浮状态下接高、下沉等，必须加以严密控制：

（1）各类浮式沉井在下水前，应对各节浮式沉井进行水密性试验，合格后方可下水。

（2）浮式沉井下水前，应制订下水方案。采用起吊下水时，应对起重设备进行检查，在河岸有适合坡度，采用滑称、牵引等方法下水时，必须严防倾覆。

（3）浮式沉井，必须对浮运、就位和落河床时的稳定性进行检查。

浮式沉井，定位落河床前，应考虑潮水涨落的影响，对所有锚定设备进行检查和调整，使沉井安全准确落位；浮式沉井落河床后，应尽快下沉，并使沉井达到保持稳定的深度；随时观察沉井的倾斜、移位及河床冲刷情况。

四、沉箱基础施工

沉箱下沉前需具备以下条件：

（1）所有设备已经安装、调试完成，相应配套设备已配备完全；

（2）所有通过底板管路均已连接或密封；

（3）基坑外围回填土的工作已结束；

（4）工作室内建筑垃圾已清理干净。

（5）井壁混凝土已达到强度。

下沉过程中箱内的各种设备应架设牢固，箱外浇筑平台、脚手架等不应与箱壁连接。沉箱下沉加气应在沉箱下沉至地下水位以下0.5～1m开始加气，施工现场应有备用供气设备。沉箱施工时，应首先保证工作室内气压的相对稳定，工作室内气压原则上应与外界地下水位相平衡。沉箱在穿越砂性土等渗透性较高的土层时，应维持气压略低于地下水位的水平。挖机取土下沉时应先在井格中央形成锅底，逐步均匀向周围扩大，应避免掏挖刃脚处土体，保证此处的土塞高度。当沉箱偏斜达到允许值的1/4时应进行纠偏。沉箱的助沉措施，可采用触变泥浆和压重措施，不宜使用空气幕助沉。

五、无施工事故及应急措施

沉井施工时出现的问题主要有瞬间突沉、下沉搁置、沉井悬挂。

（一）瞬间突沉

现象：沉井瞬间失去控制，下沉量很大或很快，出现突沉或急剧下沉，严重时往往使沉井产生较大的倾斜或使周围地面塌陷。

原因分析：在软黏土层中，沉井侧面摩阻力很小，当沉井内挖土较深，或刃脚下土层掏空过多，使沉井失去支撑时，常导致沉井突然大量下沉或急剧下沉。当黏土层中挖土超过刃脚太深，形成较深锅底，或黏土层只局部挖除，其下部存在的砂层被水力吸泥机吸空时，刃脚下的黏土一旦被水浸泡而造成失稳，会引起突然塌陷，使沉井突沉。当起初采用不排水下沉，施工中途采取排水迫沉时，突沉情况尤为严重。沉井下沉遇有粉砂层，由于动水压力的作用，向井筒内大量涌砂，产生流沙现象，从而造成急剧下沉。

预防措施：在软土地层下沉的沉井可增大刃脚踏面宽度，或增设底梁以提高正面支承力；挖土时，在刃脚部位宜保留约50cm宽的土堤，控制均匀削土，使沉井挤土缓慢下沉；在黏土层中严格控制挖土深度（一般为40cm），不能太多，不使挖土超过刃脚，可避免出现深的锅底将刃脚掏空；黏土层下有砂层时，防止把砂层吸空；控制排水高差和深度，减小动水压力，使其不能产生流沙或隆起现象，或采取不排水下沉的方法施工。

（二）下沉搁置

现象：沉井被地下障碍物搁住或卡住，出现不能下沉或下沉困难的现象。

原因分析：沉井下沉局部遇孤石、大块卵石、矿渣块、砖石、混凝土基础、管线、钢筋、树根等被搁置、卡住，造成沉井难以下沉。下沉中遇局部软硬不均地基或倾斜岩层。

预防措施：施工前做好地基勘察工作，对于沉井壁下部3m以内的各种地下障碍物，相关团队在下沉前挖井取出。对局部软硬不均地基或倾斜岩层，采取先破碎开挖较硬土层或倾斜岩层，再挖较弱土层的方法，使其均匀下沉。

治理方法：遇较小孤石，可将四周土掏空后取出；遇较大孤石或大块石、地下沟道等，可用风动工具或用松动爆破方法破碎成小块取出。炮孔距刃脚不小于50cm，其方向须与刃脚斜面平行，药量不得超过200g，并设钢板、草垫防护，不得用裸露爆破。钢管、钢筋、树根等可用氧气烧断后取出。不排水下沉，爆破孤石，除打眼爆破外，也可用射水管在孤石下面掏洞。

（三）沉井悬崖

现象：沉井下沉过程中，刃脚下部土体已经掏空，而沉井的自重仍不能克服摩阻力下沉，产生悬挂现象，有时将井壁拉裂。

原因分析：井壁与土壁间的摩阻力过大，沉井自重不够，下沉系数过小；沉井平面尺寸过小，下沉深度较大，遇较密实的土层，其上部有可能被土体夹住，使其下部悬空，有时将井壁拉裂。

预防措施：使沉井有足够的下沉自重；下沉前应验算沉井的下沉系数，应不小于1.1～1.25。加大刃脚上部空隙，使井壁与土体间有一定空间，以避免被土体夹住。

治理方法：用0.2～0.4MPa的压力流动水针沿沉井外壁缝隙冲水，以减少井壁和土体间的摩阻力；在井筒顶部加荷载，或继续浇筑上节筒身混凝土增加自重和对刃口下土体的压力，但应在悬空部分下沉后进行，以免突然下沉破坏模板和混凝土结构；继续第二层碗形挖土，或挖空刃脚土，必要时向刃脚外掏深100mm；在岩石中下沉，可在悬挂部位进行补充钻孔和爆破。

第五节 地下连续墙基础施工

一、地下连续墙的分类与特征

由于目前挖槽机械发展很快，与之相适应的挖槽工法层出不穷，有不少新的工法已经不再使用膨润土泥浆；墙体材料已经由过去以混凝土为主转向多样化发展，不再单纯用于防渗或挡土支护，越来越多地作为建筑物的基础，所以很难给地下连续墙一个确切的定义。

一般情况下，地下连续墙可以定义为：利用各种挖槽机械，借助于泥浆的护壁作用，在地下挖出窄而深的沟槽，并在其内浇注适当的材料从而形成一道具有防渗（水）、挡土和承重功能的连续的地下墙体。

地下连续墙的分类如下：

（1）按成墙方式可分为：桩排式、槽板式、组合式。

（2）按墙的用途可分为：防渗墙、临时挡土墙、永久挡土（承重）墙、作为基础用的地下连续墙。

（3）按墙体材料可分为：钢筋混凝土墙、塑性混凝土墙、固化灰浆墙、自硬泥浆墙、预制墙、泥浆槽墙（回填砾石、黏土和水泥三合土）、后张预应力地下连续墙、钢制地下连续墙。

（4）按开挖情况可分为：地下连续墙（开挖）、地下防渗墙（不开挖）。

地下连续墙施工震动小、噪声低、墙体刚度大、防渗性能好，对周围地基无扰动，可以组成具有很大承载力的任意多边形连续墙代替桩基础、沉井基础或沉箱基础。对土壤的适应范围很广，在软弱的冲积层、中硬地层、密实的沙砾层以及岩石的地基中都可施工。初期用于坝体防渗、水库地下截流，后发展为挡土墙、地下结构的一部分或全部。房屋的深层地下室、地下停车场、地下街、地下铁道、地下仓库、矿井等均可应用。

二、地下连续墙施工工艺流程

在挖基槽前先做保护基槽上口的导墙，用泥浆护壁，按设计的墙宽与深度分段挖槽，放置钢筋骨架，用导管灌注混凝土置换出护壁泥浆，形成一段钢筋混凝土墙。逐段连续施工成为连续墙。

（一）导墙

导墙通常为就地灌注的钢筋混凝土结构。主要作用是保证地下连续墙设计的几何尺寸和形状；容蓄部分泥浆，保证成槽施工时液面稳定；承受挖槽机械的荷载，保护槽口土壁不被破坏，并作为安装钢筋骨架的基准。导墙深度一般为1.2～1.5m。墙顶高出地面10～15cm，以防地表水流入而影响泥浆质量。导墙底不能设在松散的土层或地下水位波动的部位。

（二）泥浆护壁

通过泥浆对槽壁施加压力以保护挖成的深槽形状不变，灌注混凝土把泥浆置换出来。泥浆材料通常由膨润土、水、化学处理剂和一些惰性物质组成。泥浆的作用是在槽壁上形成不透水的泥皮，从而使泥浆的静水压力有效地作用在槽壁上，防止地下水的渗水和槽壁的剥落，保持壁面的稳定，同时泥浆还有悬浮土渣和将土渣携带出地面的功能。

在沙砾层中成槽，必要时可采用木屑、蛭石等挤塞剂防止漏浆。泥浆使用方法分静止式和循环式两种。泥浆在循环式使用时，应用振动筛、旋流器等净化装置。在指标恶化后要考虑采用化学方法处理或废弃旧浆，换用新浆。

（三）成槽施工

使用成槽的专用机械有：旋转切削多头钻、导板抓斗、冲击钻等。施工时应视地质条件和筑墙深度选用。一般土质较软，深度在15m左右时，施工部门可选用普通导板抓斗；对于密实的砂层或含砾土层，可选用多头钻或加重型液压导板抓斗；在含有大颗粒卵砾石或岩基中成槽，以选用冲击钻为宜。槽段的单元长度一般为6～8m，通常结合土质情况、钢筋骨架质量及结构尺寸、划分段落等决定。成槽后需静置4h，并使槽内泥浆比重小于1.3。

（四）水下灌注混凝土

采用导管法按水下混凝土灌注法进行，但在用导管开始灌注混凝土前，为防止泥浆混入混凝土，施工部门可在导管内吊放一管塞，依靠灌入的混凝土压力将管内泥浆挤出，混凝土要连续灌注并测量混凝土灌注量及上升高度。所溢出的泥浆送回泥浆沉淀池。

（五）墙体接头处理

地下连续墙由许多墙段拼组而成，为保持墙段之间连续施工，接头采用锁口管工艺，即在灌注槽段混凝土前，施工部门在槽段的端部预插一根直径和槽宽相等的钢管，即锁口管，待混凝土初凝后将钢管徐徐拔出，使端部形成半凹棒状。也有根据墙体结构受力需要而设置刚性接头的，以使前后两个墙段联成整体。

三、地下连续墙的检测

地下连续墙槽底的沉渣必须清理，清理后的沉渣厚度不大于200mm。地下连续墙水下混凝土必须连续浇筑，严禁发生中断或导管进水现象。每槽段实际浇筑混凝土的数量严禁小于计算体积。

超声波地下连续墙检测仪利用超声探测方法，将超声波传感器侵入钻孔中的泥浆里，可以很方便地对钻孔四个方向同时进行孔壁状态监测，可以实时监测连续墙槽宽、钻孔直径、孔壁或墙壁的垂直度、孔壁或墙壁坍塌状况等；可以帮助改善钻孔质量、减少工作时间、降低工程费用；

该检测仪输出的清晰的孔以及槽壁图像，是目前几种常见同类进口设备所无法比拟的。目前超声波钻孔检测仪无论从成图清晰度、检测数据的准确度，还是机械性能等方面，均已经完全可以取代进口设备，而且检测图像更直观、清晰，对泥浆的适应能力更高。

第六章 桥梁结构工程施工

第一节 桥梁结构施工常用施工机具与设备

施工机具与设备是桥梁施工技术中的一个重要组成部分，其优劣决定了桥梁施工技术的先进与否。反过来，桥梁施工技术的发展也要求各种施工机具和设备要不断进行更新和改造，以适应施工技术的发展。

现代大型桥梁施工机具和设备主要有：

（1）各种常备式结构，例如万能杆件、贝雷梁等；

（2）各种起重机具设备，例如千斤顶、吊机等；

（3）混凝土施工设备，例如拌和机、输送泵、振捣设备等；

（4）预应力锚具及张拉设备，例如各类张拉千斤顶、钢丝锹头设备、各类锚夹具。

桥梁施工的机具和设备品种繁多，因此在进行施工组织和规划时，应根据具体的施工对象、工期和劳动力分布等情况，合理地选用各种机具设备，使其发挥最大的工效和经济效益，确保整个工程能够高质量、高效率地如期完成。

一、桥梁的常备式结构

桥梁的常备式结构主要有钢板桩、钢管脚手架、拼装式常备模板、万能杆件和贝雷梁等。

（一）钢板桩

在开挖深基坑和在水中进行桥梁墩台的基础施工时，为了抵御坑壁的土压力和水压力，必须采用钢板桩，有时需做成钢板桩围堰。

（二）钢管脚手架

钢管脚手架又称支架。常用的钢管脚手架有扣件式、螺栓式和承插式三种连接方式。扣件式钢管脚手架的特点是装拆方便、搭设灵活，能适应结构物平、立面的变化。螺栓式钢管脚手架的构造形式与扣件式钢管脚手架基本相同，唯一不同的是用螺栓连接代替扣件连接。承插式钢管脚手架是在立杆上焊以承插短管，在横杆上焊以插栓，用承插方式组装而成。

（三）拼装式常备模板

拼装式钢模、木模和钢木结合模板的构造都基本相同，整套模板均由底模、侧模和端模三部分组成。

整体式模板是预制工厂的常备结构，常用于桥梁预制工厂的一些标准定型构件的生产。

（四）万能杆件

钢制万能杆件可以组拼成桁架、墩架、塔架和龙门架等形式，以作为桥梁墩台、索塔的施工脚手架，或作为吊车主梁以安装各种预制构件，必要时还可以作为临时的墩台和桁架。

万能杆件拆装容易、运输方便、利用率高，可以大量节省辅助结构所需的木料、劳动力和工期，因此适用范围较广。

万能杆件的类型有铁道部门生产的甲型（又称M型）、乙型（又称N型）和西安筑路机械厂生产的乙型（又称为西乙型）。三者在结构、拼装形式上基本相同，仅弦杆角铁尺寸、部分缀板的大小和螺栓直径略有差异。

二、混凝土施工设备

在桥梁施工中，常用的混凝土施工设备主要有混凝土搅拌机、混凝土泵和振捣器等。

（一）混凝土搅拌机

混凝土搅拌机按搅拌原理的不同分为自落式和强制式两种。自落式多用于搅拌塑性混凝土和低流动性混凝土，具有机件磨损小、易于清理、移动方便等优点，但动力消耗大、效率低，适用于施工现场。强制式搅拌机主要用于搅拌干硬性混凝土和轻骨料混凝土，也可搅拌低流动性混凝土，具有搅拌质量好、生产效率高、操作简便、安全等优点，但机件磨损大，适用于预制厂使用。

（二）混凝土泵

混凝土泵是指在输送管内压送混凝土的机械，按工作原理的不同分为机械式活塞泵、液压式活塞泵和挤压式泵三种，但前两种较常采用。

（三）振捣器

常用的振捣器有平板式振捣器、附着式振捣器和插入式振捣器等。平板式振捣器用于大面积混凝土，如桥面、基础等；附着式振捣器可设在底模下面和侧模板上，是预制梁的主要振捣工具；插入式振捣器安装和操作简单、灵活，使用广泛。应根据工作条件选择适宜的振捣器及其相应的布置方法。

（四）混凝土运输机具设备

混凝土运输机具设备应根据结构物特点、混凝土浇灌量、运距、现场道路情况和现有机具设备等条件进行选择。

混凝土的水平短距离运输多用双轮手推车、1t机动翻斗车、轻轨翻斗车；水平长距离则用自卸汽车、混凝土搅拌运输车等。

混凝土的垂直运输可用各种升降机、卷扬机和塔式起重机等，并配合吊斗等容器进行。对于浇灌量较大、浇灌速度比较稳定的基础和大梁的混凝土浇筑作业可采用混凝土搅拌运输车，配合混凝土泵车进行使用，具有准备工作少、机动灵活、施工方便、浇灌速度快、效率高、能量大、节省人力和设备，而且能保证混凝土性能不变等优点。一台混凝土泵车需配备2～3台混凝土搅拌运输车输送混凝土。

三、预应力张拉设备

预应力筋一般采用机械张拉的方法建立预应力。机械设备有千斤顶、油泵、高压油管、油压表等。各种机具设备均应由专人妥善使用，定期维护、校验。

后张法预应力梁中的预应力筋，以往通常采用24丝的高强钢丝束，张拉力为490kN，配以锥形锚具或锻头锚具。

四、预制梁安装的机具设备

预制梁的安装设备按起吊重量的要求进行确定,宜采用常备式构件组拼的机具设备和现成的多功能机具设备。

(一)扒杆

扒杆是一种简单的起重吊装工具,可以用来升降重物,移动和架设桥梁等,一般由施工单位根据工程的需要自行设计和加工制作。常用的有独脚扒杆、人字扒杆和龙门扒杆等。

(二)龙门架

龙门架是一种最常用的垂直起吊设备,又称龙门扒杆或龙门吊机。在龙门架顶横梁上设行车时,可横向运输重物、构件;在龙门架两腿下缘设置滚轮并置于铁轨上时,可在轨道上纵向运输;如在两腿下设置能转向的滚轮时,可进行任何方向的水平运输。龙门架一般设置在预制场用于吊移构件;或设置在桥墩顶、墩旁用于安装大梁构件。常用的有钢木混合构造龙门架、拐脚龙门架和装配式钢桥桁节(贝雷)拼制的龙门架。

(三)浮吊

浮吊船是在通航河流上建桥的重要工作船,常用的有铁驳轮船浮吊和用木船、型钢及人字扒杆等拼成的简易浮吊。通常简易浮吊可以利用两只民用木船组拼成门船,用木料加固底舱,舱面上安装型钢组成的底板构架,上铺木板,其上安装人字扒杆制成,起重动力由一台双筒电动卷扬机提供,安装在门船后部的中线上。人字扒杆采用钢管或圆木制作,并用两根钢丝绳分别固定在民船尾端两舷旁钢构件上。吊物平面位置的变动由门船移动来控制,另外还需配备电动卷扬机绞车、钢丝绳、锚链、铁锚,用于移动和固定船位。

(四)缆索起重机

缆索起重机适用于高差较大的垂直吊装和架空纵向运输,吊运量从几吨至几十吨,纵向运距从几十米至几百米。缆索起重机是由主索、天线滑车、起重索、牵引索、起重及牵引绞车、主索地锚、塔架、风缆、主索平衡滑轮、电动卷扬机、手摇绞车、链滑车及各种滑轮等部件组成。在吊装拱桥时，缆索吊装系统除了上述各部件外，还有扣索、扣索排架、扣索地锚、扣索绞车等部件。

（五）架桥机

目前，我国使用的架桥机类型很多，其构造和性能也各不相同，最常用的有单梁式架桥机和双梁式架桥机两种类型。

单梁式架桥机主要为胜利型130 t架桥铺轨机（SL-130），由主机、机动平车和龙门架等组成。其主要特点是：机械化程度较高，本身设有自动行驶的动力装置，能架桥、铺轨两用，使用操作较安全方便，最大起吊能力为130 t；轴重小，能自动行驶上桥对位，不需吊梁运行，因此，桥头路基不需特殊加固和使用超轴车压道；机臂能做水平摆动，并可在隧道口架梁；能吊铺桥上25 m长的轨排和上渣工作；整体组装和拆卸都比较简单，而且不需要其他起重机械。

第二节 混凝土结构桥梁施工方法

一、就地浇筑法

就地浇筑是一种古老的施工方法，由于施工时需要大量的支架模板，一般仅在小跨径桥梁或交通不便的边远地区采用。随着桥梁结构形式的发展，出现了一些变宽桥、弯桥等复杂的预应力混凝土结构，同时又由于近年来临时钢构件和万能杆件系统的大量应用，在其他施工方法都比较困难时或经技术经济分析比较后，发现该方法施工方便、费用较低时，也可用于大中桥梁的施工。

（一）支架和拱架

1. 支架的形式

支架按构造方式的不同分为支柱式、梁式和梁—柱式。按材料的不同分为木支架、钢支架、钢木混合支架和万能杆件拼装的支架等。

支柱式支架构造简单，常用于陆地、不通航的河道以及桥墩不高的小跨径桥梁。支架通常由排架和纵梁等构件组成。排架由枕木或桩、立柱和盖梁组成，一般排架间距4m，桩的入土深度应按施工设计要求确定，但不小于3m。当水深大于3m时，桩要用拉杆加强。一般需在纵梁下布置卸落设备。

梁式支架按梁的跨径不同可采用工字钢、钢板梁或钢桁梁作为承重梁。当跨径小于10m时采用工字梁，跨径大于20m时采用钢桁梁，两者之间采用钢板梁。梁可以支撑在墩旁支架上，也可以支撑在桥墩预留的托架上，或支撑在桥墩处临时设置的横梁上。

梁一柱式支架适用于桥梁较高、跨径较大或必须在支架下设通航孔或排洪的情况。梁支撑在桥墩台以及临时支柱或临时墩上，形成多跨的梁一柱式支架。

2．拱架

拱架按结构的不同分为支柱式、撑架式、扇形、桁式拱架和组合式拱架等；按材料的不同分为木拱架、钢拱架、竹拱架和土牛拱胎架等。土牛拱胎架是指在缺乏钢木的地区，先在桥下用土或砂、卵石填筑一个土胎，然后在上面砌筑拱圈，待拱圈完成后将填土清除。

拱架一般分为上下两部分，上部为拱架，下部为支架，上下部之间设置卸落设备。

钢桁式拱架通常用常备拼装式桁架拼成拱形拱架，即拱架由标准节段、拱顶段、拱脚段和连接杆等以钢销或螺栓连接而成。为使拱架能适应施工荷载产生的变形，一般拱架采用三铰拱。拱架在横向可由若干组拱片组成，每组的拱片数和组数应根据桥梁跨径、荷载大小和桥宽等因素进行确定，各组间可用横向联结系联成整体，也可由装配式公路钢桥桁架节段拼装组成或用万能杆件拼装组成。

3．对支架与拱架的要求

（1）支架虽然是临时结构，但是要承受桥梁的大部分恒载，因此必须具有足够的强度和刚度，同时，支架的基础应可靠，构件结合要紧密，并应有足够的纵、横、斜向的连接杆件，使支架成为整体。

（2）对河道中的支架要充分考虑洪水和漂流物的影响。

（3）支架在受荷后会产生变形和挠度，在安装前要进行计算，设置预拱度，使结构的外形尺寸和标高均符合设计要求。

（4）支架上要设置落架装置，落架时要对称、均匀，不应使主梁局部受力。

（二）梁式桥的就地浇筑法

1. 准备工作

现场浇筑施工的梁式桥，在浇筑混凝土前要进行周密的准备工作和严格的检查。在正常情况下，就地浇筑施工一次灌注的混凝土用量较大且需要连续作业，因此准备工作相当重要，不可疏忽大意。

（1）支架和模板在浇筑混凝土前应根据设计图纸的要求核对其尺寸、位置；检查支架的接头位置是否准确、卸落设备是否符合要求；模板的制作是否密贴，螺栓、拉杆、撑木等是否牢固，是否涂抹模板油和其他脱模剂等。

（2）检查钢筋与套管的位置是否准确；钢筋骨架绑扎是否牢固；套管端部、连接部分与锚具处应特别注意防止漏浆，检查锚具位置、压浆管和排气孔是否可靠。

（3）混凝土浇筑前应检查混凝土供料、拌制、运输系统是否符合规定要求，在正式浇筑前对灌注的各种机具设备进行试运转，以免在使用过程中发生故障。要依照浇筑顺序布置好振捣设备，检查螺帽紧固的可靠程度。对大型就地浇筑施工结构，必须准备备用的机械和动力。

2. 混凝土的浇筑

（1）混凝土的浇筑速度。为了保证浇筑混凝土的整体性，防止在浇筑上层混凝土时破坏下层，要求施工部门在浇筑下层混凝土时必须具有一定的速度，使上层浇筑的混凝土能在先浇混凝土初凝之前完成。

（2）混凝土的浇筑顺序。在确定梁式桥主梁混凝土浇筑顺序时，不应使模板和支架产生有害的下沉。浇筑混凝土应采用相应的分层厚度，以保证混凝土的振捣；当在斜面或曲面上浇筑混凝土时，一般应从低处开始。

对于跨径不大的简支梁桥，可在一跨全长内分层浇筑，跨中合拢。为了避免支架产生不均匀沉陷，浇筑速度应尽量快，应在混凝土失去塑性前完成。当桥梁跨径较大时，可先浇筑纵横梁，待纵横梁完成浇筑后再沿桥的全宽浇筑桥面混凝土，在桥面与纵横梁间应设置工作缝。对于大中跨径预应力混凝土简支箱梁，可分两次浇筑，第一次浇至腹板顶部，第二次浇顶板和翼缘板，以便于布索和绑扎钢筋。

当桥面较宽且混凝土数量较大时，可分成若干纵向单元分别浇筑。每个单元可沿其长度分层浇筑，在纵梁间的横梁上设置连接缝，并在纵横梁浇筑完成后填缝连接。桥面板可沿桥全宽一次浇筑完成，桥面与纵横梁间设置水平工作缝。

悬臂梁和连续梁桥的上部结构在支架上浇筑时，由于支架会产生不均匀沉降，应从跨中向两端墩台进行，同时，其邻跨也应从跨中或悬臂端向墩台进行，在桥墩处设置接缝，待支架沉降稳定后，再浇筑墩顶处梁的接缝混凝土。

3. 混凝土养护、预应力筋张拉和模板拆除

混凝土浇筑完成后应进行养护，以促使混凝土硬化，并在获得规定强度的同时防止混凝土产生干缩裂缝。由于混凝土在硬化过程中会发热，因此在夏季和干燥的气候下应进行湿润养生，而冬季采用加温养护，以保护其不受冻。

后张法预应力混凝土梁，在混凝土达到设计强度的70%以上时才能进行张拉。当混凝土达到设计强度的25%以上时，可拆除侧模；当混凝土强度不小于设计强度70%时，方可拆除各种梁的模板。

预应力梁应在预应力筋张拉完毕或张拉到一定数量后再拆除模板，以免梁体混凝土受拉。

梁的落架顺序应从梁挠度最大处的支架节点开始，逐步卸落相邻两侧的节点，并要求对称、均匀、有顺序地进行。同时要求各节点应分多次进行卸落，以使梁的沉落曲线逐步加大。一般情况下，简支梁和连续梁可从跨中向两端进行，悬臂梁则应先卸落挂梁和悬臂部分，然后再卸落主跨部分。

就地浇筑施工法的优点是整体性好，施工平稳、可靠，不需大型起重设备，施工中无体系转换；预应力混凝土连续梁桥可以采用强大预应力体系，使结构构造简化，方便施工。但是施工中需要大量支架模板，跨河桥梁搭设支架影响河道的通航与泄洪，施工期间支架可能受到洪水和漂流物的威胁。同时施工工期长、费用高，需要较大的施工场地，施工管理也比较复杂。

（三）拱桥的就地浇筑和砌筑施工

有支架施工称为拱架施工，适用于砖石、混凝土块和混凝土拱桥。一般是先采用木材、钢材（构件）等形成拱架（或拱胎），然后在拱架（或拱胎）上砌筑或浇筑主拱圈（或按设计方案砌筑或浇筑拱上结构的一部分），最后落架并完成其余部分的施工。

第六章　桥梁结构工程施工

1．钢筋混凝土拱圈就地浇筑

（1）浇筑程序

浇筑一般分三个阶段进行：第一阶段浇筑拱圈和拱上立柱的柱脚；第二阶段浇筑拱上立柱、联系梁和横梁等；第三阶段浇筑桥面系。后一阶段的混凝土应在前一阶段混凝土具有一定强度后才能浇筑。拱圈的拱架可在拱圈混凝土强度达到设计值的70%以上后，在第二阶段或第三阶段开始前拆除，但应事先对拆除拱架后拱圈的稳定性进行验算。

（2）拱圈浇筑

①连续浇筑

对于跨径不超过16m的拱圈混凝土，应自两侧拱脚向拱顶对称连续浇筑，并在拱脚处混凝土初凝前完成。如果预计在规定的时间内不能完成，应在拱脚处留一间隔缝。薄壳拱的壳体混凝土，一般应从四周向中间进行浇筑。

②分段浇筑

对于跨度大于16m的拱圈，为了减小混凝土的收缩应力，并避免因拱架变形而产生的裂缝，应分段浇筑，拱段的长度一般为6～15m。划分拱段时，必须使拱圈两侧能保持均匀和对称。

在拱架挠曲线为折线的拱架支点、节点等处，一般应设置分段点并预留间隔缝。如果预计变形较小且采取分段间隔浇筑时，也可减少或不设间隔缝。间隔缝宜设置在拱架受力的反弯点、拱架节点处、拱顶或拱脚处。间隔缝的宽度应便于施工操作和钢筋连接，一般为50～100cm。为防止延迟拱圈合拢和拱架拆除的时间，间隔缝内的混凝土可采用比拱圈强度高一级的半干硬性混凝土。

拱段的浇筑程序应符合设计规定，在拱顶两侧对称进行，以使拱架变形最小并保持均匀。

拱圈填充间隔缝合拢时，应由两拱脚向拱顶对称进行。间隔缝与拱段的接触面应预先按工作缝进行处理。填充间隔缝合拢的时间应是拱圈混凝土强度达到设计值的50%以上的时候，合拢时温度应符合设计要求。

③箱形板拱或肋拱的浇筑

箱形板拱和肋拱一般采用分环、分段的浇筑方法。分段的方法与上述方法相同。分环的方法一般分成两环或三环。分两环浇筑时，先分段浇筑底板，然后分段浇筑腹板、隔板与顶板。分三环浇筑时，先分段浇筑底板，然后分段浇筑腹板和隔板，最后分段浇筑顶板。分环分段浇筑时，可采取分环填充间隔缝合拢或全拱完成后最后一次填充间隔缝合拢。分环填充间隔缝合拢时，已合拢的环层可产生拱架作用，在浇筑上面环层时可减轻拱架负荷，但工期较一次合拢长。采用最后一次合拢时，仍必须一环一环地浇筑，但不是浇完一环合拢一环，而是留待最后一起填充各环间隔缝合拢。此时，上下环的间隔缝应互相对应和贯通，一般为2m宽左右，有钢筋接头的间隔缝为4m左右。

④拱肋联结系浇筑

当采用拱肋同时浇筑和卸落拱架时，各拱肋横向联结系应与拱肋浇筑同时施工并卸落拱架；当采用拱肋非同时浇筑和卸落拱架时，应在各拱肋卸架后再浇筑横向联结系。

⑤钢筋的绑扎

无铰拱钢筋混凝土拱圈的主钢筋常常需伸入墩台内，因此在浇筑墩台混凝土时应按设计要求的位置和深度将其端部预埋入混凝土内。为便于预埋，主钢筋端部可截开，但应使各根钢筋的接头按规定错开。分环浇筑时，可分环绑扎，各种预埋钢筋应临时加以固定，并在浇筑混凝土前进行检查和校正。

（3）拱上建筑

①钢筋与模板

为简化在拱圈上进行的作业，拱上结构的钢筋宜预先拼成骨架，模板宜预先拼成整块或整体。钢筋骨架和整体式模板可用缆索吊车运至拱上进行安装。

②混凝土浇筑

拱上建筑混凝土浇筑应自拱顶向拱脚或自拱脚向拱顶对称进行。大跨径拱桥拱上建筑的浇筑程序，按拱圈最有利的受力情况进行。

对采用有支架施工的大跨径拱桥，为确保施工过程中支架与结构的强度、刚度、稳定性要求以及结构线形，有必要进行专门的施工控制。

2. 砖石（混凝土块）拱圈和拱上结构砌筑

在拱架上砌筑拱圈时，拱架将随荷载的增加而不断变形，有可能使已砌部分施工产生裂缝，为了保证在整个砌筑过程中拱架受力均匀、变形最小，使拱圈的质量符合设计要求，必须选择适当的砌筑方法和顺序。一般可根据跨径的大小分别采用不同的砌筑方法。

第六章 桥梁结构工程施工

在多跨连拱拱桥的施工中,应考虑与邻孔的对称均衡问题,以防桥墩承受过大的单向推力。因此,当为拱式拱架时,应适当安排各孔砌筑程序;当为满布式拱架时,应适当安排各孔拱架的卸落程序。

(1)拱圈按顺序对称砌筑

对于跨径不超过16m的拱圈,当采用满布式拱架施工时,可以从拱脚向拱顶按顺序对称砌筑,在拱顶合拢;当采用拱式拱架时,对于跨径不超过10m的拱圈,应在砌筑拱脚的同时,预压拱顶和拱跨的1/4部位。

(2)拱圈三分法砌筑

①分段砌筑

采用满布式拱架砌筑的跨径在16~25m的拱圈和采用拱式拱架砌筑的跨径在10~25m的拱圈,可采取每半跨分成三段的分段对称砌筑方法。每段长度不宜超过6m,分段位置一般在拱跨1/4点和拱顶(3/8点)附近。当为满布式拱架时,分段位置宜在拱架节点上。

当跨径大于25m时,应按跨径大小和拱架类型等情况将两半跨分成若干段均匀对称地砌筑。每段长度不超过8m。具体分段方法应按设计规定,无规定时应通过验算确定。

分段砌筑时应预留空缝,以免由于拱架变形而产生的拱圈开裂,并起预压作用。空缝数量由分段长度而定,一般设置在拱脚、1/4点、拱顶及满布式拱架的节点处。

②分环砌筑

较大跨径石拱桥的拱圈,当拱圈较厚,由三层以上拱石组成时,可将全部拱圈分成几环砌筑,砌一环合拢一环。当下环砌完并养护数日后,砌缝砂浆达到一定强度时,再砌筑上环。按此方法砌筑时,下环可与拱架共同负荷上环的重力,因此可以减轻拱架荷载,节省拱架用料。其所能减轻拱架荷载的数值,根据所分环数、上下环厚度和砌缝砂浆硬化程度等情况进行确定。

分环砌筑时各环的分段方法、砌筑程序和空缝的设置等,与一次砌筑时完全相同,但上下环间应犬牙相接。

③分阶段砌筑

砌筑拱圈时,为争取时间和使拱架受荷均匀和变形正常,有时在砌完一段或一环拱圈后的养护期间,工作并不间歇,而是根据拱架荷载平衡的需要,将下一拱段或下环砌筑一部分。此种前后拱段和上下环分阶段交叉进行的砌筑方法,称为分阶段砌筑法。

不分环砌筑拱圈的分阶段方法，通常是先砌几排拱脚，然后同时砌筑拱顶、拱脚及1/4点等拱段，上述三个拱段砌到一定程度后再均匀地砌筑其余拱段。

分环砌筑的拱圈，可先砌筑几排拱架各环，然后分段分次砌筑其余环层。在砌完一层后，利用其养护期，砌筑次一环拱脚的一段，然后砌筑其余环段。较大跨径拱圈的分阶段砌筑方法应按设计文件的规定进行。

（3）预加压力砌筑

预加压力砌筑法是砌筑前在拱架上预加一定重力，以防止或减少拱架弹性和非弹性下沉的砌筑方法，对于预防拱圈产生不正常变形和开裂较为有效。所需压重材料可利用拱圈本身准备使用的拱石，较为简便和节省。加压顺序应与砌筑顺序一致。砌筑时，应尽量利用附近压重拱石就地安砌，随撤随砌，使拱架保持稳定。在采用刚性较强的拱架时，可先预压拱顶，将拱石堆放在该段内，或当时就将该段砌筑完。对于刚性较差的拱架，预压需均匀地进行，不可单纯压顶。

（4）分段支撑

分段砌筑拱圈时，如果拱段的倾斜角大于石块与模板间的摩擦角（约20°），则拱段将在切线方向产生一定的滑动。因此，必须在拱段下方临时设置分段支撑，以防拱段向下滑动。分段支撑所需强度应通过计算确定。

（5）拱圈合拢

砌筑拱圈时，常在拱顶留一合拢口，在各拱段砌筑完成后安砌拱顶石合拢。分段较多的拱圈和分环砌筑的拱圈，为使拱架受力对称和均匀，可在拱圈两半跨的1/4处或在几处同时砌筑合拢。

（6）拱上砌体的砌筑

拱上砌体的砌筑，必须在拱圈砌筑合拢和空缝填塞后，经过数日养护，在砌缝砂浆强度达到50%时才能进行。养护时间一般不少于3昼夜，跨径较大时应酌情延长。

砌筑实腹式拱的拱上砌体时，应将侧墙等拱上砌体分成几部分。拱腹填料可随侧墙砌筑顺序和进度进行填筑。填料数量较大时，宜在侧墙砌完后再分部进行填筑。实腹式拱应在侧墙与桥台间设伸缩缝使两者分开。

为防止空腹拱桥的腹拱受到主拱因卸落拱架时变形的影响，可在主拱圈砌完后先砌腹拱侧墙，然后待卸落拱架后再砌筑腹拱拱圈。腹拱上的侧墙，应在腹拱拱铰处设置变形缝。较大跨径拱桥拱上砌体的砌筑程序应按设计文件的规定进行。

第六章 桥梁结构工程施工

二、桥梁预制安装法

（一）构件预制

混凝土梁的预制可在桥梁预制厂内进行，也可在桥位处的预制场内进行。桥梁预制厂一般可生产钢筋混凝土梁、先张法或后张法预应力混凝土梁、混凝土桥梁的节段构件和其他预制构件。由于运输长度和质量的限制，桥梁预制厂通常以生产中小跨径预制构件为主，跨径大于25m的后张法预应力混凝土梁和大跨径混凝土桥的节段构件主要在桥梁预制场内生产。

1．梁的整体预制

（1）固定台位预制

在预制厂或施工现场，可用固定式底座生产钢筋混凝土和预应力混凝土梁。预制构件在固定台位上完成各工序，直到构件完全可以移动后再进行下一个构件的制作。

先张法预应力混凝土梁也是一种在固定台位上生产的预制梁。在这种预制梁的制造过程中，台座是主要设备，用于承受张拉预应力筋的反力。构造上一般分为压柱式台座和墩式台座。固定生产桥梁的预制厂多采用长线压柱式台座，在一条生产线上可以同时预制若干构件，提高生产效率。

台座主要由底板、承力架、横梁、定位板和固端装置等部分组成。台座的底板有整体式混凝土台面或装配式台面两种，作为预制构件的底模。先张台座的底板应平整，排水畅通，地基不产生不均匀沉降。承力架或支撑梁要求承受全部张拉力，在制造时，要保证承力架变形小、经济、安全、便于操作等。

（2）流水台车预制

流水台车预制是在预制厂内设置运输轨道，预制梁的底模设置在活动台车上的预制方法。流水台车由轨道轮、底板、加劲肋、底模和底模振捣装置等组成，均为钢制。流水台车和生产线的数量根据预制厂的生产能力进行确定。

流水台车生产时，预制梁在台车上生产，而安装模板、绑扎钢筋、预应力筋组束、浇筑混凝土和张拉等工序安排在固定车间内，通过台车流动组织生产。其具有生产专业化、机械化、改善工作条件和提高生产效率的特点。但它需要较大的生产车间和堆放场地，可在生产量大的大型桥梁预制厂采用。

2. 梁节段的预制

根据施工方法的要求，需要将梁沿桥纵向按起吊能力分成若干节段，然后在工厂或桥位附近进行节段预制工作。

预制是在工厂或施工现场按桥梁底缘曲线制作固定的底座，在底座上安装底模进行节段预制工作。底座形成的方法有多种，可以利用预制场的地形堆筑土胎，经加固夯实后，铺砂石层并在其上做混凝土底板；盛产石料的地区可用石砌成所需的梁底缘形状；地质情况较差的预制场常采用打短桩基础，然后搭设木材或型钢排架形成梁底曲线。

梁节段的预制是在底座上分段进行的。为了便于装拆，每段采用一块钢模。为了加快施工速度，保证节段之间密贴，常采用先浇筑奇数节段，然后以奇数节段的端面为端模浇筑偶数节段，也可以采用分阶段的预制方法。为了便于节段拼装定位，常在节段顶板和侧板的接触面上设置齿槽和剪力键。当节段混凝土强度达到设计强度的70%以上时，方可吊出预制场地。

（二）装配式梁桥安装

1. 联合架桥机安装法

联合架桥机安装法是采用联合架桥机，并以滑车、千斤顶和绞车等作为辅助设备架设安装预制梁的方法。

联合架桥机主要由龙门吊机、导梁和蝴蝶架等组成。龙门架由工字形钢梁组成，其上安放有两台吊车，架的接头处和上、下缘用钢板加固，主柱为拐脚式，横梁的标高由两根预制梁的叠高加上平板车的高度和起吊设备的高度决定。蝴蝶架是专供拖运龙门吊机在轨道上移动的支架，用角钢拼成，上面设有供升降用的千斤顶。导梁用钢桁梁拼成，以横向框架连接，其上铺钢轨供运梁行走。

架梁时，先设导梁和轨道，用绞车将导梁拖移就位后，把蝴蝶架用平板小车推上轨道，将龙门吊机拖运至墩上，再用千斤顶将吊机降落在墩顶，并用螺栓固定在墩的支撑垫块上，用平车将梁运到两墩之间，由吊机起吊、横移、下落就位；待全跨梁就位后，向前铺设轨道，用蝴蝶架把吊机移至下一跨架梁。

联合架桥机安装法可不设支架，施工时不受洪水威胁，不影响桥下通航，预制梁的纵移、起吊、横移、就位都比较方便。但是架设设备所需钢材较多，可周转使用,一般适用于多孔30m以下的装配式桥。

2. 双导梁安装法（穿巷式架桥机）

贝雷梁或万能构件组装的钢桁架导梁,梁长大于两倍桥梁跨径,前方为引导部分,横向由两组导梁构成,导梁顶面铺设小平车轨道,预制梁由平车在导梁上运至桥孔,由设在两根横梁上的卷扬机吊起,下落在两个桥墩上,然后在滑道垫板上进行横移就位。

3. 扒杆吊装法

扒杆吊装法适用于起吊高度不大、水平移动范围较小的中小跨径桥梁。在桥跨两墩上各设置一套扒杆,预制梁的两端系在扒杆的起吊钢束上,后端设制动索以控制速度,使预制梁平稳地进入安装桥孔就位。

4. 跨墩龙门吊机安装法

跨墩龙门吊机安装法适用于在岸上和浅水滩以及不通航浅水区域中安装预制梁。两台跨墩龙门吊机分别设在待安装孔的前后墩位置,预制梁运至安装孔的一侧后,移动吊梁平车,对准梁的吊点放下吊架,将梁吊起。当梁底超过桥墩顶面后,停止提升,用卷扬机牵引吊梁平车慢慢横移,使梁对准桥墩上的支座,然后落梁就位,接着准备架设下一根梁。

对水深不超过5m、水流平缓、不通航的中小河流上的小桥孔,也可采用跨墩龙门吊机架梁。这时必须在水上桥墩的两侧架设龙门吊机轨道便桥,便桥基础可用木桩或钢筋混凝土桩。在水浅流缓而无冲刷的河上,也可用木笼或草袋筑岛作为便桥的基础。便桥的梁可用贝雷梁组拼。

5. 自行式吊车安装法

陆地桥梁、城市高架桥预制梁安装常采用自行吊车。一般先将梁运到桥位处,采用一台或两台自行式汽车吊机或履带吊机直接将梁吊装就位,方便快捷,履带吊机的最大起吊能力达3MN。

6. 浮吊架设法

在通航河道或水深河道上架桥,可采用浮吊安装法。当预制梁分片预制安装时,浮船逆流而上，先远后近安装。浮吊架设法具有施工速度快、高空作业较少、吊装能力强等优点，是大跨多孔河道桥梁的有效施工方法。浮吊架设法需要配置运输驳船，岸边要设置临时码头，同时在浮吊架设时应有牢固锚碇，并注意施工安全。

（三）装配式拱桥安装

在峡谷或水深流急的河段上，或在通航河流上需要满足船只的通航要求，或在洪水季节施工并受漂流物影响等条件下修建拱桥以及采用有支架施工将会遇到很大困难或很不经济时，宜考虑采用无支架施工。缆索吊装施工是无支架拱桥施工的最主要方法之一。其优点是所用吊装设备跨越能力大，水平和垂直运输灵活，适应性广，施工方便、安全。不仅适用于单跨大、中型拱桥施工，而且在修建特大跨径或连续多孔的拱桥中更能显示其优越性。

在采用缆索吊装的拱桥上，为了充分发挥缆索的作用，拱上建筑也应尽量采用预制装配构件，这样既能提高桥梁的工业化施工水平，同时又能加快桥梁的建设速度。

吊装梁式桥的缆索吊装系统是由主索、天线滑车、起重索、牵引索、起重及牵引绞车、主索地锚、塔架、风缆等组成。吊装拱桥的缆索吊装系统除了上述各部件之外，还有扣索、扣索排架、扣索地锚、扣索绞车等部件。

1. 吊装方法和施工要点

采用缆索吊装施工的拱桥，其吊装方法应根据桥的跨径大小、桥的总长和桥面宽度等因素进行确定。

拱桥的构件在河滩上或桥头岸边预制和预拼后，送至缆索下面，由起重车起吊牵引至预定位置安装。为了使端段基肋在合拢前保持一定位置，在其上用扣索临时系住后才能松开吊索。吊装应自一孔桥的两端向中间对称进行。最后一节构件吊装就位，并将各接头位置调整到规定标高后才能放松吊索，从而合拢方可将所有扣索撤去。

基肋（指拱箱、拱肋或桁架拱片）吊装合拢要拟定正确的施工程序和施工细则，并坚决遵照执行。

拱桥跨径较大时，最好采用双肋或多肋合拢。基肋之间必须紧随拱段的拼装及时焊接（或临时连接）。端段拱箱（肋）就位后，除上端用扣索拉住外，还应在左右两侧用一对称风缆牵住，以免左右摇摆。中段拱箱（肋）就位时，宜缓慢放松吊索，务必使各接头顶紧,尽量避免简支搁置和冲击作用。

大跨径拱桥由于每段拱肋较长,重量较大,为了保证拱肋的吊装安全,应尽量采用正吊、正落位、正扣的方法,因此索塔的宽度应与桥宽相适应。拱肋分段安装时,每段拱肋由扣索临时固定在扣架上,此时每段拱肋必须设置风缆。起重索与扣索承重交接时速度不能太快,每次升降应控制在一定范围内,交接过程中对风缆随时进行调整。当拱肋跨度大于80m或横向稳定安全系数小于4时,应采用双基肋合拢松索成拱的方式,即当第一根拱肋合拢并校正拱轴线,楔紧拱肋接头缝后,稍松扣索和起重索,压紧接头缝,但不卸掉扣索,待第二根拱肋合拢,两根拱肋横向连接固定好并拉好风缆后,再同时松卸两根拱肋的扣索和起重索。

拱肋合拢后,松索过程中必须注意:松索前应校正拱轴线位置和各节头高程,使其符合要求;每次松索均应采用仪器观测,控制各接头高程,防止拱肋各接头高程发生非对称变形,进而导致拱肋失稳或开裂;松索应按照拱脚段扣索、次段扣索、起重索的先后顺序进行,并按比例定长、对称、均匀松卸;每次松索量宜小,各接头高程变化不宜超过1cm。松索至扣索和起重索基本不受力,宜用钢板嵌塞接头缝隙,再将扣索和起重索放松到不受力,压紧接头缝,拧紧接头螺栓,同时用风缆调整拱肋轴线。调整拱肋轴线时,除了观测各接头高程外,还应观测拱肋和1/8跨处高程,使其在允许偏差之内;接头处部件电焊后,方可松索成拱。

2.加载程序

当拱箱(肋)吊装合拢成拱后,施工部门对后续工序(拱箱间的纵缝混凝土和拱上建筑)的施工,应做合理安排,这对保证工程质量和施工安全都有重大影响。如果采用的施工步骤不当,例如安排的工序不合理、拱顶或拱脚的压重不恰当、左右半拱施工进度不平衡、加载不对称等,就会导致拱轴线变形不均匀,从而使拱圈开裂,严重的还会造成倒塌事故。因此,必须确定合理的施工程序,尽量减少施工工序,便于操作,以保证施工安全和工程质量,加快桥梁的建设速度。

对于拱圈截面尺寸符合一定要求的中、小跨径拱桥,可不作施工加载程序设计,按有支架施工方法对拱桥上部结构做对称、均衡地施工。

对于大、中跨径的箱形拱桥或箱肋拱桥,一般按对称、均衡、多工作面加载的总原则进行设计。对于坡拱桥,相关部门应根据其特点应使低拱脚半跨的加载量稍大于高拱脚半跨的加载量。

在多孔拱桥的两个邻孔之间，两孔的施工进度不能相差太大，避免桥墩产生过大的位移，造成施工进度快的一孔拱顶下沉，邻孔的拱顶上冒的危害，从而导致拱圈开裂。

3. 施工加载内力计算

目前，施工加载程序设计采用影响线加载来计算内力。一般的计算步骤为：绘制拱脚、1/8、1/4、3/8和拱顶等五个截面的内力影响线，一般按不计弹性压缩内力的影响来考虑；若考虑弹性压缩影响则应另作补充计算。参考相关的施工经验，根据施工条件初步拟定施工阶段。在左右两半拱对称地将拱圈分环、分段（对拱圈逐步形成者）、拱上结构分块并计算各部分重力。按照各施工阶段拟定加载顺序，在影响线上进行加载计算，求出各截面内力并验算。根据强度验算情况，调整施工加载顺序和范围或增减施工阶段。

4. 施工加载挠度计算

施工加载过程中，考虑到每分段加载均计算一次挠度的情况比较烦琐，因此，为了简化计算，每环加载完毕后计算一次挠度。

以上计算的挠度仅供施工参考。如果计算的挠度值与施工观测值相差较大，或施工过程中出现不对称变形等异常现象时，应停止加载，分析原因，及时调整加载程序或采取其他措施。但是，有时由于在施工过程中拱肋产生裂缝，材料弹性模量会与计算采用值不符，或由于温度变化使得计算挠度值与观测值很可能有一定的误差。

当拱肋强度、刚度较小时，施工加载计算往往需要多次反复，才能确定较适当的施工加载程序。因此，在有条件时，应充分利用计算机进行施工加载程序设计。

三、悬臂施工法

（一）悬臂施工法的分类

悬臂施工法是在已建成的桥墩上，沿桥梁跨径方向对称逐段施工的方法。在施工期间不影响桥下通航或行车，同时密切配合设计和施工的要求，充分利用了预应力混凝土承受负弯矩能力强的特点，将跨中正弯矩转移为支点负弯矩，提高了桥梁的跨越能力。

采用悬臂施工法的常用结构体系有连续梁、连续框式悬臂梁、连续刚架、铰接悬臂梁和带挂孔的T形刚构等。

采用悬臂法进行桥梁结构施工时，总的施工顺序是：墩顶0号块的浇筑、悬臂节段的预制安装或挂篮现浇；各桥跨间合拢段施工和相应的施工结构系转换；桥面系施工。

要实现悬臂施工，在施工过程中必须保证墩与梁固结，尤其在连续梁桥和悬臂梁桥施工中要采取临时墩梁固结措施。悬臂施工法有可能在施工期出现体系转换问题，如对于三跨预应力混凝土连续梁桥，施工部门采用悬臂施工时，结构的受力状态呈T形刚构，边跨合拢就位、更换支座后呈单悬臂梁，跨中合拢后呈连续梁的受力状态。结构上的预应力筋配置必须符合施工受力。

悬臂施工法通常分为悬臂浇筑和悬臂拼装两类。悬臂浇筑是在桥墩两侧对称逐段就地浇筑混凝土，待混凝土达到一定强度后张拉预应力束，移动机具模板继续悬臂施工。悬臂拼装是用吊机将预制块件在桥墩两侧对称起吊、安装就位后，张拉预应力束，使悬臂不断接长，直至合拢。

（二）挂篮悬臂浇筑法

挂篮悬臂浇筑法是将梁体每2~5m划分为一个节段，以挂篮为施工机具进行对称悬臂浇筑施工。

挂篮的构造形式很多，通常由承重梁、悬吊模板、锚固装置、行走系统和工作平台等部分组成。承重梁是挂篮的主要受力构件，可以采用钢板梁、工字钢梁或万能杆件组拼的钢桁梁和贝雷钢梁等，可设置在桥面上，也可设在桥面以下，承受施工设备和新浇节段混凝土的全部重力，并通过支点和锚固装置将荷载传到已施工完成的梁体上。

当后支点的锚固能力不足时，可采用尾端压重或利用梁内的竖向预应力筋等措施。挂篮的工作平台用于架设模板、安装钢筋和张拉预应力束等工作。当该节段全部施工完成后，由行走系统将挂篮向前移动，动力可由电动卷扬机牵引产生，包括向前牵引装置和尾索保护装置，行走系统可用轨道轮或聚四氟乙烯滑板装置。

挂篮的作用是支撑梁段模板，调整位置，吊运材料、机具，浇筑混凝土，拆模和张拉等工作。挂篮除具有足够的强度、刚度和稳定性外，还应具有造价低、节省材料、装拆操作方便和施工速度快等优点。

当箱形截面浇筑混凝土数量不大时，可采用全截面一次浇筑的方式。当混凝土浇筑数量较大时，每段梁的混凝土应分两次浇筑，即先浇底板，后浇腹板和顶板。当所浇的箱梁腹板较高时，可将腹板内模板改为滑动顶升模板，将腹板与底板同时浇筑，待腹板浇筑到设计高度后，再安装顶板钢筋和预应力管道，并浇筑顶板混凝土。也可先将腹板预制后再进行安装，再现浇底板与顶板，减少现场浇筑工作量，并减小挂篮承受的一部分施工荷载。但应注意由混凝土龄期差产生的收缩、徐变内力。

悬臂浇筑法的施工周期一般为6～10d，根据节段混凝土的数量和结构的复杂程度而有所不同，混凝土的早期强度对有效缩短施工周期有较大的影响。

悬臂浇筑施工使用少量的机具设备，不用设置支架，能够方便地跨越深谷、大河和交通量大的道路。施工不受跨径限制，但因施工受力特点，该类施工方法宜在变截面梁中使用。由于施工的主要作业都是在挂篮中进行，挂篮可设顶棚和外罩以减少外界气候影响，便于养护和重复操作，有利于提高效率和保证质量。同时，在悬浇过程中还可不断调整节段误差，提高施工精度，但悬臂浇筑施工与其他施工方法相比较，施工工期要长一些。

（三）悬臂拼装法

悬臂拼装法是从墩顶开始，将预制梁段对称吊装，就位后施加预应力，并逐渐接长的一种施工方法。悬臂拼装的施工工序为：梁段预制、移位、堆放和运输、梁段起吊拼装和施加预应力。

在悬臂拼装施工中，沿梁纵轴按起重能力划分成梁段，在工厂或桥位附近的预制场进行预制。

悬臂拼装所使用的机具种类很多，有移动式吊车、桁式吊、缆索起重机、汽车吊、浮吊等。与用挂篮悬臂浇筑施工相同，在墩顶开始吊装第一（或第一、二）梁段时，可以使用一根承重梁对称同时吊装，在允许布置两台移动式吊车后，开始独立对称吊装。

移动桁式吊在悬臂拼装施工中使用较多，按桁梁的长度分为两类：一类是桁梁长度大于最大跨径，桁梁支撑在已拼装完成的梁段和待悬臂拼装的墩顶上，由吊车在桁梁上移运梁段进行悬臂拼装；另一类是桁式吊梁的长度大于桥梁跨径的两倍，桁梁均支撑在桥墩上，而不增加梁段的施工荷载，同时前方墩0号块的施工可与悬臂拼装同时进行。

悬臂拼装施工将大跨桥梁化整为零，预制和拼装方便，而且上、下部结构可以平行施工，拼装周期短、施工速度快。同时，预制节段施工质量易控制，减小了结构附加内力。但预制节段需要较大的场地，要求有一定的起重能力，拼装精度对大跨桥梁要求很高。因此，悬臂拼装施工一般用于跨径小于100m的桥梁。

（四）拱桥悬臂施工

1. 悬臂浇筑法

悬臂浇筑法是指拱圈、拱上支柱和预应力混凝土桥面板等齐头并进，边浇筑边构成桁架的施工方法。施工时，用预应力筋临时作为桁架的斜拉杆和桥面板的临时明索，将桁架锚固在后面桥台上。

悬臂浇筑施工时，施工误差会对整体工程质量产生很大的影响，因此必须对施工测量、材料强度和混凝土浇筑等进行严格地检查和控制，尤其对于斜拉预应力筋，必须严格测定每根的强度，观测其受力情况，必要时予以纠正和加强。

为防止计算与实际差别过大，施工前需做施工模拟试验和预应力筋的锚固可靠性试验。

2. 悬臂拼装法

悬臂拼装法是将拱圈的各个组成部分（侧板、上下底板等）事先预制，然后将整孔桥跨的拱肋（侧板）、立柱通过临时斜压杆（或斜拉杆）和上弦拉杆组成桁架拱片，沿桥跨分成3~7段，再用横系梁和临时风缆将两个桁架拱片组装成框构，每节框构整体运至桥孔，由两端向跨中逐段悬臂拼装合拢。

（五）预应力混凝土斜拉桥悬臂施工法

悬臂施工法是斜拉桥普遍采用的方法，是在支架或支墩上施工边跨，然后中跨采用悬臂施工的单悬臂法，也可以是对称平衡施工的双悬臂法。悬臂施工法的工序为：修建索塔，吊装主梁节段（悬臂拼装法）或现浇混凝土主梁节段（悬臂浇筑法），安装并张拉斜索，两者交替进行直至合拢。

在斜拉桥施工中，拉索的架设和张拉是一个主要的工序，为了符合设计的应力和标高要求，拉索应调整拉力，使其在恒载作用下的弯矩有较好的分布。当索力与标高有矛盾时，一般是调整标高，因为梁标高的变化要影响轴向的偏心矩，使其在徐变作用下产生更大的变形，而索力在初应力较低时容许有10%的变化，初应力较高时应控制在5%之内。

为了减少各根索的调整次数，悬臂施工法应计算出各施工阶段所需要的拉力和梁的几何位置。为了实现这一要求，应确定包括调整索力变位后主梁的最终位置。施工过程中应考虑到上部结构完成后，梁有预定的立面位置，索和塔符合设计尺寸，因此所有构件在安装时应具有与恒载作用下方向相反的变形数值。

同一拉索中的各根钢束应一起张拉。当设备和构造受限时，也可以分组或单根张拉。在分组张拉时，应注意一组中各根束的张拉速度应一致，以保证拉力均匀分布。各束分别张拉时，由于要压缩其他束，因此效果要差些。

在施工过程中，斜拉索的索力和主梁线形应随时进行调整，并在全桥合拢后进行最终调整。由于斜拉索拉力对结构体系的内力分布有很大影响，因此施工中应保证斜索拉力符合设计要求，这就要求对各施工阶段节段的安装或立模标高及索力进行实时监控，并适时调整。因此，在我国现代大跨度斜拉桥施工中，相关部门大都专门组织科研力量与施工单位配合，对施工全过程进行监测监控。

四、转体施工法

桥梁转体施工法是20世纪40年代以后发展起来的一种架桥工艺，是在河流的两岸或适当的位置，利用地形或使用简便的支架先将半桥预制完成，然后以桥梁结构本身为转动体，使用一些机具设备，分别将两个半桥转体到桥位轴线合拢成桥，一般适用于各类单孔拱桥的施工。

拱桥转体施工法根据转动方位的不同分为平面转体、竖向转体和平竖结合转体三种。转体施工法结构合理，受力明确，节省材料，减少安装架设工序，变复杂的技术性强的水上高空作业为岸边陆上作业，施工速度快，不但施工安全，质量可靠，而且不影响通航，减少机具设备，造价低。

平面转体施工是在岸边按照拱桥设计标高预制半拱，当结构混凝土达到设计强度后，借助设置于桥台底部的转动设备和动力装置在水平面内将其转动至桥位中线处合拢成拱。由于是平面转动，半拱的预制标高应准确。通常需要在岸边适当位置先做模架，模架可以是简单支架也可以是土牛胎模。平面转体分为有平衡重转体和无平衡重转体两种。

（一）有平衡重平面转体施工法

有平衡重平面转体施工法一般以桥台背墙作为平衡重，并作为桥体上部结构转体用拉杆的锚碇反力墙，用以稳定转动体系和调整重心位置。因此，平衡重部分不仅在桥体转动时作为平衡重，而且也要承受桥梁转体重量的锚固力。平衡重大小取决于转动体的质量。由于平衡重过大不经济，同时又增加了转体困难，因此，采用有平衡重转体施工的拱桥跨径不宜过大，一般适用于跨径100m以内的整体转体。

有平衡重转体施工法的转体质量大，要将成百上千吨的拱体结构顺利、稳妥地转到设计位置，主要依靠转动体系的正确设计和灵活可靠的转动装置。

有平衡重转体施工的转动体系一般包括底盘、上盘、锚扣系统、背墙、拱体结构和拉杆（拉索）等部分。底盘和上盘都是桥台基础的一部分，底盘和上盘之间设有能使其相互灵活转动的转体装置。背墙一般就是桥台的前墙，不但是转动体系的平衡重，而且是转体阶段桥体上部拉杆的锚碇反力墙。拉杆一般就是拱桥的上弦杆（桁架拱、刚架拱），或是临时设置的体外拉杆钢筋或扣索钢丝绳。转动体系最关键的部位是转体装置，它是由固定的底盘和能旋转的上转盘构成。底盘就是桥台的下部。

目前国内使用的转动装置主要有两种，一种是以聚四氟乙烯作为滑板的环道承重转体，另一种是以球面转轴支撑辅以滚轮的轴心承重转体。牵引驱动系统也是完成转体的关键。牵引系统由卷扬机（绞车）、倒链、滑轮组、普通千斤顶等组成。近年来又出现了采用能连续同步、匀速、平衡、一次到位的自动连续顶推系统提供转动动力的实例。

有平衡重平面转体法施工拱桥的主要程序是：制作底盘，制作上转盘，试转上转盘到预制轴线位置，浇筑背墙，浇筑主拱圈上部结构，张拉拉杆，使上部结构脱离支架，并且和上转盘、背墙形成一个转动体系，通过配重将重心调到磨心处；牵引转动体系，使半拱平面转动合拢；封上下盘，夯填桥台背土，封拱顶，松拉杆，实现体系转换。

（二）无平衡重平面转体施工法

无平衡重平面转体施工法是以两岸山体岩石锚洞作为锚碇来锚固半跨拱桥悬臂状态平衡时所产生的水平拉力，借助拱脚处立柱下端转盘和上端转轴使拱体作平面转动。由于取消了平衡重，可大大减轻转动体系质量，并减少用工数量，适用于地质条件好的V形河床上的大跨径拱桥。无平衡重平面转体施工法是把有平衡重转体施工中的拱圈扣索锚在两岸岩体中，从而节省庞大的平衡重。锚碇拉力是由尾索预加应力传给引桥桥面板，以压力形式储备，桥面板的压力随着拱体所处方位不同而不同。

无平衡重平面转体施工法的主要内容为：

1．转动体系施工

设置下转轴、转盘和环道，设置拱座和预制拱箱（或拱肋），预制前需搭设必要的支架、模板，设置立柱，安装锚梁、上转轴、轴套、环套，安装扣索。以保证转轴、转盘、轴套、环套的制作安装精度和环道的水平高差精度，并做好自安装完毕到转体前的防护工作。

2．锚碇系统施工

制作桥轴线上的开口地锚，设置斜向洞锚，安装轴向、斜向平撑，尾索张拉，扣索张拉。施工时应保证锚碇部分绝对安全可靠。尾索张拉是在锚块端进行，扣索张拉在拱顶段的拱箱内进行。张拉时，要按设计张拉力分级、对称、均衡加力，要密切注意锚碇和拱箱的变形、位移和裂缝等情况，发现异常现象应仔细分析研究，处理后再转入下一工序，直至拱箱张拉脱架。

3．转体施工

正式转体前应再次对桥体各部分进行系统、全面地检查，检查通过后方可转体。拱箱的转体是靠上、下转轴事先预留的偏心值形成的转动力矩来实现的。启动时放松外缆风索，转到距桥轴线约60°时开始收紧内缆风索，索力逐渐增大，但应控制在20kN以下，如转不动则应以千斤顶在桥台上顶推马蹄形下转盘。为了使缆风索受力角度合理，可设置两个转向滑轮。缆风索走速，启动时宜选用0.5～0.6m/min，一般行走时宜选用0.8～1.0m/min。

4．合拢卸扣施工

拱顶合拢后的高差，通过张紧扣索提升拱顶、放松扣索降低拱顶的方式来调整到设计位置。封拱宜选择在低温时进行。先用8对钢楔楔紧拱顶，焊接主筋、预埋铁件，然后先封桥台拱座混凝土，再浇封拱顶接头混凝土。当混凝土达到设计强度的70%后，即可对称、均衡、分级地卸扣索。

五、顶推施工法

顶推施工法是沿桥轴方向，在台后开辟预制场地，分节段预制梁体并用纵向预应力筋将各节段连成整体，然后通过水平液压千斤顶施力，借助不锈钢板与聚四氟乙烯模压板组成的滑动装置，将梁段向对岸推进。这样分段预制，逐段顶推，待全部顶推就位后，落梁、更换正式支座，完成桥梁施工。在水深、桥高和高架道路等情况下，能够节省大量脚手架，不中断桥下交通，可集中管理和指挥，高空作业少，施工安全可靠，同时可以使用简单的设备建造多跨长桥。

顶推施工法不仅用于连续梁桥（包括钢桥），同时也可用于其他桥型，如结合梁，其预制桥面板可在钢梁架设后采用纵向顶推的方式就位。此外，简支梁桥也可先连续顶推施工，就位后解除梁跨间的连接；拱桥的拱上纵梁可在立柱间顶推施工；斜拉桥的主梁采用顶推施工法等。顶推施工法还可在立交箱涵、地道桥和房屋建筑中使用。

（一）顶推施工时梁的内力分析

顶推施工法的连续梁桥在正确就位后，其恒载内力可按连续梁进行计算。顶推施工法的连续梁是逐节建造逐节向前推移的，在顶推过程中，随着梁跨越的数量增多，结构的体系不断转换为高次超静定结构。梁内各个截面在移动过程中所承受的弯矩正负方向交替出现，虽然这些内力不断变化，但它是控制梁设计的一个因素。

在顶推过程中，在梁内出现的弯矩可绘成弯矩包络图，与连续梁恒、活载（或加上其他各项因素，如各项次内力）的弯矩包络图同为结构控制设计的最大内力图。前者常要求结构接近中心配束，后者要求结构曲线配束。因此，顶推法施工常需在结构内设置能拆除的临时束，这些束在连续梁最终体系受力状态时是并不需要的多余束。顶推过程中梁最不利受力常出现在梁尚未到达墩顶而悬出长度等于跨长的时刻，为了减小结构的受力，顶推梁常使用较混凝土梁更轻的钢鼻梁。

（二）顶推施工时梁的力筋布置与施工验算

1. 力筋布置

预应力混凝土连续梁桥的纵向力筋分为三种类型：

（1）兼顾营运与施工要求所需的力筋；

（2）为施工阶段要求配置的力筋；

（3）施工完成后，为满足营运阶段需要而增加的力筋。

第一、二类力筋需要在施工时张拉，因此也称前期力筋，要求构造简单、便于施工，这样对加快施工速度是有利的，常采用直索，布置在截面的上下缘，对梁施加一个近于中心受压的预应力。顶推阶段所需要的力筋数量可由截面的上、下边缘不出现拉应力及不超过正截面的抗弯强度作为控制条件来确定。

对于兼顾营运与施工要求的力筋，常采用锹头锚，并用连接器接长。为了不使接头集中在同一截面上，钢索的长度取为两个主梁节段的长度，交错排列，使一半数量的钢索通过某一接头位置，而另一半钢索在该截面接头。对于施工需要而临时配置的力筋，占永久力筋的15%～20%，一般采用短索，布置在梁的跨中部位的上缘和支点部位的下缘，在施工完成后拆除。而顶推完成后增配的后期力筋（也称二期力筋），可采用直索与弯索，锚在箱梁内的齿板上。

2. 施工验算

顶推施工法需要进行的施工验算主要有：各截面的施工内力计算和强度验算；顶推过程中的稳定计算包括主梁顶推时的倾覆稳定计算和滑动稳定计算；钢索引伸量的计算；施工中临时结构的设计与计算；确定顶推设备、计算顶推力；顶推过程中墩台的施工验算以及梁的挠度计算等。

（三）顶推施工的方法

顶推施工法的关键是顶推作业，核心问题是用有限的顶力将梁顶推就位。

顶推的施工方法多种多样。按支承系统不同分为设置临时滑动支承顶推施工和使用与永久支座兼用的滑动支承顶推施工，设置临时滑动支承顶推施工的滑道是在桥墩上临时设置的，待主梁顶推就位后，更换正式支座。我国采用顶推法施工的数座连续梁桥均为这种方法，国外也有采用当主梁在滑道上顶推完成后使用横移法就

第六章　桥梁结构工程施工

位的施工方法。使用与永久支座兼用的滑动支承顶推施工是将竣工后的永久支座安置在桥墩的设计位置上，施工时通过改造作为顶推施工的滑道，主梁就位后不需要进行临时滑动支座的拆除作业，也不需要用大吨位千斤顶将梁顶起。

按顶推的方向不同分为单向顶推和双向顶推。双向顶推是从两岸同时预制，因此要有两个预制场、两套设备，施工费用较高。同时边跨顶推数段后，常采用临时支柱、梁后压重和加临时支点等措施，保证主梁的倾覆稳定性。双向顶推常用于连续梁中孔跨径较大而不宜设置临时墩的三跨桥梁。

顶推施工法按水平力的施加位置和施加方法不同分为单点顶推和多点顶推。

1. 单点顶推

单点顶推是全桥纵向只设一个或一组顶推装置的施工方法。顶推装置通常集中设置在梁段预制场附近的墩台上，而在前方各墩上设置滑移支撑。顶推装置的构造有水平—竖向千斤顶法和拉杆千斤顶法两种。

水平—竖向千斤顶法的施工程序为顶梁、推移、落下竖直千斤顶和收回水平千斤顶的活塞杆。顶推时，升起竖直千斤顶活塞，卸载临时支撑，开动水平千斤顶以顶推竖直千斤顶，由于竖直千斤顶下面设有滑道，千斤顶的上面装有一块橡胶板，因此竖直千斤顶在前进过程中会带动梁体向前移动。当水平千斤顶达到最大行程时，降下竖直千斤顶活塞，使梁体落在临时支撑上，收回水平千斤顶活塞，带动竖直千斤顶后移，回到原来位置，如此反复不断地将梁顶推到设计位置。

拉杆千斤顶法是将水平液压千斤顶布置在桥台前端，底座紧靠桥台，由楔形夹具固定在梁底板或侧壁，锚固设备的拉杆与千斤顶连接，通过千斤顶的牵引作用，带动梁体向前移动。千斤顶回程时，固定在油缸上的刚性拉杆便将楔形夹具松开，在锚头中滑动，然后重复下一循环。

滑移支撑设在墩顶的混凝土垫块上，垫块上设置光滑的不锈钢板或镀铬钢板形成滑道，组合的聚四氟乙烯滑块由聚四氟乙烯板表层和带有钢板夹层的橡胶块组成。顶推施工时，滑块在前方滑出，通过在滑道后方不断喂入滑块，使梁身前移时始终支撑在滑块上。

为了防止梁体在顶推时发生偏移，通常在梁体两侧隔一定距离设置导向装置，也可在导向装置上设水平千斤顶，在梁体顶推的过程中进行纠偏。

2. 多点顶推

多点顶推是在每个墩台上均设置一对小吨位的水平千斤顶，将集中顶推力分散到各墩台上，并在各墩和临时墩上设置滑移支撑，所有顶推千斤顶通过控制室统一控制出力等级，同步前进的施工方法。

由于利用了水平千斤顶，传给墩顶的反力平衡了梁体滑移时在桥墩上产生的摩阻力，从而使桥墩在顶推过程中承受着很小的水平力，因此柔性墩上可以采用多点顶推法。多点顶推通常采用拉杆式顶推装置，在每个墩位上设置一对液压穿心式水平千斤顶，千斤顶中穿过的拉杆采用高强螺纹钢筋，拉杆的前端通过锥形楔块固定在活塞插头部，后端有特制的拉锚器和锚碇板等连接器与箱梁连接，水平千斤顶固定在墩顶的台座上。当用水平千斤顶施顶时，将拉杆拉出一个顶程，即带动箱梁前进，收回千斤顶活塞后，锥形楔块又在新的位置上将拉杆固定在活塞杆的头部。

同步是多点顶推施工的关键。由于顶推水平力分散在各桥墩上，一般均需通过中心控制室控制各千斤顶的出力等级，保证同时启动、同时前进、同时停止和同时换向。为保证在发生意外时，能及时改变全桥的运动状态，各机组和观测点上均需设置急停按钮。当在柔性墩上采用多点顶推时，为减小对桥墩的水平推力并控制桥墩的水平位移，千斤顶的出力按摩擦力的变化幅度分级通过计算进行确定。由于摩擦力的变化引起顶推力与摩擦力的差值变化，每个桥墩在顶推时可能向前或向后位移，为了保证箱梁匀速前进，应控制水平力差值和桥墩位移，施工时在控制室随时调整顶力的级数，控制千斤顶的出力大小。由于千斤顶传力时间差的影响，将不可避免地引起桥墩沿桥纵向摆动，同时箱梁的悬出部分可能上下振动，这些因素对施工都是极其不利的，因此应尽量减少其影响，做到分组调压、集中控制、差值限定。

多点顶推与单点顶推相比，可以免用大规模的顶推设备，并能有效地控制顶推时梁的偏移，同时桥墩承受的水平推力小，便于结构采用柔性墩。在顶推弯桥时，由于各墩均匀施加顶力，可以顺利施工。在顶推时，如果桥墩发生不均匀沉降，只要局部调整滑板高度即可正常施工。采用拉杆式顶推系统，免去了在每一循环中用竖直千斤顶将梁顶起和使水平千斤顶复位的操作，简化了工艺流程，加快了顶梁速度。但多点顶推所需顶推设备较多，操作要求比较高。

顶推法可以使用简单的设备建造长、大桥梁，施工费用较低，施工平稳、无噪声，可在深水、山谷和高桥墩上采用，也可在曲率相同的弯桥和坡桥上使用；主梁分段预制，连续作业，结构整体性好；由于不需大型起重设备，施工节段的长度可按预制场条件和分段的合理位置进行确定，一般可取10~20m；在同一个场地进行梁段预制，便于施工管理，改善施工条件，避免高空作业，同时，模板与设备可多次周转使用，在正常情况下梁段预制的周期为7~10d；顶推施工时梁的受力状态变化较大，施工应力状态与运营应力状态相差也较多，因此在截面设计和预应力束布置时应同时满足施工与运营的要求；在施工时也可采取加设临时墩、设置导梁和其他措施，减小施工应力；顶推法宜在等截面梁上使用，当桥梁跨径过大时，选用等截面梁会造成材料费用过高，也增加了施工难度，因此以中等跨径的连续梁为宜，推荐的顶推跨径为40~45m，桥梁的总长为500~600m。

六、移动模架逐孔施工法

（一）使用临时支承组拼预制节段逐孔施工法

多跨长桥在缺乏较大起重设备时，可将每跨梁分成若干段，在预制厂预制，架设时采用一套支撑梁临时承担组拼节段的自重力，并在支撑梁上张拉预应力筋，将安装的跨梁与施工完成的桥梁结构按照设计要求进行连接，完成安装跨的架梁工作。随后，移动临时支撑梁至下一桥跨，或者采用递增拼装法，从梁的一端开始安装到另一端结束。

1. 节段的类型

按节段组拼进行逐孔施工，一般的组拼长度为桥梁的跨径或主梁节段长度，根据起重能力划分，一般为4~6m；已完成梁体与待连接梁段的接头应设置在桥墩处；结合连续梁桥结构的受力特点，并满足预应力钢束的连接、张拉和简化施工的要求，每跨内的节段通常分为墩顶节段和标准节段。由于墩顶节段要与前一跨连接，需要张拉钢索或钢索接长，因此对墩顶节段的构造有一定要求。同时在墩顶处桥梁的负弯矩较大，梁的截面还要符合受力要求。除两端墩顶节段外，其余节段均可采用标准节段。

节段的腹板设有齿键，顶板和底板设有企口缝，使接缝剪应力传递均匀，并便于拼装就位。前一跨墩顶节段与安装跨第一节段间可以设置就地浇筑的混凝土封闭接缝，用以调整安装跨第一节段的准确程度，但也可不设，封闭接缝宽15~20cm，拼装时由混凝土垫块调整。在施加初预应力后用混凝土封填，可调整节段拼装和节段预制的误差,但施工周期较长。采用节段拼合可加快拼装速度,但对预制和组拼施工精度要求较高。

2. 拼装架设

(1) 钢桁架导梁架设施工

按桥墩间的跨长选用钢桁架,其导梁支撑在设置于桥墩上的横梁或横撑上,钢桁架导梁的支撑处设有液压千斤顶用于调整标高,导梁上可设置不锈钢轨,配合置于节段下的聚四氟乙烯板,便于节段在导梁上移动。对钢导梁要求便于装拆和移运,以适应多次转移逐孔拼装。同时,钢梁需设预拱度以满足桥梁纵向标高要求。当节段组拼就位,封闭接缝混凝土达到一定强度后,张拉预应力筋与前一桥跨结构组拼成整体。

(2) 下挂式高架钢桁梁架设施工

施工时,预制节段由平板车沿已安装好的桥孔运至桥位,借助架桥机的吊装设备起吊,并将第一跨梁的各节段分别悬吊在架桥机的吊杆上,当各节段位置调整准确后,完成该跨预应力束张拉工艺,并使梁体落在支座上。

(二)使用移动支架逐孔现浇施工

逐孔现浇施工与在支架上现场浇筑施工的不同点在于逐孔现浇施工仅在一跨梁上设置支架,当预应力筋张拉结束后移动支架,再进行下一跨逐孔施工;而在支架上现浇施工通常需在连续梁的一联桥跨上布设支架连续施工,因此前者在施工过程中有结构的体系转换问题,混凝土徐变对结构产生次内力。

中、小跨径连续梁桥或建造在陆地上的桥跨结构,可以使用落地式或梁式移动支架。

当桥墩较高、桥跨较长或桥下净空受到限制时,可以采用非落地支撑的移动模架逐孔现浇施工。常用的移动模架分为移动悬吊模架与支撑式活动模架。移动模架施工法适用于简支梁、连续梁、刚构桥和悬臂梁桥等钢筋混凝土或预应力混凝土桥,其截面形式为T形或箱形截面。

1. 移动悬吊模架施工

移动悬吊模架由承重梁、肋骨状横梁和移动支撑等组成。承重梁通常采用钢箱梁,长度大于两倍桥梁跨径,是承担施工设备自重、横板系统重力和现浇混凝土重力的主要承重构件。承重梁的后端通过移动式支架安装在已完成的梁段上，承重梁的前方支撑在桥墩上，工作时呈单悬臂梁状态。承重梁除起承重作用外，还兼有导梁的作用。承重梁的移位和内部运输是由数组千斤顶或起重机完成的，并通过控制室操作。

在承重梁的两侧悬出许多横梁覆盖全桥宽，并由承重梁向两侧各用2～3组钢束拉住横梁，以增加其刚度。横梁的两端各用竖杆和水平杆形成下端开口的框架并将主梁包在其中。

当模板支架处于浇筑混凝土状态时，模板依靠下端的悬臂梁和锚固在横梁上的吊杆定位，并用千斤顶固定模板；当模架需要纵向移位时，放松千斤顶和吊杆，模板安放在下端悬臂梁上，并转动该梁前端一段可转动的部分，使模架在纵移状态下顺利通过桥墩。

2．支撑式活动模架施工法

支撑式活动模架由承重梁、导梁、台车和桥墩托架等组成，在箱形梁的两侧分别设置一根承重梁，承重梁用来支撑模板并承受施工荷载，长度要大于桥梁的跨径，浇筑混凝土再移动承重梁和活动模架，因此需要有大于两倍桥梁跨径的长度。一跨桥梁施工完成并进行脱模卸架后，由前方台车（在导梁上移动）和后方台车（在已完成的梁上移动），沿纵向将承重梁的活动模架运送到下一跨，承重梁就位后，导梁再向前移动并支撑在前方墩上。

活动模架施工是从岸跨开始，每次施工接缝设置在下一跨的1/5附近，连续施工，当正桥和两岸引桥施工完成后，设置临时支架现场浇筑连接段使全桥合拢。

每个箱梁采用两次浇筑施工法，当承重梁定位后，用螺旋千斤顶调整外模，浇底板混凝土，然后安装设在轨道上的内模板、浇筑腹板和顶板混凝土。当一孔施工结束需移动模架时，将连接杆件从一个承重梁上松开，并撤除纵向缆索后将承重梁逐根纵移。

移动模架法不需要设置地面支架，不影响通航或桥下交通，施工安全、可靠；有良好的施工环境，保证施工质量，一套模架可多次周转使用，具有预制场生产的优点；机械化、自动化程度高，节省劳力，降低劳动强度，缩短工期；通常每一施工梁段的长度取用一跨的跨长，接头一般设置在桥梁受力较小的地方，即支点1/5附近。但是移动模架法需要一整套机械动力设备、自动装置和大量的钢材，一次性投资大，施工准备和操作都比较复杂。

（三）整孔吊装与分段吊装逐孔施工法

整孔吊装与分段吊装逐孔施工法需要在工厂或现场预制整孔梁或分段梁，再进行逐孔架设施工。由于预制梁段较长，需要在预制时先进行一次预应力筋张拉，拼装就位后再进行二次张拉。因此，在施工过程中存在体系转换，即由简支梁或悬臂梁过渡到连续梁。吊装的机具有桁式吊、浮吊、龙门吊和汽车吊等，可根据起吊重量、桥梁所在位置以及现有设备和掌握机具的熟练程度等因素决定。

采用逐孔吊装施工时，应注意下面的问题：

（1）采用分段组装逐孔施工的接头位置可以设在桥墩处，也可设在梁的1/5附近。前者多为由简支梁逐孔施工连接成连续梁桥；后者多为悬臂梁转换为连续梁。在接头处可设置0.5~0.6m的现浇混凝土接缝，当混凝土达到规定的强度后再张拉预应力筋完成连续。

（2）桥的横向根据起重能力和截面形式等因素确定是否分隔。当桥梁较宽，起重能力有限时，可以采用T梁或工字梁截面，分片架设后再进行横向整体化。为了加强桥梁的横向刚度，施工部门常在梁间翼缘板设置0.5m宽的现浇接头。采用大型浮吊横向整体吊装将会简化施工，并加快安装速度。

（3）对于先简支后连续的施工方法，施工部门通常在简支梁架设时使用临时支座，待连接和张拉后期钢索完成连续时再拆除临时支座，放置永久支座。为使临时支座便于卸落，可在橡胶支座与混凝土垫块之间设置一层硫黄砂浆。

（4）在梁的反弯点附近设置接头，在有可能的情况下，可在临时支架上进行接头。结构各截面的恒载内力根据各施工阶段进行内力叠加计算。

第三节　钢桥施工

钢桥是各种桥梁体系特别是大跨度桥梁中常见的一种形式。近20年来，随着预应力混凝土桥梁的急速发展，钢桥已越来越多地进入更大的跨度领域，并且在结构形式、材料和加工制造、施工架设方面不断有所开拓和创新。到20世纪70年代末，钢桥已经用一种完全崭新的面貌出现在桥梁界，并与预应力混凝土桥梁展开激烈的竞争，这在一定程度上推动了桥梁工程的发展。

第六章 桥梁结构工程施工

一、钢构件的制作

钢桥各部件制造应根据工厂的设备、场地、技术力量、图纸、技术标准和材料供应情况等统筹安排。通常包括作样、号料、切割、零件矫正和弯曲、制孔、组装、焊接、杆件矫正、结构试拼装、除锈和涂漆等工艺。

（一）作样和号料

应按施工详图作样和下料。施工详图主要包括单元构件施工详图、拼装简图、各种发送杆件图表、大型超限杆件装运图（或方法）、车间试拼简图等。应先检查制造、安装、画线和验收所使用的仪器，然后根据尺寸准确地做出样板、样杆、样条，号出预埋孔划出切割线。下料前应除锈去污。

（二）切割

钢料的切割有剪切、焰切、联合剪冲和锯切四种方法。

剪切是使用剪切机进行的，对于16mm钢板来讲，目前可切厚度为16～20mm，应避免缺棱、反口和毛刺。

对于一般剪切机不能剪切的厚钢板，或因形状复杂不能剪切的板材都可采用焰切。焰切分手工切割、半自动切割和自动切割机切割三类，应避免斜坡、缺沟、崩坑和波纹过大等情况。

联合剪冲用于角钢的剪切。

锯切是使用圆锯机对槽钢、工字钢、管材和大型角钢进行切割。

（三）矫形

钢构件和材料在贮运、发放、加工过程中因机械损伤、负荷压弯、焊接和制作等原因会出现钢板不平、马刀形弯曲、型钢、角钢钢肢不直或不平、焰切铁瘤、剪切的反口不平、起纹和表面分层、焊渣和毛刺等现象，必须采用冷矫法和热矫法进行矫正。冷矫包括冷弯（冷压折弯）、剪切、锤打和补强等；热矫包括热处理、焰切和煨弯等。钢杆件矫形以冷矫为主，热矫为辅。冷矫时施力应缓慢，热矫时应严格控制温度。

（四）钢料加工

钢料加工主要有钻孔、卡板和金加工。钻孔又叫冲孔，钻成的孔要呈正圆柱形并与料面垂直，孔壁光滑，孔缘平整且无损伤。组装构件时可预钻或预冲小孔，组装后扩孔，孔距、孔径均应符合规定的公差。卡板又叫卡样，应使样板与料面密贴，起线准确，用足够数量的卡具卡紧，以防操作时发生错动。卡板厚度应保证最底层部件钉孔误差不超过允许限度。检查机器样板的质量、钻孔套松动和磨耗情况。金加工主要是对构件边缘和表面进行刨、锐、磨等处理。加工前应检查部件的预留加工量、平直度和加工深度。当采用刨光刀时，吃刀量不宜过大，以免加工面粗糙损伤钢料。磨边、磨头时要清除剪切的飞刺、焰割的熔渣、切口棱角的波纹，并将崩坑等缺陷铲磨匀顺。

（五）组装

应严格按照设计图纸的几何尺寸，用栓、焊等连接工艺在车间组装钢桥部件。杆件安放的位置应有利于连接。杆件组装后应除锈涂漆，并打上编号钢印，记录组装情况。

（六）焊接

钢桥采用的焊接方法有自动焊、半自动焊和手工焊三种。

焊接质量在很大程度上取决于施焊状况。焊接时所采用的电流强度、电弧电压、焊丝的输送速度和焊接速度都直接影响焊接质量。

在焊接前，如无焊接工艺评定试验，应做好相关试验，并据此确定焊接工艺。

焊接完毕后应检查焊缝质量。焊缝的质量缺陷主要有裂缝、内部气孔、夹渣、未熔透、咬边、溢流、烧穿和焊缝尺寸不符合规定等。所有的焊缝均应进行外观检查。内部检查以超声波探伤为主。

（七）试拼装

运送至工地的各部件，为校核桥梁各部分外形尺寸和配合精度，在出厂前应进行试拼装，以保证工程质量。试拼装时，应按试装施工图进行，钢梁的桁高、跨度、上拱度、主桁间距等主要尺寸精度应符合有关标准的要求。对于成批连续生产的钢梁，一般每10~12跨试拼装一次。

（八）包装

油漆干燥后即可将构件包装发运。发包时，厂方应向使用单位提供钢梁试装记录，包括轮廓尺寸、主桁拱度、工地钉孔重合率、磨光顶紧和板层间隙等，同时需提供杆件编号、重量、发送表；工地钉栓表、拼装简图，还有质量合格证书和制造过程中变更设计的杆件竣工图，以及制造钢梁所用钢尺的检验记录等资料。对整跨钢板梁可不必包装。分片、段或拆散运输的杆件、零部件应根据发送表规定数量进行包装、捆扎或栓固。铆钉、各种螺栓、冲钉、垫圈等零星小件应分类打包或装箱。装箱的表面应有牢固的标志。发料时要留有储备。运输和装卸时应小心轻放，以防撞落油漆或碰伤杆件外形。

二、钢桥的安装

钢桥的安装有很多方法，如前文所述的支架法、导梁法、缆索法、悬臂法、顶推法、整孔架设法、梁端拖拉法和悬臂拖拉法等。

（一）悬臂拼装法

悬臂安装是在桥位上拼装钢梁时，不用临时膺架支承，而是将杆件逐根依次拼装在平衡梁上或已拼好的部分钢梁上，形成向桥孔中逐渐增长的悬臂，直至下一墩台上，称为全悬臂拼装。

若在桥孔中设置一个或一个以上临时支承进行悬臂拼装，则称为半悬臂拼装。用悬臂法安装多孔钢梁时，第一孔钢梁多用半悬臂法进行安装。

钢梁在悬臂安装过程中的关键问题是降低钢梁的安装应力、伸臂端挠度的控制、减少悬臂孔的施工荷载和保证钢梁拼装时的稳定性等。

悬臂安装钢梁的施工顺序是杆件预拼、钢梁杆件拼装、高强度螺栓施工、安装时临时支承布置、钢梁纵移和横移等。

（二）拖拉施工法

1. 半悬臂的纵向拖拉

根据被拖拉桥跨结构杆件的受力情况和结构本身稳定的要求，在拖拉过程中有时需要在永久性墩台之间设置临时性的中间墩架，以承托被拖拉的桥跨结构。在水流较深、水位稳定处，可考虑采用中间浮运支承的纵向拖拉。但是船上支点的标高不易控制，施工时应特别注意。

2．全悬臂的纵向拖拉

全悬臂的纵向拖拉是指在两个永久性墩台间不设置任何临时中间支承的情况下，纵向拖拉架梁的方法。

拖拉钢桁梁的滑道可以布置在纵梁下，也可以布置在主桁下。纵梁中心距通常为2m，主桁中心对单线梁通常为5.75m。当将梁拖到设计位置后，施工部门应拆除临时连接杆件和导梁、牵引设备等。拆除时应先将导梁或梁的前端适当顶高或落低，使连接杆件处于不受力状态，然后拆除连接栓钉。拆除临时连接杆件和导梁后，可以落梁。落梁时钢梁每端至少用两台千斤顶顶梁，以便交替拆除两侧枕木垛。

（三）整孔架设法

1．架桥机架设

架桥机架梁具有既快又省的优点。目前常用的架桥机有胜利型架桥机、红旗型窄式架桥机等。

2．钓鱼法架设

钓鱼法架设是通过立在前方墩台上有效高度不小于梁长1/3的扒杆，用固定于扒杆顶的滑轮组牵引梁的前端悬空到前方墩台上。梁后端设置动滑轮组控制梁的前进速度。前后两端至少用两台千斤顶顶梁，以便交替拆除两侧枕木垛。

3．整孔架设

除小跨度的钢板梁采用整孔架设外，大跨度钢梁采用整孔架设的较少。

（四）横移施工法

有些旧桥改建工程，只需更换桥跨结构，可采用横移法换梁。横移法施工的关键是在运输繁忙的线路上如何缩短线路封闭时间。

横移法施工是在移梁脚手架上设置滚轴滑道，其上放置方木大平车。大平车一端用砂袋支垫新梁，其高度使新梁稍高于支承垫石，便于新梁就位。另一端搭枕木垛，枕木垛正好设置在旧梁下面。枕木垛上设置千斤顶，以备换梁时起顶旧梁。新梁的桥面事先完全做好，在滑道上作移梁到位的标记，并在大平车上安放指针，当指针正好对准滑道上的标记时，表示新梁已正确就位。当一切准备妥当后，可封闭交通，起顶旧梁，用绞车牵引大平车到位，然后割破砂袋，新梁即落到支座上，就可开放通车。

横移法的最大缺点是辅助结构工程量大，当孔数较多或桥高水深时更加明显。

（五）浮运施工法

浮运施工法是在桥位下游的岸上将钢梁拼铆或栓合成整孔后，利用码头把钢梁滚移到浮船上，再浮运至预定架设的桥孔上落梁就位。

浮运一孔钢梁的支承不宜多于两个，以保证荷载分布明确。当钢梁较重时，在每一处支承下，可用两艘或多艘浮船连接使用，每个支承上设两个支点承托钢梁，以保证稳定性。

船上支架通常由拆装式杆件拼成，高度为浮船进入桥孔内时钢梁底面高出支座顶$0.2\sim 0.3$ m。

在浮运过程中，为了保证浮运系统的稳定，浮运应从下游逆水进入桥孔较为完全稳妥，因此在选择岸上拼铆钢梁场地时应注意到这一个原则。

（六）有支架节段安装法

对曲线钢桥或异形钢桥，可采用分节段制造，在支架上拼装的施工方法。制造时把钢梁在横截面方向划分成若干纵向节段，当桥宽时也可再将纵向节段在桥梁纵向划分成横向节段。施工现场则在钢梁纵向分段的横截面附近设立临时支架，然后用吊机把梁节段按安装程序吊装就位，全部梁吊装固定后即可落梁、卸架。纵向节段的划分主要应根据起重能力和运输条件进行确定，适当增长节段长度可减少临时支架数量。

安装方法的选择应根据各种方法的优缺点和具体情况采用，做到因地制宜，同时达到降低成本和缩短工期的目的。

三、吊桥与钢斜拉桥施工要点

（一）吊桥的施工

吊桥的主要承重结构是悬挂在两边塔架上的强大缆索，一般结构自重较小，跨度很大。但在车辆动荷载和风荷载作用下，有较大的变形和振动。

吊桥的施工主要包括锚碇、桥塔、主索、吊杆和加劲梁的制作与安装等。

1. 锚碇

锚碇是支撑钢缆的极其重要的部分。在大跨径的吊桥中，锚碇由锚碇基础、锚块、钢缆的锚碇架和固定装置、遮棚等组成；在小跨径吊桥中，除了锚块外其他部分可作较大简化。

锚块分为重力式和隧道式。重力式锚块混凝土的浇筑应按大体积混凝土进行浇筑，锚块与基础应形成整体。隧道式锚块在开挖岩石的过程中不应采用大药量的爆破，应尽量保护岩石的整体性。锚板混凝土浇筑应注意水化热影响，防止锚板产生裂缝。隧道式锚块应注意隧道中的防水和排水措施，对于隧道周围裂缝较多的岩石应加以处理。隧道内的岩面开挖到设计截面后，应迅速加设衬砌，避免岩面风化，影响锚块质量。

2. 桥塔

桥塔采用钢或钢筋混凝土进行制造。钢桥塔通常做成空心，在工厂制造，运至工地进行拼装。当桥塔不高时，采用桥塔旁的悬臂吊车进行拼装；当桥塔较高时，需要利用沿桥塔爬高的吊车进行拼装。钢筋混凝土桥塔一般采用滑模施工法或预制拼装法。桥塔的拼装或滑模现浇均应随时控制桥塔的位置，除了严格控制两个方向的轴线位置外，还应控制桥塔各点高程，以保证桥塔的尺寸准确。

3. 主索

锚碇和桥塔建成后可进行主索的安装，主索的架设有空中架线法和预制索股法。

（1）空中架线法

当规定的根数形成一股后，按规定股数配置成六角形，每隔2～3m用镀锌软铁丝捆紧，形成圆形钢缆。钢缆外应涂黄油或加索套，以防生锈。

(2) 预制索股法

施工部门将预先在工厂按规定根数的钢索或按规定的根数和长度集束（平行钢丝）的平行线钢缆，绕在卷筒上作为原件，运至工地进行安装。一般先架设一个辅助缆索，利用牵引钢丝绳把各根钢绳或平行钢束张挂在设置于锚碇处的一对锚头上。这种钢丝绳或平行钢丝束应在两端加套筒，以方便与锚杆连接。

4．吊杆

吊杆的长度应尽量准确，先将吊杆调至设计长度，再用测力计控制各吊杆受力的均匀性。吊杆的安装应注意索夹螺栓的松动，保证吊杆位置准确，当加劲梁安装后，应防止竖立吊杆的偏移，并注意吊杆的防锈处理。

5．加劲梁的安装

加劲梁是在吊杆安装完毕后从桥塔对称安装的加劲梁节段。加劲梁在跨中合拢，合拢杆件一端的钉孔可在工地钻制；也可采用从跨中对称向两桥塔拼装的方法，这种方法可避免跨中合拢的问题，但加劲梁预拼节段的运输不如前者方便，加劲梁拼装完后应控制达到设计的预拱度，否则应调整吊杆的长度。

吊杆施工的最后工序是主索和加劲梁上的防锈油漆和索套的处理。

（二）钢斜拉桥施工

斜拉桥是用若干高强的拉索将主梁斜拉在塔柱上，斜拉索使主梁受到一个压力和一个向上的弹性支承反力，从而使桥梁的跨越能力大大增加。斜拉桥由斜拉索、塔柱和主梁等部分组成，可以形成多种结构体系，如悬浮体系、支承体系、塔梁固结体系和刚构体系。

斜拉桥根据主梁的材料分为钢斜拉桥、混凝土斜拉桥、结合梁（叠合梁）斜拉桥与混合梁（边跨混凝土梁与主跨钢梁连接）斜拉桥四类。在已建成的斜拉桥中，公路桥占绝大多数，铁路专用斜拉桥极少。

1．斜拉桥的优缺点

斜拉桥的优点：斜拉桥的梁体尺寸较小，桥梁的跨越能力较大；受桥下净空和桥面标高的限制少；抗风稳定性比悬索桥好；不需要集中锚碇构造；便于采用悬臂施工等。

斜拉桥的缺点：由于斜拉桥是多次超静定结构，设计计算较复杂；索与梁或塔的连接构造比较复杂；施工中高空作业较多，并且施工控制等技术要求严格。

2. 斜拉桥的结构与构造

双塔三跨式是一种最常见的斜拉桥孔跨布置方式，由于主孔跨度较大，一般适用于跨越较大的河流、河口和海面。

斜索按其所组成的平面分为单索面和双索面。双索面又分为双平行索面和双斜索面。双平行索面又有两种布置方式：一种是将索平面布置在桥面宽度外侧；另一种是将索平面布置在桥面宽度之内。

斜索使用较多的有平行钢丝索、钢绞线索和封闭式钢索等，在某些斜拉桥上也用过高强钢筋和型钢。

斜拉桥在塔柱和桥墩（含辅助墩）处的支承形式对主梁的受力以及结构的使用性能有较大影响。按主梁的支承条件分为连续梁和连续刚架。一般来说，梁式桥上梁的横截面形式都可用于斜拉桥的主梁，但由于梁在跨间支承在一排或两排斜索支点上，对横截面的抗扭刚度要求较高，而且要便于斜索与主梁的连接，一般不用T形截面。

钢斜拉桥施工包括桥塔施工、主梁施工、斜拉索安装三个部分。桥塔的施工与吊桥的相同。

3. 主梁施工

主梁可采用支架上拼装、悬臂拼装、顶推法和平转法等施工方法。

支架安装法适用于桥下净空低、不影响桥下通航和交通的情况。其优点是没有高空操作，主梁的几何形状容易保证，当采用万能杆件组拼支架时，施工费用将会降低，施工部门不需考虑因施工而增大主梁某部分截面的情况。

悬臂拼装法是钢斜拉桥常采用的方法，不需支架，一节节悬拼出去，并装上斜拉索构成稳定的节段。一般情况下，悬臂拼装法是使用转臂吊机把主梁块件或杆件吊装至桥面上的铁轨小车上，然后由铁轨小车通过已建成的桥面运至悬臂端部，再用安装吊机进行拼装。这种施工方法具有不干扰桥下交通的特点，但是某些部位或杆件由施工应力控制，材料可能会有所增加。

顶推法架设主梁，对钢主梁是较为有利的。因为即使悬臂施工中的受力与营运受力状态不同，但由于钢材受拉、受压的等强度特性，也不需改变截面尺寸。顶推施工法能够避免高空拼装工作，使施工费用降低，确保施工质量。不过顶推法一般只在主梁拼装完后才能架设斜拉索，在施工中不如悬臂施工有利。加上最大悬臂时某些截面尺寸要比营运时增大较多（否则要加设临时支墩）。对于稀索而言，可安装斜拉索一起顶推，有利于改善以上缺点。

对于跨径小的斜拉桥和桥下交通不能中断的跨线桥，可采用平转法架设。例如跨铁路的跨线桥，可在平行线路的桥墩上拼装主梁和安装斜拉索，当一切拼装完毕后，可借设置在桥墩顶的转盘把梁转动90°完成架桥任务。

4．斜拉索的安装

斜拉桥的拉索通常采用平行钢丝，也可采用钢丝绳。平行钢丝的斜拉索下料应注意尺寸的准确性，常在应力下裁剪。锚头常用锹头锚，锚具内应浇合金进行固定，若采用钢丝绳也应注意预张拉，克服非弹性变形。锚头合金浇注后应做实验考查其可靠性。

斜拉索安装中，为了符合设计应力和标高的要求，拉索应调整拉力。当索力与标高有矛盾时，应调整好标高。因为梁的标高变化会影响轴向力的偏心距，使其在该力作用下产生更大的变形，而索力在初应力较低时可以容许有10%的变化，初应力较高时宜控制在5%以内。斜拉索的内力调整是一项较复杂的工作，应反复调整至设计拉力值。

第七章 桥梁养护技术

第一节 桥梁常见病害及原因分析

一、桥面铺装病害类型

（一）桥梁铺装病害类型

桥梁铺装分为水泥混凝土铺装和沥青混凝土铺装两种。

1. 龟裂

裂缝有多条，裂缝不长，形状杂乱。

产生原因：施工养护不当，或铺装层与行车道板之间存有间隙。

2. 横向裂缝

裂缝延伸的方向与行车方向垂直。

产生原因：温度应力，或上部结构受力裂缝的反射。

3. 纵向裂缝

裂缝延伸的方向与行车方向一致。

产生原因：施工养护不当；装配式简支梁接缝质量差；桥面板上裂缝的反射。

4. 断裂或破损

水泥混凝土铺装上裂缝宽度较大，并有混凝土破裂。

产生原因：铺装层与桥面板之间存在脱空间隙。

5. 坑槽

铺装层局部存在凹陷。

产生原因：铺装层材料质量分布不均，局部区域混凝土抗剪强度不够。

6. 露筋

铺装层内的钢筋露出铺装层表面。

产生原因：铺装层的保护层厚度太薄。

7. 车辙

沥青混凝土铺装上不平整，沿行车方向存在具有一定长度的凹槽，沥青混凝土材料质量差。

8. 拥包

沥青混凝土铺装上存在隆起的鼓包。

产生原因：铺装层与桥面板之间黏结强度不够。

（二）桥面与道路连接处病害类型

桥面与道路连接处接缝存在错台，接缝处桥面破损。

（三）排水设施病害类型

1. 泄水管堵塞

产生原因是桥面垃圾积累未清除。

2. 排水PC管破损

产生原因是PC管老化、质量差。

（四）伸缩缝病害类型

1. 伸缩缝中堵塞

产生原因是桥面垃圾堆积未清除。

2. 橡胶条破裂

产生原因是橡胶条老化质量差，或施工安装不当。

3. 伸缩缝周边混凝土破损

产生原因是伸缩缝安装时两接边高差过大。

（五）护栏病害类型

1. 栏杆与扶手钢筋锈蚀

产生原因是保护层太薄。

2. 扶手断裂或脱落

产生原因是施工或安装质量差。

（六）防撞墙病害类型

1. 防撞墙裂缝

产生原因是施工不当，断缝设置不合理，或防裂钢筋配筋不足。

2. 钢筋锈蚀

产生原因是保护层厚度薄，不满足规范要求。

二、上部结构常见病害与分析

（一）钢筋混凝土板桥

钢筋混凝土板桥的常见病害主要有底板裂缝、露筋，接缝渗水。钢筋混凝土板的裂缝有龟裂、横向裂缝和纵向裂缝。

1. 底板纵向裂缝

产生原因是板比较宽，为双向受力状态，故底板的横向受力钢筋布置不足。

2. 底板露筋

产生原因是桥下净空高度小,受车辆擦伤致混凝土剥落。

3. 底板开裂

产生原因是若该裂缝为横向裂缝,位于跨中区域,同时有几条裂缝,故该裂缝为受力裂缝,需要对施工工艺和承载能力作复核。

4. 底板渗水

产生原因是若该桥底板中存在纵向裂缝导致渗水,则是由底板横向构造不足或施工底板厚度偏薄;若接缝处渗水,则是由浇筑的接缝混凝土不密实导致的。

(二)钢筋混凝土简支T梁

钢筋混凝土简支T梁常见病害为:梁肋竖向裂缝、斜向裂缝;T梁翼缘板钢筋外露锈蚀与接缝渗水;横隔板裂缝、露筋和其连接处混凝土剥落等。

对钢筋混凝土简支T梁产生的裂缝进行分析,主要目的是要区别是荷载产生的受力裂缝还是非荷载(如温度、混凝土收缩等)产生的非受力裂缝。

在梁肋两侧存在多条竖向裂缝,这些裂缝宽度呈中间大、两端小的情况,则该裂缝为非受力裂缝。如在梁肋两侧存在多条竖向裂缝,梁肋底面也有横向裂缝,裂缝形态呈U字形,且裂缝宽度是下面大、上面小的情况,则该裂缝为受力裂缝。

裂缝原因分析:该梁肋一侧在全跨范围内分布有8条裂缝,不仅跨中区域存在有裂缝,而且1/4区域也有裂缝;裂缝位于梁肋的中部。依据该形态分析出该裂缝是由混凝土收缩产生的裂缝。

钢筋混凝土翼缘板常见的病害主要为翼缘板之间连接缝混凝土剥落、露筋,翼缘板存在裂缝,并有白色物质渗出。

该梁在跨中几个局部区域存在该病害,通常由于桥下净高不足,梁底受到车辆或船只的撞击产生的。

(三)预应力混凝土T梁桥

预应力混凝土T梁桥常见病害主要是翼板的连接质量和横隔板裂缝、露筋、破裂。

通常全预应力混凝土构件是不容许出现受力裂缝的。一旦出现受力裂缝,则该构件必须进行加固处理。所以对全预应力混凝土构件的裂缝判定非常重要。

预应力混凝土T梁桥的梁肋裂缝是否为受力裂缝,其判别标准与钢筋混凝土基本相同。由于预应力混凝土T梁存在预压应力,故通常的非受力裂缝一般也不出现。

目前预应力混凝土T梁桥病害大多为横隔板连接质量病害。

(四) 钢筋混凝土连续箱梁桥

钢筋混凝土连续箱梁桥常见病害为箱体裂缝、钢筋锈蚀、混凝土剥落,翼缘板的裂缝、钢筋锈蚀、混凝土剥落。

箱体检查要点为:

(1) 跨中区域在底板是否有横向裂缝,其侧面是否有从下向上的竖向裂缝;

(2) 在连续梁中间支点区域是否有从上向下的竖向裂缝和斜向裂缝;

(3) 在连续梁两端支点区域是否有从下向上的斜裂缝。

上述这些裂缝是典型结构受力裂缝。

翼缘板检查要点为:

(1) 翼缘板是否存在横向裂缝;

(2) 翼缘板根部是否存在混凝土剥落。

翼缘板横向裂缝一般为混凝土收缩裂缝,根部混凝土剥落则要检查桥面板是否在对应位置存在纵向裂缝。

(五) 预应力混凝土箱梁桥

大跨度预应力混凝土箱梁桥的截面是由顶板、底板、腹板和翼缘板构成的。

预应力混凝土箱梁桥常见病害主要是裂缝、混凝土剥落、露筋锈蚀。

(六) 刚架拱桥

刚架拱桥一般由刚架拱片与微弯板组成。刚架拱桥常见的病害为裂缝、混凝土剥落、钢筋锈蚀以及连接破坏。

刚架拱桥病害产生的原因一般是横向联系的刚度弱,桥梁整体受力较差,导致拱桥构件产生裂缝。

目前在广东地区这类桥梁均出现病害,过去几年已对这类桥梁进行拆除重建,或加固处理。

（七）石砌拱桥

石砌拱桥常见的病害及原因分析如下：

1. 基础沉陷，墩台移动

石砌拱桥多按无铰拱设计，为超静定结构，当桥墩在横向发生不均匀沉降时，主拱圈及侧墙将会发生倾斜、扭转，严重的将会导致开裂。当桥墩在纵向发生不均匀沉降时，侧墙将会产生竖向裂缝，主拱圈在下沉墩附近的拱脚下缘开裂，上缘与侧墙脱离。

2. 主拱圈开裂

主拱圈开裂严重影响桥梁的安全，其主要原因是主拱圈厚度太薄或材料强度不够。石砌拱桥主拱圈内力分析表明，拱顶正弯矩最大，拱脚负弯矩最大，拱顶、拱脚为设计控制截面，若截面抗力小于设计荷载内力，将造成拱顶下部或拱脚上部开裂。如拱桥由多层平行拱圈石砌成，在施工过程中圈与圈又未注意交错搭接，拱圈则易发生纵向裂缝。拱圈裂缝一般只有1～2mm，但一经开裂，往往容易发展，危及桥梁的正常使用。

3. 腹拱圈开裂

由于主拱圈变形而产生的拱上构造的外加应力，可能使腹拱产生裂缝。

4. 拱脚附近拱圈压碎

在部分拱桥的拱脚附近发现拱圈石料的碎裂和剥落现象，其原因主要是护拱较弱，或是没有护拱，或是石料的加工质量较差，导致拱圈和侧墙出现渗水现象。

5. 侧墙开裂

侧墙开裂包括侧墙与拱圈连接界面的脱开和侧墙自身开裂。原因主要是拱上填料在自身恒载及外活载作用下，对侧墙产生的横向推力及在与拱圈共同受力时，侧墙在1/4截面产生拉应力而导致的开裂。

（八）双曲拱桥

双曲拱桥常见病害为构件上裂缝、混凝土剥落、钢筋锈蚀。目前该类桥梁出现的病害较多，需要进行加固处理。

双曲拱桥裂缝病害产生的主要原因是桥梁整体性较差，不适用于大交通量下的重载重量荷载。

（九）桁架拱桥

桁架拱桥的常见病害是构件裂缝、混凝土剥落、钢筋锈蚀。

桁架拱桥与钢架拱桥相同，病害产生的原因一般是横向联系的刚度弱，桥梁整体受力较差，导致拱桥构件产生裂缝。

目前在广东地区这类桥梁均出现病害，过去几年已对这类桥梁进行拆除重建，或加固处理。

三、桥梁支座

目前桥梁常用支座为板式橡胶支座和盆式橡胶支座。其中简支梁桥的支座采用板式橡胶支座，连续梁桥支座采用盆式橡胶支座。

（一）板式橡胶支座

板式橡胶支座常见病害是支座剪切变形大、支座脱空或局部脱空、支座老化外鼓、开裂和支座缺失等。

（二）盆式橡胶支座

盆式橡胶支座常见病害是钢盆锈蚀、锚固螺栓松动、锈蚀、橡胶磨损、垃圾堆积。

四、桥梁下部结构

桥梁下部结构由桥台、桥墩与基础组成。

（一）桥台

钢筋混凝土桥台的检查要点是：

(1) 台帽是否存在裂缝、混凝土脱落；

(2) 台身是否存在纵横向裂缝、露筋；

(3) 侧墙是否存在裂缝或开裂；

(4) 挡块是否损坏。

（二）桥墩

钢筋混凝土桥墩的检查要点是：

(1) 盖梁是否存在裂缝、露筋以及挡块是否被损坏；

(2) 立柱是否存在龟裂、竖向裂缝、横向裂缝、露筋；

(3) 立柱是否被船只撞击。

（三）桩基

位于水中的桩基一般派遣潜水员在水下模测，或在枯水期间进行检查。桩基的检查要点是：

(1) 桩基是否在水流作用下被冲刷掏空，钢筋锈蚀；

(2) 桩基是否倾斜、分层；

(3) 桩基是否被船只或漂浮物撞击、擦伤。

五、附属部分

附属部分的检查要点是检查锥坡、护坡、调治构造物是否存在开裂、塌陷、铺砌缺损、勾缝脱落等现象。

六、涵洞

公路上的涵洞依据结构的形式不同，分为盖板涵、箱涵、石拱涵和圆管涵等四种，涵洞检查的要点是：

(1) 涵洞进出水口是否被堵塞；

(2) 涵洞附近填土是否塌陷；

(3) 涵身两侧挡墙是否开裂；

(4) 盖板涵的涵顶是否存在裂缝，是否渗水；

(5) 圆管涵洞四周连接是否有脱空等情况。

第二节 日常保养技术

一、桥涵养护总体要求

（1）桥涵外观整洁。
（2）桥头顺适，桥面铺装坚实平整、横坡适度。
（3）结构无损坏，排水、伸缩缝、支座、护墙、栏杆、标志、标线等设施齐全良好。
（4）基础无冲刷、掏空。

二、桥涵养护基本内容

桥涵养护的基本内容包括：清除污泥、杂物，保持桥面系、涵洞洞口清洁；疏通涵管，疏导桥下河槽；局部修理或更换栏杆和伸缩缝等；修补河床铺砌及涵洞进出水口铺砌；桥涵的局部加固维修。

日常巡查内容：观测桥面铺装有无损坏，伸缩缝、泄水孔有无堵塞，上下部结构有无破损、变形，桥梁栏杆、桥头示警桩、桥名牌、限载标志等是否齐全、整洁、完好，河道是否堵塞等。

日常巡查要求：县道每周不少于一次，乡、村道每月不少于两次；特殊路段或遇有恶劣天气、重大节日活动等特殊情况应适当加大巡查频率。

日常巡查处置：发现病害、缺陷的应及时修复，不能及时修复的，应及时上报上级管理机构处置。

（一）桥面保洁

（1）定期清扫桥面、清洗护栏，保持桥面整洁无堆积物、杂草；泄水孔无堵塞。
（2）桥面的泄水孔、排水槽如有堵塞应及时疏通，泄水管下端应露出不少于10cm。

（二）桥面伸缩缝的养护

（1）伸缩缝应经常养护，如清除碎石、泥土杂物；拧紧螺栓，并加油保护，使其发挥正常作用。

（2）伸缩缝局部损坏的应及时修复，使其发挥正常作用；若损坏严重或老化以致功能失效的要及时更换。

（三）桥梁护栏的养护

（1）栏杆中涂装层破损的，应及时补漆，保证栏杆使用的耐久性。

（2）护栏上的反光膜脱落，应随时补贴。

（3）由于交通事故或自然灾害造成护栏缺损或变形，应及时修复或更换，锈蚀严重的金属护栏应予以更换。

（四）桥面铺装的养护

（1）保持桥面清洁平整，及时排除雨后桥面积水，清除桥面上杂物。

（2）及时处理桥面铺装存在的裂缝、磨光、脱皮等表面缺陷。

（3）保持桥面上的人行道铺装、盲道和缘石完好、平整，有缺损时，应及时维修或更换。

（五）桥梁支座的养护

（1）支座半年一清扫，各部应保持完整、清洁，位置正确，清除支座周围的油污、垃圾杂物，保证支座正常工作。

（2）每年一次对滚动支座的滚动面定期涂抹润滑油。

（3）对钢支座要进行除锈防腐，除钗轴和滚动面外，其余部分均应涂刷防锈油漆。

（六）桥梁墩台的养护

（1）墩台表面应保持清洁，及时清除青苔、杂草、荆棘及污秽。

（2）垢工砌体长期受大气影响、雨水侵蚀而发生灰缝脱落，应重新勾缝。

（3）当片工砌体镶面部分严重风化和损坏时，施工部门应用石料或混凝土预制块补砌、更换，新旧部分要结合牢固，色泽和质地与原砌体基本一致。

（4）墩台表面发生侵蚀剥落、蜂窝麻面、裂缝、露筋等病害时，施工部门应采用水泥砂浆修补。

（七）桥梁墩台基础的养护

（1）施工部门应适时地进行河床疏浚，保持桥下河道的排水畅通。

（2）基础冲刷过深或基底局部掏空，应立即抛填块石、片石、铅丝石笼等进行维护。

（3）桥下河床铺砌出现局部损坏时应及时维修；若砌块损坏，施工部门可补砌或采用混凝土修补。

（八）桥面铺装层的日常养护

（1）桥面板出现开裂时，可用风镐将旧板凿碎清除，再根据通车期限要求，选用合适材料浇制板块、抹面、压纹或拉槽，养护灌缝。其原有纵、横缝应认真恢复，必要时其上部锯缝深度应加深。

（2）针对铺装层表面磨光，可采用刻槽机对磨光的部分进行刻槽处理或加铺表面抗滑性能强的混合料薄层，使桥面抗滑性能满足行车要求。

第三节 小修技术

一、桥梁上部构造的养护、维修与加固

桥面系指的是上部结构中，直接承受车辆、人群等荷载并将其传递至主要承重构件的桥面构造系统，包括栏杆、伸缩缝、桥面铺装、人行道、排水设施等。

（一）栏杆的养护与维修

公路桥梁的栏杆作为一种安全防护设备，是桥梁上部构造的重要组成部分，同时栏杆又是桥梁的一种美学装饰。

栏杆存在缺陷或已损坏时，虽不妨碍交通，但却影响桥容，使行车缺少安全感，降低交通安全的适应水平。因此，相关部门对损坏的栏杆要及时修理，并加强平时的养护工作。

为了使栏杆经常保持完好状态，应保证水平构件能自由伸缩。

(二)桥面伸缩缝的养护与维修

1. 桥面伸缩缝的养护

梁端之间以及在梁端与桥台背墙之间设置横向的伸缩缝。伸缩缝在平行于、垂直于桥梁轴线的两个方向,均能自由伸缩,牢固可靠,车辆驶过时应平顺,无突跳与噪声,防止雨水和垃圾泥土渗入导致阻塞。

由于伸缩缝设置在梁端构造薄弱的部位,直接承受车辆荷载反复作用,又多暴露于大自然中,受到各种自然因素的影响。因此,伸缩缝是易损坏难修补的部位,经常发生各种不同程度的病害。因此,伸缩缝要经常养护,清除缝内积物,扭紧螺栓,使其发挥正常作用。

2. 桥面伸缩缝应注意的问题

对于常用的几种伸缩缝,应分别注意以下问题:

①U形锌铁皮伸缩缝:注意锌铁皮是否老化、开裂、断裂。U形锌铁皮式伸缩缝是一种简易的伸缩装置,一般用于中、小跨径的桥梁,所能适应的变形量在20～40mm以内。②钢板伸缩缝:注意钢板是否变形,螺栓是否脱落以及伸缩缝的有效性。③胶板条伸缩缝:注意橡胶条是否老化、脱落,固定角钢是否变形、松动。④板式橡胶伸缩缝:注意橡胶是否老化,预埋螺栓是否松脱,以及伸缩缝的有效性。

板式橡胶伸缩缝是一种刚柔结合的装置,具有一定的竖向刚度,跨越间隙的能力大(变形范围可达30～300mm),连接牢固可靠,行车平稳舒适,并具有良好的吸振作用。

3. 伸缩缝的维修

维修工作要依据缺陷的程度并针对产生的原因,进行部分修补或全部更新。

桥面为沥青混合料铺装时,可采用钢筋混凝土盖板式伸缩缝。对于钢板伸缩缝,当钢板与角钢焊接破裂时,应清除垢秽后重新焊牢;当梳齿断裂或出现裂缝后,也要采取焊接方法进行修补。

对于伸缩量在50mm以内的各类中小跨径桥梁伸缩缝的更换或改造,可采用TST碎石填充新型伸缩装置。在现场将特制的弹塑性复合材料TST加热熔融后,灌入经过清洗加热的碎石中,即形成了TST碎石弹性伸缩缝。碎石用来支承车辆荷载,TST

弹塑性体在-25℃～+60℃条件下能够满足伸缩量的要求。

（三）桥面排水系统的养护与维修

桥面排水设施出现缺陷会导致桥面积水，给行车带来不利影响，降雨时引起车辆滑移，成为交通事故发生的原因。严重的还会损坏桥梁结构本身的安全。当雨水由伸缩缝直接进入支座时，将会使支座锈蚀，造成支座的功能恶化。在城市桥梁或立交跨线桥中，由于桥面积水，车辆过桥时污水四溅，殃及行人和破坏周围环境，使桥下居民受害。为此，相关部门必须对桥面排水系统加强维修与养护。

（1）桥面的泄水管、排水槽如有堵塞，应及时疏通，保持畅通。缘石的横向泄水孔道，不够长的要接长，避免桥面流水沿梁侧流泻。

（2）泄水管损坏要及时修补，接头不牢已掉落的要重新安装接上，损坏严重的要予以更换。

（3）引水槽已破裂的要重新修理，长度不足时应予以接长。当槽口太小，不能满足排水需要时要扩大槽口重新修筑。

（4）桥面排水设施应畅通、完整。

（四）桥面铺装的养护与维修

应经常清扫桥面，保持桥面清洁完整和有一定的路拱。在雨后应随时将桥面积水扫到泄水管口予以排除，冬天结冰或下雪后，应及时消除桥面上的冰块或积雪。严禁在桥面上堆置杂物或占为晒场等，以保证车辆过桥时行驶的安全。此外，桥面防水层如有损坏也要及时进行修理。

二、桥跨结构的养护、维修与加固

（一）一般原则

（1）应在前节桥梁检查及评定的基础上，针对产生病害的原因进行养护、维修与加固。

（2）应充分发挥原有结构的承载能力，并选择投资少、工效快、尽量不中断交通、技术上可行且有较好耐久性等的方法进行养护、维修与加固。

（二）裂缝的修补

实际混凝土桥梁结构中裂缝的成因多种多样，然而不管何种裂缝，只要其裂缝宽度超过规范的限定值，都将影响桥梁结构的耐久性，甚至会降低桥梁的承载能力。因此，在桥梁养护工作中，应充分重视裂缝的修补。

1．钢筋混凝土桥梁的裂缝修补

目前修补裂缝的材料主要有两大类，即水泥（砂）浆和高分子化学材料。

（1）水泥砂浆通常用高标号干硬性水泥配制，适用于缺少修补机具的工程。当裂缝宽度较小时，一般用水泥浆修补；当裂缝宽度大于0.4mm时，一般用水泥砂浆修补。施工时先采用凿毛、喷砂或钢丝刷拉毛等方法清除原构件混凝土的松散组织或石料的风化及破裂部分，并沿裂缝长度凿成V形槽口，用高压气枪或水枪冲洗吹干，然后用水泥（砂）浆人工用力挤压填缝，同时加强养护。当采用机械灌浆时，水泥浆的水灰与一般情况相比不宜小于1.6，方法与化学材料灌浆类似。

（2）高分子材料灌浆修补裂缝时用的材料，一般以环氧树脂为主，其黏结力强、稳定性好、收缩性小、耐腐蚀且可灌性好，适合于宽度在0.1～0.4 mm的裂缝修补工作。

2．对砖、石、混凝土拱桥的裂缝修补

（1）勾缝处理；
（2）用横向钢板加固；
（3）采用压注水泥砂浆进行修补，或做镶面石或设置混凝土帮面、帮圈来加固；
（4）严重部位必须进行翻修。

（三）钢筋混凝土梁桥主梁加固

桥梁梁式构件的加固方式很多，目前比较成熟且应用较广的技术有：增加构件截面法、粘贴加固法、施加体外预应力加固法、增加构件加固法、改变结构体系加固法及综合改造加固法等。

1．增加构件截面法

增加构件截面法又可分为增加主筋补强加固和增加混凝土截面补强加固两种。

（1）增加主筋补强加固适用于构件抗弯承载能力不足且桥下净空受限而不宜加大截面高度，甚至桥面标高也不许提高的情况。

（2）增加混凝土截面补强加固又可采用两种方式：其一是加厚桥面板；其二是增大主梁梁肋的高度和宽度。

2. 粘贴加固法

粘贴加固法是采用环氧树脂胶液把钢板、钢筋或玻璃钢粘贴在结构的受拉边缘或薄弱部位。20世纪60年代以来，该法在国内外得到了广泛的应用，取得了较好的效果。

粘贴加固设计方法与前文所述的增加截面加固设计类似，即原有构件承受恒载与活载，增加的黏结件（钢板、钢筋或玻璃钢）承受原有构件承受不了的那部分活载。

3. 施加体外预应力加固法

该法是在原梁体外受拉区域设置预应力筋，通过在张拉时梁体产生偏心预压力，以此来减小荷载挠度，改善结构受力状态。

按预应力施加方式的不同，可有横向收紧张拉法、纵向张拉法等几种方法。

（1）横向收紧张拉法的具体施工程序

a．粘贴锚固钢板；b．焊接拉杆粗钢筋；c．安装张拉装置；d．预张拉；e．张拉；f．防护处理。

（2）纵向张拉补强加固的施工工艺

a．凿开梁端桥面铺装，在梁端顶部按设计斜度凿出锚固槽。b．钻孔。在锚固槽内沿梁腹板侧壁方向按设计斜度钻两个平行的孔洞。c．粘贴梁端锚固垫板和梁底的短柱支座垫板。d．安装拉杆钢筋。拉杆分水平段及弯起的锚固段两部分，各拉杆的松紧度应调整一致。e．张拉。每片梁上的几根拉杆应保持均衡张拉。f．封锚。用防水砂浆或环氧砂浆填入锚固槽封锚。g．防护处理。

无论采用哪一种方式对拉杆施加预应力，预应力拉杆均外露在结构外表，拉杆的锈蚀、梁下支撑的位移等都会影响到补强效果，特别是采用横向收紧张拉法施工时，撑棍的变形、锁紧螺栓在行车振动作用下可能发生的松动等，都会使拉杆中的预应力值受到损失，从而降低补强效果。

为此，除了严格把控各工艺过程的施工质量外，要认真做好防护处理，并需进行定期检查，加强维修。

4．增设构件加固法

对于因横向整体性差而降低承载能力的桥梁上部结构，可以采用增加横隔梁的方法，以增加各主梁之间的横向联结。

此时可在新增横隔梁部位的主梁梁肋上钻孔，设置贯通全桥宽的横向联结钢筋，此钢筋的两端用螺帽锚固在两侧主梁梁肋外侧。浇筑新增横隔梁混凝土之前应将与主梁结合处的混凝土表面先凿毛清洗，然后悬挂模板浇筑横隔梁混凝土。

5．改变结构体系加固法

改变结构体系的方法可以有多种，例如在原简支梁桥孔内增设桥墩或斜撑，以减小原结构的跨径，将简支梁体系转换为连续梁体系等。

采用改变结构体系的方法进行技术改造时，必须进行认真地计算并采取相应的措施。例如，在简支梁跨中增设支点时，应验算新增支点处由负弯矩产生的拉应力，并根据应力大小增加配置梁（或板）的上缘钢筋。此时也可考虑利用原结构。上缘的架立钢筋等承受部分负弯矩；也可按不产生负弯矩的原则选择支点位置，或者使新支点处产生的活载负弯矩与未增设支点前该处的恒载正弯矩接近，否则就有可能导致主梁上缘的开裂。

（四）拱桥的养护、维修和加固

1．砖、石拱桥的养护与维修

（1）修理防水层

为防止渗漏，砖、石拱桥均应做防水层。如发现没有防水层或防水层损坏失效时，应挖开拱填料重做或在桥面上加铺沥青路面，防止桥面水渗漏。

（2）保护面层不使风化

砖、石拱桥要注意灰缝的保养，如有脱落应及时修补，如砖、石有风化剥落，可喷刷一层1～3cm的水泥砂浆。喷浆应分2～3层喷注，每隔1～2d喷1层。必要时，可加布一层钢筋网，以增加喷涂层的强度。

（3）压浆法修补砖、石拱桥

砖、石拱桥一经开裂，往往容易发展，从而危及桥梁的使用与安全，这时可用压注水泥砂浆或其他化学浆液的方法进行修补。

2. 砖、石拱桥的加固

砖、石拱桥的加固一般通过拱圈的加固来实现。拱圈可以用增加厚度和横向联结系或设置新加结构的方法来加固。

3. 双曲拱桥的维修加固

（1）黏结钢板加固拱肋法

为加固双曲拱肋位置的拱桥拱肋强度，可以在将拱肋表面清理整洁后，施工部门用环氧类砂浆黏结钢板的方法来提高其承载能力。在拱圈产生裂缝或承载能力不足时，采用该法加固效果明显。黏结钢板的位置主要置于拱肋截面下，可用成条整板（或分块焊接）在拱圈弧形范围内间隔黏结。一般可视具体情况选定尺寸，钢板厚度宜用4～10mm，过厚时施工比较困难。

（2）螺栓钢板结合加固拱肋法

此法与前文所述的利用钢板加固拱肋的方法的基本目的相同，但不是单纯依靠粘贴，而是除了利用胶黏剂之外，再按一定间距凿孔并埋入螺栓。然后就钢板预钻孔对准预埋件位置穿入并用螺帽紧固。使用这种做法进行拱肋凿孔比较费劲，埋设位置不易准确，因此，钢板钻孔要留存余量，如采用椭圆形孔或扩大孔径，方可减少对位时的麻烦。

（3）粘贴钢筋加固法

施工此法与前述方法基本相同，但所采用的是钢筋加固件。从实际情况看，此法与钢板粘贴法相比，具有与结构物黏附性能好、加固成型容易、补强效果更为显著的特点。

（4）扩大拱肋截面加固法

此法是通过采用钢筋和混凝土外包加大原拱肋，从而达到扩大拱肋截面尺寸的目的。并且，此法是增加拱肋断面的含筋率或变无筋拱肋为有筋拱肋，提高拱肋抗弯刚度的一种加固方法。其作用明确、效果显著、应用广泛。

（5）增设拱肋加固法

可在每条或有的拱肋下新加拱肋，也可在原桥最外侧两拱肋旁新增拱肋并加强横向联系。

（6）顶推加固法

顶推的基本做法是在一端桥台的拱脚处安装顶推装置，将拱肋自拱脚向跨中方向顶推，使两拱脚间已发生的相对位移减小以至完全消除，以减轻或消除因桥台位移对上部结构产生的危害。

三、支座的维修与加固

桥梁支座在其遭受损坏、作用不能充分发挥时，将会使桥梁上、下部结构受到不利的影响。因此，必须经常进行养护与维修，发生损坏时要及时、慎重地制订维修加固计划，进行修补。支座的维修与加固，由于工期要求较短，又是在施工较为困难的部位，故应充分研究所采用的维修与加固措施及所采用的材料机具设备等，以便能够迅速、可靠地进行修补。

（一）支座的养护工作

（1）支座各部分应保持完整、清洁，及时扫除垃圾，冬季清除积雪和冰块，保证梁跨自由伸缩。

（2）在滚动支座滚动面上要定期涂一薄层润滑油，在涂油以前，必须先用钢丝刷或揩布把滚动面擦拭干净。

（3）为了防锈，支座各部分除钢辊和滚动面外，其余都要涂刷油漆保护。

（4）对于固定支座来说，应检查锚栓坚固程度，支承垫板要平整紧密，及时拧紧结合螺栓。

（二）支座的维修加固

（1）油毡支座因损坏、掉落而不能发挥作用，摆柱式支座工作性能不正常，有脱皮、露筋或其他异常情况发生的，以及橡胶支座已老化、变质而失效时，都必须进行调整并维修加固。

（2）钢辊轴式支座辊轴（或摇轴）的实际纵向位移应与计算的正常位移相符，如实际纵向位移大于允许偏差或有横向位移时应加以矫正。

实际纵向位移量可实地测量辊轴中心线与垫座中心的距离，削扁辊轴及摇轴也可测量其倾斜角。辊轴两端距底板边缘实测距离不相等时，说明辊轴有倾斜或底板不正。

四、墩台基础的养护、维修与加固

（一）墩台基础的养护

（1）桥梁上下游各1.5倍桥长，但在不小于50m和不大于500m的范围内，应做到：①河床要适时地进行疏浚，每次洪水过后，应及时清理河床上的漂浮物和沉积物，使水流顺利宣泄；②不得任意修建对桥梁有害的水上建筑物，必须修建时，应采取必要的桥梁防护措施。

（2）墩台表面必须保持清洁，要及时清除青苔、杂草、荆棘和污秽。

（3）砌体长期受大气影响、雨水侵蚀而发生灰缝脱落时，应重新勾缝。

（4）混凝土表面发生侵蚀剥落、蜂窝麻面等病害时，应及时将周围凿毛洗净，用水泥砂浆抹平。

（5）圬工砌体镶面部分严重风化和损坏时，应予以更换。用石料或混凝土预制块补砌，要求结合牢固。色泽和质地与原砌体基本一致。

（6）梁式桥墩台顶面没有流水坡或坡面凹凸不平、有裂缝时，应及时铺填水泥砂浆或混凝土做成横向坡度以利于排水。

养护是为了使结构物保持完整、牢固、稳定、不发生倾斜，并减少行车震动和基础冲刷。

（二）墩台的修理与加固

1. 圬工砌体墩台如表面风化剥落，深度在3cm以内的，可喷刷10号以上的水泥砂浆修补；如损坏面积较大，深度超过3cm的，须浇筑混凝土层予以裹覆。

2. 当墩台出现变形时，应查明原因，采取下列针对性措施：

①由于桥台台背填土遇水膨胀而变形，应挖去膨胀土，检修排水设施，填以砂砾土，修好损坏部位。②由于冻胀原因，应挖去冻土，填以矿渣砂砾等，并封闭表面不使渗水，修好损坏部位。③属于砌筑不良的，应凿去或拆除变形部分，重新砌筑或浇筑。④由于砌筑填缝不实，墩台有空洞的，可择空洞部位附近开凿通眼，以压浆机压注水泥砂浆或环氧树脂修补。

3. 当墩台由于混凝土温度收缩、局部应力集中及施工质量不良等原因产生裂缝时，应视裂缝大小，分别采取下列措施：

①裂缝较大时，应做好记录，观察其变化。如无发展，可扩缝灌以水泥砂浆或

环氧树脂。②石砌坊工出现通缝和错缝不足的情况时，应拆除部分石料，重新砌筑。③由于活动支座失灵而造成墩台拉裂的，应修复或更换支座，并处理裂缝。④由于基础不均匀沉降而产生的自下而上的裂缝，应先加固基础，再视裂缝发展程度灌缝或加固墩台。⑤裂缝已贯通墩台，可用钢筋混凝土围带或钢箍进行加固。也可以在桩柱损伤处，将原混凝土凿毛，外面加设钢筋混凝土围带，使损伤部位得以加强。

五、桥梁结构钢筋锈蚀的处置

（1）凿除剥落、松脱等已损坏的部分混凝土，使钢筋全部露出。

（2）用钢丝刷对钢筋作除锈处理，必要时在除锈后对钢筋作防锈处理。

（3）在清除好的混凝土与钢筋表面涂上环氧树脂等黏结剂。

（4）用新的混凝土或砂浆填补，也可用环氧砂浆、环氧混凝土或其他防腐蚀材料来修补。

（5）对新浇筑的混凝土作表面处理，以防止混凝土表面重新碳化。

六、涵洞的养护、维修与加固

（一）日常检查

（1）涵洞的位置是否恰当，孔径是否足够，洞内有无淤塞、冲刷。

（2）涵洞有无开裂，填土有无沉陷。涵底涵墙有无漏水，八字翼墙是否完整。

（3）进水口是否堵塞，沉砂井有无淤积，洞口铺砌有无冲刷脱落。

（4）涵洞内有无积水，洞内是否有冻裂。

（二）养护与维修

1. 砖石涵洞

砖石涵洞的表面如发生局部风化、轻微裂缝及砖灰缝剥落等现象，应用水泥砂浆勾缝或修补封面。洞顶漏水时必须挖开填土，用水泥砂浆或石灰砂浆修理其损坏部分，并衬砌胶泥防水层。

2. 混凝土管涵和四铰涵管

混凝土管涵的接头处和四铰涵管铆点接缝处发生填缝脱落时，应用干燥麻絮浸透沥青后填实，不宜用灰浆抹缝，以免再次碎裂脱落。

3. 压力式管涵

压力式管涵进水口周围的路堤应保持坚固。每次水淹以后，要检查有无洞穴缺口或冲刷现象，并及时进行修补。

4. 倒虹吸管

倒虹吸管在长期流水压力作用下容易破裂漏水，造成路基软化，应注意检查。如虹顶路面出现湿斑，应及时修理。

洞底铺砌层、洞口上下游路基护坡、引水沟、泄水槽、窨井和沉砂发生变形或沉陷时，均须及时修理。

（三）涵洞的加固

1. 片工拱涵

片工拱涵的加固，一般可采用拱圈上加拱的方法。如属高填土而拱涵净空较大时，可采用拱下加拱的方法加固。

2. 钢筋混凝土盖板涵

钢筋混凝土盖板涵的加固，除加固涵台外，可将原盖板面凿毛，洗刷干净，再浇筑混凝土或钢筋混凝土。

3. 石盖板涵

石盖板涵或直径1m以下的混凝土管涵，在3m以上高填土地点，一般不用加固也可承受较大的载重。如填土在3m以内，石箱涵可考虑在行车道部分更换较厚的盖板。混凝土管涵可在管外加筑一层混凝土套壳，予以加固。如石箱涵更换较厚的盖板有困难时，可在涵台上面加一层石料作成悬臂式，以减小跨径。

（四）涵洞八字墙修补

涵洞进、出水口的八字墙或一字墙出现破损的，可利用水泥砂浆和片石等材料进行修补。

（五）涵洞基础局部冲刷悬空的处置

涵洞基础局部冲刷悬空时必须立即修补，用片石混凝土填实，一般应比原基础加宽10～20cm，并修复或增设洞口、洞底铺砌层和端部截水墙。

（六）涵洞洞口洞底铺砌层破损处置

（1）一般的破损按原结构修复；

（2）破坏较为严重，且有漏水现象时，应按原结构先修复破损处，再用厚度为3cm的水泥砂浆抹面。

（七）涵洞砌体勾缝松动、脱落的处置

（1）凿掉破损勾缝。

（2）凿毛结合处的旧勾缝。

（3）修补部分必须刷洗干净。

（4）按原结构修补，并注意材料质量和施工质量，保证坚固。

（八）涵头跳车的处置

涵头跳车是因涵顶两端或涵顶填土沉涵造成的，应分情况进行处理：

（1）路面轻度下沉，基层和土基较密实稳定时，可只加铺面层，利用原面层材料修理平整。

（2）因沉陷已造成面层和基层均已出现破损现象，但土层尚稳定时，可重做基层，并调整平锥度，再铺面层。

（3）土基下沉，路面破损较严重时，必须先处理土层，再重铺基层和面层。

（九）涵洞裂缝的处置

（1）停止发展的裂缝，将裂缝附近凿开并洗刷干净，用水泥砂浆修补密实、平整。

（2）裂缝较深时，冲洗干净后把水泥砂浆压注缝内，并修理平整，必要时压注

环氧砂浆。

（十）仍继续发展且危及涵洞和行车安全的裂缝的处置

（1）拱涵基础已不再下沉，墩台完好，仅拱圈裂缝严重且继续发展时，应拆除并重建上部。

（2）墩台已变形时，应拆除拱圈，先加固墩台，再重建上部。

（十一）汛期前桥涵检查

（1）在雨季前加强对桥涵的检查，特别是尚未加固维修的危桥、危涵。

（2）重点检查桥台、桥墩、涵台等下部结构，发现下沉、倾斜、鼓肚、基底掏空、破损等病害的，要及时报告上级部门，避免汛期时发生安全事故。

第四节 桥梁维修与加固技术

一、桥梁加固技术

（一）混凝土裂缝修补

1. 一般规定

（1）先清除裂缝表面的灰尘、浮浆、松散层等污物，再将裂缝两侧各30mm范围的混凝土表面擦拭干净并保持干燥。

（2）注入座的注入孔应正对裂缝，裂缝分岔处应设置注入座。注入座沿裂缝每米至少设置3个。

（3）用封口胶沿裂缝每侧密封宽25mm，厚度应为23mm，宜一次性完成，尽量避免反复涂抹。

（4）注入材料固化后，应敲去注入器，打磨平整或将封口胶补平。

（5）灌缝胶内不得混入水、灰尘或其他杂质。除非采用可在水下使用的灌缝胶，否则，灌缝前裂缝内不得有水。

（6）注入器的连接端应牢固安装在注入座上，若注入器内的灌缝胶全部注入裂缝内，说明该处裂缝尚未注满，应进行补灌，直至注满为止。

（7）施工过程中应保证注入器始终处于压力状态。

2．质量验收

（1）所采用灌缝胶的主剂、硬化剂及注入器等材料应符合现行国家材料标准的规定和设计要求，并附有材料检验合格证明和产品鉴定文件，经抽样合格后方可使用。

（2）灌缝胶的主剂、硬化剂应做到配料准确、拌和均匀，不得混入水、灰尘或其他杂质。胶材经调配后放置时间若超过了使用时限，不得使用。

（3）在灌缝胶调配过程中，每50kg抽样检测一次，不足50kg的灌缝胶按50kg计。

（二）粘贴钢板加固混凝土

1．一般规定

（1）加固混凝土构件的结合面应打磨平整，用钢丝刷将表面刷毛或用喷砂技术处理表面，再用压缩空气清除浮尘。对混凝土表面出现剥落、疏松、蜂窝和腐蚀等现象的部位应予以凿除，面积较大时，在凿除后应用聚合物水泥砂浆修复平整。粘贴前用丙酮擦洗干净。

（2）龄期在三个月内的混凝土构件，应在表面清理后用稀盐酸涂刷至表面起泡为止，20分钟后用清水洗净。

（3）对于湿度较大的混凝土构件或龄期在三个月内的混凝土构件，需进行人工干燥处理。

（4）钢板粘贴面应先除锈、打毛，用丙酮擦净后再安装。

（5）粘贴面钢板焊缝应打磨平整。

（6）锚固螺栓安装位置应准确。

（7）根据设计要求，先在混凝土构件的锚固螺栓安装位置钻孔，然后用压缩空气清孔，填入环氧树脂胶泥，安装锚固螺栓，环氧树脂胶泥达到强度后方可安装钢板。锚固螺栓的钻孔不得碰伤原混凝土构件的受力钢筋。

（8）钢板周围用环氧砂浆或专用材料密封，以防止灌注时渗漏。

（9）采用干式粘钢时，胶黏剂涂抹应均匀、刮平，避免粘贴时形成气泡，随即将钢板条贴在混凝土面上，进行加压使钢板密贴在混凝土表面。

（10）采用灌注式粘钢时，胶黏剂应按由下往上的顺序进行灌注，灌注压力应不小于设计要求。

2．质量验收

（1）钢板、锚固螺栓和胶黏剂应符合设计要求和现行国家或行业材料标准的规定，并附有材料检验合格证明和产品鉴定文件，经抽样检验合格后方可使用。

（2）胶黏剂应做到配料准确、拌和均匀，不得混入水、灰尘或其他杂质。胶材经调配后放置时间若超过了使用时限，不得使用。

（3）在胶黏剂的调配过程中，每100kg抽样检测一次，不足100kg的胶黏剂按100kg计。

（4）钢板有效粘贴面积应大于总粘贴面积的95%。

（5）在混凝土裂缝两侧10cm范围内，钢板不应有顺混凝土裂缝方向的焊缝。

（6）钢板安装时，应在锚固螺栓上先安装垫片，保证钢板与混凝土之间的间隙满足设计要求。

（7）钢板防腐应满足设计要求。

（三）植筋

1．一般规定

（1）钻孔宜用电锤成孔，如钻孔与构件中的原有钢筋相遇，可适当调整孔位避开。

（2）钻孔的直径为d+（4～8）mm，d为钢筋直径。

（3）钻孔完毕后，检查孔深和孔径，如满足要求，用内压缩空气及毛刷等将孔内灰尘清理干净。

（4）植筋前应保持孔内干燥，混凝土含水量不得超过5%或设计要求，且应将孔口临时封闭。

（5）钢筋或螺杆表面的铁锈、油污应清除干净。

（6）施工现场温度低于5℃时，应使用适用于低温条件下的特殊黏结剂或采取加温处理措施；如果气温长期低于5℃，应暂时停止施工。

（7）植筋时，应保证孔内植筋胶填充饱满。

2. 质量验收

（1）胶黏剂应符合设计要求和现行国家或行业材料标准的规定，并附有材料检验合格证明和产品鉴定文件，经抽样检验合格后方可使用。

（2）胶结剂性能指标应符合相关规范的规定。

（3）胶黏剂应做到配料准确、拌和均匀，不得混入水、灰尘或其他杂质。胶材经调配后放置时间若超过了使用时限，不得使用。

（4）胶黏剂调配过程中，每100kg拌和物应取样检测一次，不足100kg的拌和物按100kg计。

（5）植入钢筋的外露长度应保证能满足有关规范中关于钢筋搭接长度的要求。

（6）植筋的拉拔强度应满足设计要求。

（7）植筋胶固化前不得扰动钢筋。

（8）钻孔不得切断原结构的钢筋。

（9）植筋的平面位置偏差应满足设计要求，若因无法按照设计位置植筋且调整位置会导致偏差较大的，则应进行验算或修改设计。

（四）粘贴碳纤维加固混凝土

1. 一般规定

（1）当混凝土构件结合面有松散层时应先凿除，有污物时，应先用非金属砂喷砂吹除，或用硬毛刷粘高效洗涤剂刷除表面油垢，然后对粘合面进行打磨，直至露出坚硬面，并用压缩空气吹除粉粒，待完全干燥后再用丙酮擦拭表面；结合面平整度不满足要求时用找平胶整补。

（2）如果混凝土结合面较为干净，可直接打磨粘合面，去掉表层，用压缩空气除去粉尘，完全干燥后用丙酮擦拭表面即可。

（3）龄期在三个月内的混凝土构件，由于水泥水化时生成的$Ca(OH)_2$碱性很强，须先用钢丝刷将表面松散浮渣刷去，再用硬毛刷沾洗涤剂刷洗表面，然后用浓度10%左右的稀盐酸涂刷至表面起泡，待20分钟后再用清水洗净。

（4）对于湿度较大的混凝土构件或龄期在三个月内的混凝土构件，除满足上述要求外，还需进行人工干燥处理。

（5）若补强构件结合面有尖锐棱角，须将棱角磨成圆弧面，圆弧半径不小于

20mm；当补强的构件存有凹角时，则需使用不低于被补强混凝土强度的环氧树脂砂浆进行修整，使其平整。

（6）混凝土表面的孔隙、蜂窝，要用不低于被补强混凝土强度的环氧树脂砂浆进行修补，露筋部分要先进行防锈处理。

（7）底胶应均匀涂抹于混凝土表面，厚度不宜超过2mm，不得有漏刷、气泡。如底胶硬化后有凸起部位，应打磨平整并清理干净。

（8）粘贴碳纤维布时，应在碳纤维表面沿同一方向反复滚压，使黏结胶充分浸润碳纤维布并除去气泡，使黏结胶充分浸润碳纤维布。

（9）当施工现场气温低于5℃时，应使用适用于低温条件下的特殊黏结剂或采取加温处理措施；如果气温长期低于5℃，应暂时停止施工。

2．质量验收

（1）用于碳纤维加固工程的底胶、整平胶、黏结胶和碳纤维布应符合现行国家材料标准的规定和设计要求，并附有材料检验合格证明和产品鉴定文件，经抽样合格后方可使用。

（2）黏结胶性能指标应满足相关规定和设计要求。

（3）底胶、整平胶和黏结胶应做到配料准确、拌和均匀，不得混入水、灰尘或其他杂质。胶材经调配后放置时间若超过了使用时限，不得使用。

（4）施工过程中，调配好的底胶、整平胶和黏结胶，按碳纤维工程每100m^2取样制作一组试件，不足100m^2时按100m^2计。

（5）粘贴碳纤维前，混凝土表面不得有水渍或灰尘，且不得有较尖锐或较高的隆起。

（6）碳纤维应平整顺直，不应有物理划痕。

（7）碳纤维与混凝土之间应黏结紧密，如果有效粘贴面积低于总粘贴面积的95%，则属黏结无效，应重新施工。

（8）施工后的24小时内，应防止雨淋和灰尘污染。

3．外观鉴定

碳纤维与梁体黏结紧密、平整。

（五）体外预应力加固法

1. 一般规定

（1）体外预应力施工应由获得有关部门批准的预应力专项施工资质的施工单位承担。施工前，专业施工单位应根据设计图纸，编制预应力施工方案。当设计图纸深度不具备施工条件时，预应力施工单位应予以完善，并经设计单位审核后实施。

（2）预应力筋张拉机具设备及仪表，应定期维护和校验。张拉设备应配套标定，并配套使用。张拉设备的标定期限不应超过半年。当在使用过程中出现反常现象时或在千斤顶检修后，应重新标定。

（3）千斤顶、油表、钢尺等器具应经检查校正。

（4）预应力筋展开后应平顺，不得有弯折，保护层完好，表面不应有裂纹、小刺、机械损伤、氧化铁皮和油污。

（5）锚具、夹具和连接器的进场检验须进行静载试验，材质、机加工尺寸需按出厂检验报告中所列指标进行核对。

（6）主要金属部件的检查在张拉前进行，预应力筋用锚具、夹具和连接器在使用前应进行外观检查，其表面应无污物、锈蚀、机械损伤和裂纹。

（7）锚固点、滑块、垫板的放样定位要准确。

（8）锚栓孔的孔位必须准确，孔眼顺直。

（9）支撑预应力索的托架安装应牢固，位置准确，为避免由于振动引起的托架与预应力索的摩擦，托架与预应力索之间应采用柔软材料隔开。

（10）当预应力筋逐根或逐束张拉时，应保证各阶段不出现对结构不利的应力状态；同时宜考虑后批张拉预应力筋所产生的结构构件的弹性压缩对先批张拉预应力筋的影响，确定张拉力。

2. 质量验收

（1）预应力筋、锚具、夹具和连接器应符合国家有关标准的规定及设计要求，应并按要求抽取试件进行力学性能检验。除产品合格证外，还应提供反映预应力筋主要性能的出厂检验报告。

（2）预应力筋的涂包质量应符合有关标准的规定。

（3）预应力筋检查数量：每1t为一批，每一批抽取一组试件。

（4）预应力筋应采用砂轮锯或切断机切断，不得采用电弧切割。

（5）预应力筋的定位应牢固。

（6）锚具固定应牢固可靠，植筋应满足相关要求。

（7）张拉过程中预应力钢束断裂或滑脱的数量严禁超过同一截面预应力筋总根数的0.5%，且每束钢丝不得超过一根，预应力钢筋不得出现断裂或滑脱。

（8）锚固阶段张拉端预应力筋的回缩量应符合设计要求。

（9）转向块和转向管的位置和尺寸必须满足设计要求。

3．外观鉴定

锚具和预应力筋表面应清理干净，防腐层应涂刷完整、均匀。

（六）混凝土表层缺陷处理

1．一般规定

（1）用混凝土材料进行缺陷修补，应采用比原结构强度指标高一级的混凝土，混凝土粗集料的粒径不宜大于15mm。在施工条件受限时可采用自密实混凝土在修补前对混凝土表面的蜂窝、空洞进行处理、凿毛，对已经生锈的钢筋进行除锈，并使旧混凝土表面保持湿润、清洁。

（2）桥梁构件表面出现深度较浅、小面积缺陷的修补，可采用水泥砂浆人工涂抹法进行修补，修补材料主要采用普通水泥砂浆或专用修补材料。

（3）当桥梁构件表面出现大面积浅层缺陷及破损时，可采用喷浆修补法。

（4）聚合物水泥砂浆适用于混凝土桥梁表面的风化、剥落、露筋及小面积的破损等缺陷的修补。聚合物水泥砂浆修补施工过程中，应避免振动。修补部位的聚合物砂浆终凝前，应采取保护措施，避免其表面受雨水、风及阳光直射的影响，并应及时养护。

（5）涂抹改性环氧砂浆（混凝土）修补前，应先在已凿毛的混凝土表面涂一层改性环氧基液，使旧混凝土表面充分浸润。

（6）立模浇筑改性环氧混凝土的工艺要求与浇筑普通混凝土基本相同，但应防止扰动已涂刷的改性环氧基液；浇筑时应充分插捣，反复压抹平整。改性环氧砂浆施工温度宜为（20±5）℃，高温或寒冷季节应采取有效措施控制施工温度。

（7）处于严重腐蚀环境下的混凝土桥梁，其混凝土表面可进行防腐涂装。选择防腐材料型号时,应综合考虑桥梁所处环境的温度、湿度及养护条件等因素,采用能有效抵抗外部因素与侵害侵蚀的、经检验符合国家有关标准要求的材料。

(8)混凝土桥梁涂装前应除去混凝土表面模板残渣、油污及杂物等,金属外露的锐边、尖角和毛刺应打磨圆顺。涂装前应使混凝土表面保持干燥、清洁。在混凝土表面处理检查合格后4h内进行施工。

(9)混凝土表层缺陷处理前应对生锈钢筋进行除锈,缺陷处理后宜在修补范围及周边涂刷渗透型阻锈剂。

2．质量验收

(1)混凝土修补材料应符合设计要求和现行国家或行业材料标准的规定,并附有材料检验合格证明和产品鉴定文件,经抽样检验合格后方可使用。

(2)桥梁混凝土缺陷修补完成后,表面应平整、无裂缝、脱层、起鼓、脱落等。

(3)新旧混凝土界面的黏结应紧密、可靠。

(4)对浇筑面积较大的混凝土或砂浆,应预留强度试块。

3．外观鉴定

(1)桥梁混凝土缺陷修补完成后,表面应平整、无裂缝、脱层、起鼓、脱落、漏喷、流挂、针孔、气泡等。

(2)修补处表面与原结构表面色泽应基本一致。

(七)增大截面加固法

1．一般规定

(1)在加固前应对原构件混凝土存在的缺陷进行清理至密实部位,将其表面凿毛或打成沟槽。沟槽深度不宜小于6mm,间距不宜大于箍筋间距或200mm。被包的混凝土棱角应打掉,同时应除去浮渣、尘土。

(2)原有钢筋应除锈,需进行钢筋焊接时,施焊前应采取措施避免烧伤混凝土。在原结构上植筋应符合相关要求,新增钢筋骨架应与锚筋连成整体。

(3)混凝土浇筑前,原构件混凝土表面应冲洗干净,并用新鲜水泥浆或其他界面剂进行处理。

(4)当增加的截面较小时,应严格控制粗骨料粒径。

（5）新浇混凝土应振捣密实并及时养护，运营中的桥梁加固宜采用早强混凝土，并通过加强现场养生措施，来提高混凝土早期强度的增长。

（6）受原结构限制，施工部门难以进行有效振捣时，宜采用自流密实混凝土。

（7）模板搭设、钢筋安置以及新混凝土的浇筑和养护，应符合现行国家标准《混凝土结构工程施工质量验收规范》的要求。

2．质量验收

（1）新增混凝土的最小厚度，加固板时不应小于40mm，加固梁时不应小于60mm，用喷射混凝土施工时不应小于50mm。

（2）石子宜用坚硬耐久的卵石或碎石，其最大粒径不宜大于20mm。

（3）加固板的受力钢筋直径宜用6～8mm；加固梁的纵向受力钢筋宜用变形钢筋，钢筋最小直径不宜小于12mm，最大直径不宜大于25mm。封闭式箍筋直径不宜小于8mm，U形箍筋直径与原有箍筋直径相同。

（4）加固的受力钢筋与原构件的受力钢筋的净距不宜小于20mm，并采用短筋焊接连接。箍筋应采用封闭箍筋或U形箍筋，并按照现行的国家标准对箍筋的构造要求进行设置。

（5）纵向加固受力钢筋的两端应可靠锚固。

3．外观鉴定

（1）混凝土表面平整，颜色一致，无明显施工接缝。

（2）混凝土不得出现蜂窝、麻面，如出现必须修整。

（3）裂缝宽度超过设计规定或设计未规定时超过0.15mm的必须处理。

（4）封锚混凝土应密实、平整。

（5）梁体内的建筑垃圾、杂物、临时预埋件等应清理干净。

（八）斜拉索更换

1．一般规定

①换索前应对桥梁进行详细检测，检测应包括下列内容：a．索力变化以及与设计值的偏差。b．梁、塔的变位、内力变化及与设计值的偏差。c．防护体系损坏程度，拉索及锚固系统锈蚀程度及具体部位、钢丝断裂状况、拉索的损坏程度。d．锚

固区附近以及全桥其他构件混凝土损坏情况。e. 测量桥面控制点高程随温度的变化情况，分析桥面高程随温度变化的规律。

②换索施工应在索塔、主梁及锚碇缺陷修复、加固完成后进行。

③换索施工应符合下列规定：a. 换索前，应检查新旧索工具锚口是否匹配。b. 对换索过程进行结构分析计算，确定合理换索顺序，控制结构内力在允许范围内。严格按设计或施工监控给定的换索顺序换索，并严格控制换索区内的荷载。c. 调整索力时，宜避开日照对结构的影响，并避开交通量高峰时段。

④换索施工时应对桥上交通实行三限（限载、限量、限速），必要时应短暂中断交通。换索期间严禁将多余的机具、设备、材料、杂物等堆放在换索区域内。换索施工应严格执行设计规定的程序及工艺要求，对梁、塔的变形和相邻索索力变化进行全面监测。

⑤卸索时应严格控制索力，分级同步卸载，分级荷载级差按设计要求进行。

⑥卸索时应记录锚具大螺母松开时的千斤顶油表读数，并进行两次放张，满足设计要求后方可卸索。

⑦卸索过程中，应全过程跟踪观测梁顶高程的变化，并与理论监控计算值进行比较，如有异常，应立即停止卸索，待查明原因并处理后，方可继续施工。

⑧拉索张拉的顺序、级次和量值应按设计规定和监控要求执行。拉索张拉可于塔端或梁端单端进行。平行钢丝拉索应整体张拉。

⑨拉索更换后，应立即在拉索铜套管处采取有效密封措施。拉索锚具在梁内及塔上的外露部分应予以防护。

⑩换索过程监测应符合下列规定：a. 对影响范围内梁体的高程和索塔位移应进行3阶段桥面高程监测（梁体高程可采用桥面高程代表），分别为换索前、卸索张拉、索力调整完毕。桥面高程监测可采用精密水准仪，为避免日照等对高程的影响，宜在夜间及温度趋于稳定时段进行观测。b. 必须跟踪测试被换拉索前后3~5组拉索索力，并与理论计算值进行比较。c. 换索过程中应监测主梁、索塔混凝土应变及裂缝变化情况。d. 换索工程竣工后，应对全桥拉索的索力及主梁高程进行测定，以检验换索效果，并作为验收的依据。

2. 质量验收

（1）镀锌钢丝、锚头锻钢材料的各项性能指标应符合设计要求和现行国家或行业材料标准的规定,并附有厂家所提供的材料检验合格证明和产品鉴定文件,经抽样检验合格后方可使用。

(2)斜拉索安装前均应做1.3~1.5倍设计荷载的预张拉试验,锚板回缩量不大于6mm,试验后锚具完好。

(3)斜拉索成品出厂前须做放索试验。

3. 外观鉴定

(1)斜拉索表面应密实光滑,无畸形,颜色一致。

(2)斜拉索表面无碰伤或擦伤。

(3)锚头无伤痕、锈蚀。

(九)桥面铺装层更换

1. 一般规定

(1)应采用人工或小型破碎镐凿除原桥面铺装层,避免破坏桥面板,然后再凿去部梁顶面混凝土,约2cm左右,并使表面粗糙,形成齿状,箍筋外露。

(2)对结合面进行适当处理,清洁表面并保持湿润。

(3)采用干硬性混凝土,使用免收缩补偿剂或纤维混凝土浇筑铺装层,以养活新浇筑混凝土的收缩,养活新旧混凝土之间产生的差动收缩力,提高补强效果。

(4)新浇混凝土应振捣密实并及时养护,运营中的桥梁加固宜采用早强混凝土,并通过加强现场养生措施的方式提高混凝土早期强度的增长速度。

(5)空心板间绞缝或箱梁湿接缝混凝土破损时,应凿除已破损的混凝土,使表面整洁粗糙,按设计要求植筋和布置钢筋,并浇筑混凝土。

2. 质量验收

(1)桥面铺装凿除时,必须采用轻型凿除设备,严禁梁板被破坏;梁板间不得有混凝土废渣残留;严禁混凝土废渣和水进入梁板内部。

(2)水泥混凝土桥面的基本要求同水泥混凝土路面一样。

(3)在桥面铺装施工前,应对梁板逐片检查,并对已损坏的梁板、横向连接、预留钢筋等进行修复,梁板顶面混凝土破损凿除部分也可与桥面混凝土补强层同时浇筑,并做好记录。

(4) 严格按规定恢复桥面防水层。

(5) 桥面泄水孔进水口的布置应有利于桥面和渗入水的排除，其数量不得少于设计要求，出水口不得使水直接冲刷桥体。

(6) 桥面铺装应与伸缩装置结合良好，保持平整。

二、支座和伸缩装置更换

（一）一般规定

(1) 更换支座施工应符合现行《公路桥涵施工技术规范》的相关规定。新支座的构造应符合设计要求及相关行业规定。

(2) 整体更换支座施工方案，应通过计算确定更换支座的批次，顶、落梁的位移量及工序。

(3) 顶升梁体的临时支架应满足强度、刚度及稳定性要求。

(4) 梁的顶升和落梁应按设计要求进行。宜临时封闭交通。

(5) 支座更换时应依据环境温度进行支座偏移量的验算，并宜选择在有利的温度和条件下施工。

(6) 测量原支座和新支座的高度差，调整施工确保梁体、桥面高程符合加固设计要求。

(7) 简易支座及橡胶支座的更换。

(8) 钢筋混凝土摆柱式支座宜用橡胶支座等来替换，由于两种支座的高度不一，与梁、墩（台）的连接方式不同，更换时应重做支承垫石及梁底垫板，其施工技术要求应符合现行《公路桥涵施工技术规范》的相关规定。

（二）质量验收

(1) 支座的材料、质量和规格必须满足设计和有关规范的要求，经验收合格后方可安装。

(2) 支座底板调平砂浆性能应符合设计要求，灌注密实，不得留有空洞。

(3) 支座上下各部件纵轴线必须对正。当安装时的温度与设计要求不同时，应通过计算设置支座顺桥向预偏量。

(4) 支座不得发生偏斜、不均匀受力和脱空现象。滑动面上的四氟滑板和不锈钢板不得有划痕、碰伤等，位置正确，安装前必须涂上硅脂油。

（三）外观鉴定

支座表面应保持清洁，支座附近的杂物及灰尘应清除。

三、桥梁基础及下部结构加固

（一）盖梁及墩柱加固

1．盖梁加固应满足的要求

（1）接长盖梁时应凿除连接部位的混凝土保护层，露出钢筋，新接长的钢筋应与原主筋焊接。

（2）新旧混凝土连接表面应粗糙，宜做剪力槽。加宽盖梁应植筋。

2．外包钢加固墩柱应符合的规定

（1）采用注浆法外包钢加固时，构件表面应打磨粗糙、无油污。注浆压力不应低于0.1MPa。灌浆后严禁再对型钢进行锤击、焊接。

（2）采用干式外包型钢加固时，型钢与构件之间应用水泥砂浆填实。施焊钢板（缀条）时，应用夹具夹紧型钢。用螺栓套箍时，拧紧螺帽后可将螺母与垫板点焊。

（3）钢板应进行防锈涂装。

（二）墩、台身套箍加固

混凝土套箍施工应符合以下规定：

（1）墩台身裂缝应压浆封闭处理，其缺陷部分应先凿除并清理干净。

（2）应将墩台身表面凿毛，凹凸差不宜小于6mm，清除松散颗粒，浇筑混凝土前，用水洗净凿毛的连接表面，并使其充分湿润。

（三）桥台加固

（1）浆砌片石桥台采用注浆加固的施工技术。

（2）侧墙及台身前缘采用现浇钢筋混凝土补强，在原石砌台身内植入连接钢筋。

（3）基础因不均匀沉降产生裂缝，应先加固地基基础再封闭裂缝，必要时根据

设计要求加固上、下部结构。

（4）台后填土不密实时，可采用换填、注浆等方法进行处理。换填施工应重做台后防排水系统。其施工技术要求应符合现行《公路桥涵施工技术规范》的相关规定。

（5）桥台加固时应观测台身的稳定性，必要时增加临时支撑，防止滑移或倾覆。

（四）增大基础加固

（1）基坑应严格按设计要求开挖，不得超深、超宽，避免基坑坍塌。

（2）应采取措施保护原基础，使其不受基坑开挖、抽排水的影响。

（3）基坑开挖至设计高程后，应检测基底承载力，如达不到设计要求时，应对地基进行加固处理。

（4）增大基础时，应将原基础存在的缺陷清理至密实部位，将结合面凿毛，按设计要求植筋，并与新增的钢筋骨架连成整体，确保新旧混凝土结合牢固。

（五）承台加固

（1）水中承台的加固方案应综合考虑河宽、桥下净空、原桥永久性结构物、航道等因素，确保技术的可行性及施工的安全性；宜采用围堰施工。

（2）地面承台加固开挖时应严格控制开挖范围，确保周围土体的稳定。

（3）结构水下部分加固施工应符合下列规定：①加固材料宜采用水下环氧砂浆、水下不离析混凝土以及其他水下混凝土。②加固前应对原结构结合面进行清理。③加固宜采用立模灌浆法。

（4）承台增大截面施工应符合下列规定：①应先处理原承台存在的缺陷。②混凝土表面凿毛处理后应冲洗干净，浇筑混凝土前应保持湿润、清洁。③对原有钢筋应进行除锈处理，并应逐根分区分层进行焊接。

（六）桩基加固

（1）增补桩基（灌注桩、静压桩）施工应考虑新增桩基施工过程中对原桩基的影响。

（2）增补灌注桩施工应符合下列规定：①灌注桩成孔方法的选择应综合考虑原桩基深度、地基类型、原桥结构高度等因素，减少施工对原结构的破坏。②在清孔排渣时，必须保持孔内水头高度，防止坍孔。③施工过程中应对原桥的沉降、位移进行观测。④灌注桩施工应按现行《公路桥涵施工技术规范》相关规定执行。

（3）增补静压桩施工应符合下列规定：①压桩架应保持竖直，锚固螺栓的紧固应均衡，并应一直保持紧固状态。②就位的桩节应保持竖直，使千斤顶、桩节及压桩孔轴线重合，不得偏心加压。③整根桩应一次连续压到设计高程，当中途必须停止时，桩端应停留在软弱土层中，且停压的时间间隔不宜超过24h。④同一基础压桩施工应对称进行，不应数台压桩机在一个独立基础上同时加压。⑤压桩应以压力控制为主，桩长控制为辅。压桩达到设计荷载后应持压稳定30min。

（七）基础冲刷加固

（1）抛石防护。抛石防护一般用于深水墩台，施工前时应测量水流流速、流向，以确定抛石的位置。石笼用铅丝、型钢或钢筋相互连接。抛石结束后，应按设计要求进行理坡。

（2）板桩防护。板桩顶面高程不应高于河床。

（3）采用双层或单层块（片）石做平面防护时，当河床面有淤泥杂物时，应清除淤泥回填砂砾，夯实后再砌石。

（4）护坦加固。排干冲坑积水，清理坑内杂物，用圬工砌体或混凝土充填，其表面铺钢筋网、浇筑混凝土护坦，其施工技术要求应符合现行《公路桥涵施工技术规范》相关规定。

（八）质量验收

1. 外包钢加固质量检验

以目测和锤击检查为主，重点检查结合面处理、预埋件、锚固等。要求对外包钢材的粘贴性能进行试验，检测方法应符合相关规定。

2. 承台加固质量检验

（1）水下修补工程可由潜水员或水下电视检验。

（2）修补质量可采用钻芯取样、超声波检测等方法进行检验。

3. 套箍加固质量检验

（1）结构尺寸应满足设计要求。

(2) 宽度和厚度应均匀，混凝土表面平整、密实。

（九）化学静压注浆加固地基

1. 一般规定

（1）采用化学静压注浆法加固地基时，要有详细的地质报告，其中包括需要加固土层的详细描述，以便确定合理的施工方案。

（2）施工前，应做好现场工艺试验，确定化学浆液的材料用量、灌注压力、打入（钻入）深度、灌入速度等工艺参数。

（3）浆液材料中化学药液的含量应满足设计的要求。

（4）浆体应经过搅拌机充分拌匀后才能开始压注，并应在注浆过程中不停缓慢搅拌，搅拌及压注时间应小于浆液初凝时间。

（5）化学静压注浆加固施工的环境温度应该满足加固设计的要求，保证浆液不冻结。如果施工环境温度不能满足加固设计的要求，应在施工现场采取措施，否则不得施工。

（6）盛浆桶和注浆管不要暴露于阳光下，防止浆液凝固，搅拌好的浆液静置时间不能过长，以免浆液离析。

（7）需要加固的土层上面，应有足够厚度的覆盖土层，否则应采取措施，防止浆液上冒。

（8）注浆压力应严格控制，使浆液能填充密实，但应避免因压力过大而破坏地基。

（9）注浆顺序应严格按照加固设计文件中明确的位置和顺序进行，避免在注浆加固过程中产生偏压，影响既有结构物的安全。

（10）注浆加固过程中应严防堵浆现象的发生。如果在注浆加固过程中发生堵浆现象，应在已经注入的浆体凝固前重新下管注浆，重新下管注浆与原注浆的搭接长度不得小于1m。

2. 质量验收

（1）注浆化学药液应符合现行国家材料标准的规定和设计要求，并附有厂家提供的材料检验合格证明和产品鉴定文件，经抽样合格后方可使用。

（2）注浆检验点为注浆孔数的2%～5%。当检验点合格率小于或等于80%，或虽大于80%但检验点的平均值达不到设计强度要求时，应对不合格的注浆区实施重复注浆。

（3）注浆加固后，地基承载力不得小于设计要求。注浆工程检验在注浆结束28d后进行，可选用标准贯入、轻型动力触探或静力触探对加固地层进行检测，重要工程可采用载荷试验测定。

（十）高压喷射注浆加固地基

1. 一般规定

（1）施工前应根据现场环境和地下埋设物的具体情况，复核高压喷射注浆的设计孔位。

（2）材料配比、钻孔深度、注浆压力等施工参数均应根据土质条件和加固要求，通过室内浆液配比试验及现场注浆试验予以确定，并在施工中严格控制。

（3）施工前场地要平整压实，稳钻杆或下管要双向校正，控制好垂直度。

（4）在旋喷浆液前，应做压水、压浆、压气等试验，检查各部位的密封性和高压泵、钻机等的运转情况，检查设备的稳定性，保证旋喷能连续进行。

（5）如无特殊要求，水泥宜采用强度等级为32.5级及以上的普通硅酸盐水泥。水泥浆液的水灰比应按设计要求确定，若无设计要求时，一般可取0.8~1.5。

（6）喷射孔与高压注浆泵的距离不宜大于50m。每个钻孔内的地下障碍物、洞穴、涌水、漏水与岩土工程勘察报告不符的情况和实际孔位、孔深等均应详细记录。喷射管分段提升的搭接长度不得小于200mm。对需要局部扩大加固范围或提高强度的部位，可采用复喷措施。

（7）在高压喷射注浆的过程中，若出现压力骤然下降、上升或冒浆等异常情况时，应查明原因并及时采取措施。

（8）应严格按照施工参数和材料用量进行施工，并如实做好各项记录。

（9）注浆加固顺序应严格按照加固设计文件中明确的位置和顺序进行，以避免在注浆加固过程中产生偏压，影响既有结构物的安全。

（10）高压喷射注浆可根据工程要求和当地经验采用开挖检查、取芯（常规取芯或软取芯）、标准贯入试验或载荷试验等方法进行检验，并结合工程测试、观测资料及实际效果来综合评价加固效果。

2. 质量验收

(1) 水泥、外掺剂等注浆用材料,应符合国家材料标准的规定和设计要求,并附有厂家提供的材料检验合格证明和产品鉴定文件,经抽样合格后方可使用。

(2) 注浆加固后,地基承载力不得小于设计要求,载荷试验必须在桩身强度满足试验条件时(宜在成桩28d后)进行,检验数量为桩总数的2%～5%,且每项单体工程不应少于3处。

(3) 竖向承载旋喷桩地基在竣工验收时,承载力的检验应采用复合地基载荷试验和单桩载荷试验,并应满足设计要求。

第八章 道桥工程施工环保与安全

第一节 道桥工程施工与环境保护

一、道路与桥梁施工环境保护基本概念

交通部历来十分重视环境保护工作,从第一次全国环境保护工作会议开始,交通部就成立了以分管部长任主任、部内有关司局领导参加的环境保护委员会。30多年来,交通环保从以"三废"治理为主,逐步在港口、船舶、公路建设和运营中进行全面的环保管理,到现在已基本形成了较为完善的机构体系、法规标准体系、环境监测和环保科研体系等。

到目前为止,交通行业完成环境影响评价1 200余项。经过30多年的努力,交通部逐步形成完善了较为系统的环境管理、污染防治、科研监测、信息教育法规标准体系。在国家有关环保法律标准的基础上,交通部先后制定了《交通行业环境保护管理规定》《交通建设项目环境保护管理办法》《交通部环境监测工作条例》《公路建设项目环境影响评价规范》《公路环境保护设计规范》等。在交通部颁发的现行62项公路工程技术标准规范中,在《公路工程技术标准》《公路路基设计规范》《公路路基施工技术规范》《公路隧道设计规范》《公路路线设计规范》《公路工程国内招标文件范本》等13项标准规范中,都编制专门条款规定环境保护的工作内容。

公路工程环境保护法必须根据经济规律和生态规律的要求,认真贯彻"经济建设、城市建设、环境建设同步规划、同步实施、同步发展"的三同步方针和"经济效益、环境效益、社会效益"的三统一方针。多年来,公路环保事业与时代同步,环境保护队伍从无到有,从弱到强,逐步发展壮大,交通环保工作从点到面,逐步展开。随着国家进入全面建设小康社会时期,交通行业迎来了一个长期高速发展时期。公路行业环境保护工作在30多年经验的基础上取得了长足进步,公路环保与国

家经济、交通事业共同发展，走出了一条具有行业特色的交通环保之路，取得了可喜的成就。

二、环境保护依据

自20世纪80年代起，按照国家有关环境保护的规定，在公路建设项目的可行性研究阶段执行环境影响评价制度。通过环境影响评价，对项目存在的环境影响问题进行分析、预测，并针对不利环境的影响提出防治措施，要求项目在规划设计阶段和建成运营阶段严格落实执行。涉及亚行和世行贷款的项目，国家对环境保护问题尤为重视，要求在环境影响评价报告的基础上编制环境保护行动计划，以指导项目的整个实施过程。因此，在公路施工过程中实行环境保护，是对项目全过程环境保护管理不可缺少的重要环节，也完全符合国家关于环境保护必须与工程主体"同时设计、同时实施、同时交付使用"的三同时原则。为了保护环境，国家制定了很多规定，具体如下：

（1）项目的环境影响评价报告书；
（2）项目的环境行动计划（贷款项目均有此文件）；
（3）国家有关资源环境保护法规；
（4）国家有关文物保护法规；
（5）国家有关环境质量法规；
（6）地方有关环境质量法规。

具体到实际法律有：《环境保护法》《环境影响评价法》《水污染防治法》《大气污染防治法》《环境噪声污染防治法》《固体废物污染环境防治法》《放射性污染防治法》《清洁生产促进法》。

三、施工对生态环境的影响及防治

（一）公路施工对生态环境的影响

1. 道路的廊道与分割效应

对于生物来说，尤其是对地面的动物，公路的建设导致自然生境的人为分割，使生境岛屿化，不利于生物多样性的保护。为避免生境岛屿化造成的生物多样性受损，许多自然保护区需要建立与其他自然保护区域、自然地域的通道，这就是经常所说的"生物走廊"。

2．水文影响

公路建设会改变地表径流的固有态势，从而造成冲、淤、涝等局部影响。

3．对土地利用的影响

公路建设对土地利用的影响较为显著，将改变沿线被征用土地的利用现状，其中对耕地的占用较为突出。

4．生态敏感地区的影响

交通运输线路长，会穿越各种生态系统，其中不可避免地会涉及一些特殊、敏感的生态能区，如湿地、荒地、自然保护区、天然森林、森林公园、水源保护区、风景名胜区、特殊地质地貌区以及生态脆弱区、自然灾害多发区等。

（二）防治方案

1．充分考虑公路环保措施

严格控制公路占地面积和临时用地规模，减少对耕地和植被的破坏；避开环境敏感性区域，如学校、工厂、医院、名胜古迹、自然保护区、精密食品基地和军事设施等。

2．重视水土资源，减少水土流失

工程设计应充分考虑水土流失预防措施，一是注意填挖平衡，减少土石方量，减少借土弃土；二是做好边坡防护设计工作，确保边坡稳定，以减少将来使用过程中出现的不良病害，并应根据地质情况多采用种草植树的绿化护坡方法；三是做好沿线排水设计；四是合理取土、规范弃土、保护耕地、少占良田，应尽量在荒地或低产耕地集中取土，取土后对取土坑进行后期利用，弃方应集中堆弃，不占农田，堆弃后应上覆表土，播种绿化。

3．注意保持原有的灌溉系统和自然水网体系

桥梁布置尽量避免影响河流水文、水流特征，做到顺应地形和原水体流向；避

免改变或堵塞大型河沟；小型排灌系统如遭破坏应予以恢复或加以调整，合理设置小桥涵位置，必要时对原有排灌体系进行优化合并或改移；做好项目自身的排水系统，增加必要构造设施以防止路基路面排水对农田水利的冲击。

4. 做好公路沿线景观设计工作

首先，路线要尽量与地形地貌相吻合，减少土石方量，减少对自然风景的破坏，避开受保护的景观空间；还要加强道路沿线绿化，以补充和改善沿线景观，如边坡尽量采用种草植树的护坡方式。

第二节　道桥工程施工安全

一、安全生产原则与方针

国务院颁发了《国务院关于进一步加强安全生产工作的决定》，该决定指出：要努力构建"政府统一领导、部门依法监管、企业全面负责、群众参与监督、全社会广泛支持"的安全生产工作格局。

政府统一领导，是指国务院以及县级以上地方人民政府有关部门对建设工程安全生产进行的综合和专业的管理，主要是监督有关国家建设工程安全生产法律法规和方针政策的执行情况，预防和纠正违反国家建设工程安全生产法律法规和方针政策的现象。部门依法监管，是指各级政府管理部门要组织贯彻国家关于建设工程安全生产的法律法规和方针政策，依法制定建设行业安全生产的规章制度和标准规范，对建设行业的安全生产工作进行计划、组织、监督检查和考核评价，指导企业搞好建设工程安全生产工作。企业全面负责，是指施工单位、建设单位、勘察单位、设计单位、工程监理单位及其他与建设工程安全生产有关的单位，必须遵守和贯彻执行国家关于安全生产、建设工程安全生产等法律法规和方针政策的规定，建立和落实安全生产管理制度，保证建设工程安全生产，依法承担建设工程安全生产责任。群众参与监督，是指群众组织和劳动者个人对于建设工程安全生产应负的责任。工会是代表群众的主要组织，工会有权对危害职工健康与安全的现象提出意见，进行抵制，有权越级控告，也担负着教育劳动者遵章守纪的责任，群众监督有助于建立企业的安全文化，形成"安全生产，人人有责"的局面。全社会广泛支持，是指提高全社会的安全意识，形成全社会广泛"关注安全、关爱生命"的良好氛围。要做好建设工程安全生产管理工作，提高建设行业安全生产管理的水平，必须有政府、社会各界的广泛参与。全社会共同努力，共同提高安全意识，增强防范能力，大幅度地防止和减少安全事故，为我国社会经济的全面、协调、可持续发展奠定坚实的基础。

安全与生产的关系是辩证统一的关系，是一个整体。生产必须安全，安全促进生产，不能将二者对立起来。在施工过程中，必须尽一切可能为作业人员创造安全的生产环境和条件，积极消除不安全因素，防止伤亡事故的发生，使作业人员在安全的条件下进行生产；安全工作必须紧紧围绕着生产活动进行，不仅要保障作业人员的生命安全，还要促进生产的发展。离开生产，安全工作就毫无实际意义。

安全管理是施工企业管理的一项重要内容，也是施工现场每时每刻都不能忽视的工作。确保安全施工、防止事故发生，是企业全体职工的重要任务，是各级领导的重要职责。安全管理的基本含义是：劳动者必须在安全的环境中进行生产活动。安全管理是对工作环境、施工各环节采取必要的安全措施，提出一定的安全要求，及时消除人的不安全行为和物的不安全状态，以保证劳动者的健康和生命安全，保证生产的顺利进行。

（一）安全生产的原则

1. "管生产必须管安全"的原则

该原则是指工程项目各级领导和全体员工在生产工程中必须坚持在抓生产的同时抓好安全工作。它体现了安全和生产的统一，二者是一个有机的整体，不能分割更不能对立起来，应将安全寓于生产之中。

2. "安全一票否决权"的原则

该原则是指安全生产工作是衡量工程项目管理的一项基本内容，它要求在对工程项目各项指标考核、评优创先时，首先必须考虑安全指标的完成情况。安全指标没有实现，其他指标顺利完成，仍无法实现工程项目的最优化，安全具有一票否决的权利。

3. 职业安全卫生"三同时"的原则

该原则是指一切生产性的基本建设和技术改造工程项目，必须符合国家的职业安全生产的法规和标准，职业安全卫生技术措施及设施应与主体工程同时设计、同时施工、同时投产使用，以确保工程项目投产后符合职业安全卫生要求。

4. 事故处理"四不放过"的原则

国家法律法规要求，在处理事故时必须坚持和实施"四不放过"原则，即：事故原因未查清不放过，事故责任和职工群众没受到教育不放过，安全隐患没有整改预防不放过，事故责任者不处理不放过。

（二）安全生产要处理好的五种关系和要坚持的六项原则

1. 安全生产要处理好的五种关系

（1）安全与危险的并存

安全与危险在事物的运动中是相互对立、相互依赖而存在的。因为有危险才要进行安全管理，以防止危险。安全与危险并非是等量并存、平静相处的。随着事物的运动变化，安全与危险每时每刻都在变化着，进行着此消彼长地斗争。由此可见，在事物的运动中，都不会存在绝对的安全和危险。危险因素客观地存在于事物运动之中，所以是可知的，也是可控的。保持生产的安全状态必须采取多种措施，以预防为主，危险因素是完全可以控制的。

（2）安全与生产的统一

生产是人类社会存在和发展的基础。如果生产中人、物、环境都处于危险状态，则生产无法顺利进行。因此，安全是生产的客观要求。所以，当生产完全停止时，安全也就失去了意义。生产有了安全保障，才能持续、稳定地发展。生产活动中事故层出不穷，生产势必混乱，直至瘫痪状态。当生产与安全发生矛盾，危及职工生命或国家财产时，生产活动应停下来整顿，并消除危险因素，随后生产形势会变得更好。

（3）安全与质量的同步

从广义上看，质量包含着安全生产质量，安全概念也包含着质量，两者互为因果。安全第一与质量第一并不矛盾。安全第一是从保护生产因素的角度提出的，质量第一则是从关心产品成果的角度提出的。安全为质量服务,质量需要安全保证。在生产过程中舍掉哪一方面,生产都要陷于失控状态。

(4) 安全与速度的互促

生产过程中的蛮干、乱干,在侥幸中求得的快,缺乏真实性与可靠性,一旦酿成不幸,非但没有速度可言,反而会延误时间。速度应以安全作保障,追求安全加速度,竭力避免安全减速度。安全与速度成正比例关系,当速度与安全发生矛盾时,暂时减缓速度,保证安全才是正确的做法。

(5) 安全与效益的兼顾

安全技术措施的实施,会改善劳动条件,调动职工的积极性,焕发劳动热情,带来经济效益,足以使原投入得以补偿。从这个意义上讲,安全促进了效益的增长,安全与效益是一致的。在安全管理中,投入要适度,统筹安排,既要保证安全生产,又要经济合理,还要考虑力所能及。单纯为了省钱而忽视安全生产,或单纯追求安全不惜资金的盲目高标准,都是不可取的。

2. 安全生产的六项原则

(1) 坚持管生产同时管安全原则

安全寓于生产之中,并对生产发挥着促进与保证作用。从安全生产管理的目标、目的等角度来看,安全与生产表现出高度的一致和完全的统一。安全管理是生产管理的重要组成部分,安全与生产的实施过程中,两者存在着密切的联系,存在着进行共同管理的基础。

管生产同时管安全,国务院《关于加强企业生产中安全工作的几项规定》中明确指出,各级领导人员在管理生产的同时,必须负责管理安全工作,企业中有关专职机构都应该在行业业务范围内,对实现安全生产的要求负责,不仅是对各级领导人员明确安全管理责任,同时,也向一切与生产有关的机构、人员,明确了业务范围内的安全管理责任。由此可见,一切与生产有关的机构、人员,都必须参与安全管理并在管理中承担责任。认为安全管理只是安全部门的事,是一种片面、错误的认识。各级人员安全生产责任制度的建立、管理责任的落实,体现了管生产同时管理安全的原则。

(2) 坚持目标管理原则

安全管理的内容是对生产的人、物、环境因素状态的管理,有效地控制人的不安全行为和物的不安全状态，消除或避免事故，达到保护劳动者的安全与健康的目的。没有明确目标的安全管理是一种盲目行为，只能劳民伤财，危险因素依然存在，而且只能纵容威胁人的安全与健康的状态，向更为严重的方向发展或转化。

（3）坚持预防为主的原则

安全生产的方针是"安全第一，预防为主"。"安全第一"是从保护生产力的角度和高度，表明在生产范围内安全与生产的关系，肯定安全在生产活动中的位置和重要性。进行安全管理是对于生产的特点，对各个因素采取管理措施，有效控制不安全因素的发展与扩大，把可能发生的事故消灭在萌芽状态，以保证生产活动中人的安全与健康。

（4）坚持全方位动态管理

安全管理涉及生产活动的方方面面，涉及从开工到竣工交付的全部生产过程，涉及全部的生产时间，涉及一切变化着的生产因素。因此，安全生产活动中必须坚持全员、全过程、全方位、全天候的全面动态管理。安全管理不是少数人和安全机构的事，而是一切与生产有关的人共同的事。缺乏全员的参与，安全管理不会有生气，不会出好的管理效果，生产组织者在安全管理中的作用固然重要，全员参与管理也十分重要。

（5）坚持全过程控制原则

进行安全管理的目的是预防、消灭事故，防止或消除事故伤害，保护劳动者的安全与健康。在安全管理的主要内容中，虽然都是为了达到安全管理的目的，但是对生产因素状态的控制，即事前控制、事中控制、事后控制，与安全管理的目的关系更直接，显得更为突出。因此，对生产中人的不安全行为和物的不安全状态的控制，必须是动态的安全管理。事故的发生，是由于人的不安全行为运动轨迹与物的不安全状态运动轨迹的交叉。从事故发生的原理，也说明了对生产因素状态的控制，应该作为安全管理的重点。

（6）坚持持续改进原则

建设工程施工安全管理是在变化着的施工生产活动中的管理，是一种动态管理，其管理就意味着是不断变化的，以适应变化的生产活动，消除新的危险因素，更重要的是不间断地摸索新规律，总结管理和控制的办法与经验，持续改进，指导新变化后的管理，从而不断提高建设工程施工安全管理水平。

二、安全生产管理的实施

为了切实加强公路建设安全生产管理，认真贯彻执行国家有关安全生产的法律、法规和"安全第一、预防为主"的方针，规范安全生产行为，保障在生产过程中的安全和健康，预防事故发生，确保国家和人民生命财产的安全，有关部门制定如下规定：

第一，建设指挥部是本建设工程安全生产的主管机关，总监办、驻地办负责实施对承包人安全生产监督管理的职责。承包人应按职责和合约对安全生产进行落实。

第二，建设指挥部成立建设安全管理领导小组：建设指挥部指挥长任组长，副指挥长、总工程师、副总工程师、总监理工程师任副组长，成员由建设指挥部相关部门人员组成。领导小组下设办公室，建设指挥部工程部长兼任办公室主任。领导小组办公室的主要职责是：检查监督施工安全生产情况，对存在的安全隐患责令承包人限期整改；协调解决施工中的重大安全问题；监督指导和考核创建安全文明标准工地。

第三，驻地办应当审查施工组织设计中的安全技术措施或者专项施工方案是否符合工程建设强制性标准。在实施监理过程中，发现承包人存在安全事故隐患的，应当要求承包人整改；情况严重的，应当要求承包人暂时停止施工，并及时报告建设指挥部。承包人拒不整改或者不停止施工的，驻地办应当及时向建设指挥部和总监办报告。驻地办和监理工程师应当按照法律、法规和工程建设强制性标准实施监理，并对建设工程安全生产承担监理责任。

第四，承包人相应成立安全管理机构，配备专职安全生产管理人员，主要负责人对安全生产工作全面负责。

第五，安全保证体系组成。为了全面贯彻落实安全方针和实现安全目标，各单位根据具体情况并结合工程实际，从安全生产管理的思想组织保证、工作保证、制度保证等方面建立和完善安全保证体系。

首先，思想组织保证：①承包人要建立健全安全管理组织机构和各级机构或部门的安全管理工作人员，明确其安全工作职责范围，将施工经验丰富、安全意识强的人员安排到安全管理的各级机构和部门，项目经理是安全管理的第一责任人，以确保安全管理工作的领导权威。②制定严格的安全管理制度和措施，定期分析安全生产形势，研究解决施工中存在的问题，建立健全各级安全生产责任制，责任落实到人。充分发挥各级专职安检人员的检查和监督作用,及时发现和排除安全隐患。③安全教育要经常化、制度化,特种作业人员必须经培训合格后持证上岗,对新员工必须进行经理部、项目队和班组三级安全教育和培训。④承包人应通过安全生产竞赛、现场安全标语、图片等宣传形式,增强全员安全生产意识和自觉性,把"以人为本、珍惜生命"的安全生产思想落到实处。

其次,工作保证:①在编制实施性施工组织设计的同时,必须编制安全组织设计及安全技术措施,必须坚持"三同时"的原则,并下达月、季度、年度安全生产计划及安全保证措施。②根据工程特点编制有针对性的安全防护措施,对一些危险点,必须组织设计专项安全防护方案及措施。③承包人要对作业层人员进行安全措施及防护方案等安全技术交底;④针对工程具体情况,制定相应的安全操作规程、技术措施和安全规则;⑤根据各工点或工序的具体情况,配置与之相适应的机械设备,杜绝因机械设备不符合工程特点而造成的安全事故。

施工过程阶段检查内容和要求:各个作业层及操作人员必须熟悉、清楚所从事施工项目的安全设计、安全技术措施及工艺流程安全注意事项,并在实施中严格遵守。坚持安全管理制度,充分发挥安全监督岗的积极作用;实行安全否决制,杜绝违章指挥和违章作业;广泛开展安全的预测预控活动和"三不伤害"活动(即不伤害他人、不伤害自己、不被别人伤害);认真开展安全大检查,查制度、查违章、查隐患、搞整改,消灭事故隐患,杜绝安全事故的发生。

竣工验收阶段:总结施工过程中的安全生产经验,对于好的经验措施和办法在下一项目建设中推广运用。找出施工过程中的安全管理薄弱环节和安全事故的原因,改进或制定具有针对性的措施。

再次,制度保证:承包人必须完善安全生产各项管理制度,针对各工序及各工种的特点,制定相应的安全管理制度,建立安全生产责任制,落实各级管理人员和操作人员的安全职责,做到纵向到底、横向到边、人人有责,各自做好本岗位的安全工作。安全工作必须坚持下列管理制度:安全生产责任制、安全会议制度、安全三级教育管理制度、安全技术方案逐级审查制度、安全技术交底制度、特殊工种持证上岗制度、每周一安全活动制和工地班前安全讲话、班后安全活动制度、安全技术操作规程制度、安全生产检查制度(工班每天自检,专职安检员每周专检,项目每月系统检查)、安全资金保障制度、安全生产操作挂牌制度、环境保护制度、安全生产事故报告处理制度、安全生产奖惩制度。

最后，经济保证：实行安全生产包保责任制，谁主管、谁负责，明确奖惩措施，实行层层包干负责，定期进行考核，并严格兑现奖惩。

第六，安全防范重点：严格控制路基土石方爆破，防止飞石伤害事故；预防高空坠落、物体打击事故；在土石方开挖、填筑及隧道施工中防止塌方事故；在隧道控制爆破中防止爆破伤害事故；加强隧道通风、挖孔桩基通风，防止瓦斯爆炸，防止缺氧窒息事故；防止机械设备伤害、触电事故；规范施工场地交通安全，防止交通伤害事故；防止火灾、洪灾事故；防止压力容器爆炸伤亡事故。

第七，安全事故处理：伤亡事故：承包人必须用电话在2h内报告建设指挥部，并在12h内以书面形式报告建设指挥部；发生死亡、重大死亡事故的单位应迅速采取必要措施抢救人员和财产，防止事故扩大，同时保护事故现场；重大伤亡事故由其上级有关主管部门组成事故调查组，报请地方相关部门参加，进行调查；事故采取"四不放过"的原则进行处理；对于伤亡事故，在上报本单位上级主管部门的同时，有关主管部门将事故调查报告一并报建设指挥部。

三、应急救援预案

为了更好地适应法律和经济活动的要求，给企业员工的工作和施工场区周围居民提供更好、更安全的环境；保证各种应急反应资源处于良好的备战状态；指导应急反应行动计划有序地进行，防止因应急反应行动组织不足或现场救援工作的无序和混乱而延误事故的应急救援；有效地避免或降低人员伤亡和财产损失；帮助实现应急反应行动的快速、有序、高效；充分体现应急救援的"应急精神"，有关主管部门根据预测危险源、危险目标可能发生事故的类别、危害程度，而制定的事故应急救援方案，应充分考虑现有物资、人员及危险源的具体条件，能及时、有效地统筹指导事故应急救援行动。

（一）应急预案的作用

（1）应急预案确定了应急救援的范围和体系，使应急管理不再无据可依、无章可循，培训和演练可以使应急人员熟悉自己的任务，具备完成指定任务所需的相应能力，并检验预案和行动程序，评估应急人员的整体协调性。

（2）应急预案有利于做出及时的应急响应，降低事故后果的严重程度，应急行动对时间要求十分敏感，不允许有任何拖延，应急预案预先明确了应急各方职责和响应程序，在应急资源等方面进行先期准备，可以指导应急救援迅速、高效、有序开展，将事故造成的人员伤亡、财产损失和环境破坏降到最低限度。

（3）应急预案是各类突发事故的应急基础，通过编制应急预案，可以对那些事先无法预料到的突发事故起到基本的应急指导作用，成为开展应急救援的"底线"。在此基础上，可以针对特定事故类别编制专项应急预案，并有针对性地制定应急预案，进行专项应急预案准备和演习。

（4）应急预案建立了与上级单位和部门应急救援体系的衔接，通过编制应急预案可以确保当发生超过本级应急能力的重大事故时，与有关应急机构可以取得联系和协调。

（5）应急预案有利于提高风险防范意识，应急预案的编制、评审、发布、宣传、演练、教育和培训，有利于各方了解面临的重大事故及其相应的应急措施，有利于促进各方提高风险防范意识和能力。

（二）应急救援预案的基本要求

1. 针对性

应急预案是针对可能发生的事故，为迅速、有序地开展应急行动而预先制定的行动方案，因此，应急预案应结合危险分析的结果。

（1）针对重大危险源。重大危险源是指长期或是临时地生产、搬运、使用或贮存危险性物品，且危险物品的数据等于或超过临界量的单位。重大危险源历来都是生产经营单位监管的重点对象。

（2）针对可能发生的各类事故。在编制应急预案之初需要对生产经营单位中可能发生的各类事故进行分析和编制，在此基础上编制预案，才能保证应急预案更广范围的覆盖性。

（3）针对关键的岗位和地点。不同的生产经营单位，同一生产经营单位不同生产岗位所存在的风险大小都往往不同，特别是在危险化学品、煤矿开采、建筑等高危行业，都存在一些特殊或关键的工作岗位和地点。

（4）针对薄弱环节。生产经营单位的薄弱环节主要是指生产经营单位为应对重大事故发生而存在的应急能力缺陷或不足方面。企业在编制预案过程中，必须针对生产经营在进行重大事故应急救援过程中，人力、物力、救援装备等资源是否可以满足要求而提出弥补措施。

（5）针对重要工程。重要工程的建设和管理单位应当编制预案，这些重要工程往往关系到国计民生的大局，一旦发生事故，其造成的影响或损失往往不可估量。

2. 科学性

应急救援工作是一项科学性很强的工作，编制应急预案必须以科学的态度，在全面调查研究的基础上，实行领导和专家结合的方式，开展科学分析和论证，制定出决策程序和处置方案、应急手段先进的应急反应方案，使应急预案真正地具有科学性。

3. 可操作性

应急预案应具有实用性和可操作性，即发生重大事故灾害时，有关应急组织、人员可以按照应急预案的规定迅速、有序、有效地开展应急救援行动，降低事故损失。

四、安全教育培训

对新职工、实习人员，必须先进行安全生产的三级教育（即生产单位或班组、生产岗位）才能准其进入操作岗位。对改变工种的工人，必须重新进行安全教育才能上岗。

对从事电气、焊接、车辆驾驶、易燃易爆等特殊工种的人员，必须进行专业安全技术培训，经有关部门严格考核并取得合格操作证（执照）后，才能准其独立操作。对特殊工种的在岗人员，必须进行经常性的安全教育。

参考文献

[1]李兵,王海妮,胡安春,陈绪功.市政道路工程施工技术与实务[M].北京:光明日报出版社.2019.

[2]范炳娟.道路工程施工[M].北京:北京理工大学出版社.2019.

[3]潘中望,牛利珍.市政道路工程施工与养护[M].上海:上海交通大学出版社.2019.

[4]王显根,庞京春.城市道路工程施工质量与安全管理[M].徐州:中国矿业大学出版社.2017.

[5]张忠.道路与桥梁工程施工技术[M].北京:中国建材工业出版社.2019.

[6]覃辉等.南方MSMT道路桥梁隧道施工测量[M].上海:同济大学出版社.2017.

[7]覃辉,马超,朱茂栋.土木工程测量第5版[M].上海:同济大学出版社.2019.

[8]张俊.道路工程施工技术[M].武汉:华中科技大学出版社.2018.

[9]方诗圣,李海涛,孙学军.道路桥梁工程施工技术第2版[M].武汉:武汉大学出版社.2018.

[10]周质炎,温竹茵,戴仕敏.道路盾构隧道穿越机场设计与施工技术虹桥综合交通枢纽迎宾三路隧道工程[M].上海:上海科学技术出版社.2018.

[11]王博,申凯凯.道路工程施工[M].天津:天津科学技术出版社.2017.

[12]李伟,杨佳,赵中华等.道路工程施工项目管理与技术创新[M].北京:清华大学出版社.2017.

[13]李继业,刘廷忠,高勇.道路工程施工实用技术手册第2版[M].北京:化学工业出版社.2018.

[14]李世华.道路工程施工技术交底手册第2版[M].北京:中国建筑工业出版社.2019.

[15]石玥茹,杨娜,宋荣方.道路桥梁与建筑工程施工[M].哈尔滨:哈尔滨工程大学出版社.2018.

[16]袁猛,张传刚,李桩.城市道路桥梁建设与土木工程施工管理[M].长春:吉林科学技术出版社.2019.

[17]彭程,董刚,韦增鸿.道路工程设计与旧路改扩建施工技术[M].北京:文化发展出版社.2019.

[18]程玉华.高职高专道路桥梁工程技术专业"十三五"规划教材公路施工技术第2版[M].武

汉：武汉理工大学出版社．2018．

[19]颜景波．道路施工技术研究[M]．天津：天津科学技术出版社．2017．

[20]张志国，刘亚飞．土木工程施工组织[M]．武汉：武汉大学出版社．2017．

[21]刘鉴秋．建筑工程施工BIM应用[M]．重庆：重庆大学出版社．2018．

[22]应惠清．土木工程施工下第3版[M]．上海：同济大学出版社．2018．

[23]刘勇，高景光，刘福臣等．地基与基础工程施工技术[M]．郑州：黄河水利出版社．2018．

[24]田福发．城镇道路养护细节详解[M]．武汉：华中科技大学出版社．2017．

[25]徐会忠，田章华，王云江．城市道路养护与维修[M]．北京：中国建筑工业出版社．2018．

[26]刘培文，牛开民，孟书涛等．现代道路养护技术[M]．北京：人民交通出版社．2017．

[27]白维，梁宇，巴大为．城市道路施工与养护[M]．长春：东北师范大学出版社．2018．

[28]李坤．城市道路精细化养护管理与技术[M]．北京：中国建筑工业出版社．2020．

[29]张光海．城市桥梁养护指南[M]．郑州：黄河水利出版社．2015．

[30]裴畅茂．公路桥梁养护与维修[M]．北京：人民交通出版社．2019．

[31]王国民．桥梁养护技术[M]．北京：人民交通出版社．2018．

[32]张美娜．桥梁养护加固技术[M]．北京：北京师范大学出版社．2017．

[33]马运朝．道路桥梁养护决策与管理体系研究[M]．哈尔滨：黑龙江人民出版社．2019．

[34]申强．公路常用桥梁养护管理指南[M]．北京：人民交通出版社．2018．